U0962388

碳纤维复合材料汽车零部件连接关键技术

余海燕　编著

同济大学出版社
TONGJI UNIVERSITY PRESS
·上海·

图书在版编目(CIP)数据

碳纤维复合材料汽车零部件连接关键技术 / 余海燕编著. — 上海：同济大学出版社，2023.12

ISBN 978-7-5765-0643-3

Ⅰ. ①碳…　Ⅱ. ①余…　Ⅲ. ①汽车—碳纤维增强复合材料—零部件—连接技术　Ⅳ. ①U465.6

中国国家版本馆 CIP 数据核字(2023)第 242561 号

碳纤维复合材料汽车零部件连接关键技术

余海燕　编著

责任编辑　朱　勇　　责任校对　徐春莲　　封面设计　陈益平

出版发行　同济大学出版社　　www.tongjipress.com.cn

(地址：上海市四平路 1239 号　邮编：200092　电话：021-65985622)

经　　销　全国各地新华书店、网络书店

排版制作　南京展望文化发展有限公司

印　　刷　启东市人民印刷有限公司

开　　本　787 mm×1092 mm　1/16

印　　张　14

字　　数　281 000

版　　次　2023 年 12 月第 1 版

印　　次　2023 年 12 月第 1 次印刷

书　　号　ISBN 978-7-5765-0643-3

定　　价　68.00 元

前言

在《新能源汽车产业发展规划(2021—2035年)》《节能与新能源汽车技术路线图2.0》等一系列政策和措施的驱动下,我国新能源汽车产业得到了快速发展。2020年、2021年和2022年新能源汽车销量分别达到117万辆、352.1万辆和688.7万辆。2023年9月底新能源汽车保有量已经达到1 821万辆,占全国汽车保有量的5.5%。其中,纯电动汽车保有量1 401万辆,占新能源汽车总量的76.9%。与同级别燃油车相比,电动汽车由于增加了“三电”系统而导致车重显著增加,车重增加又会影响续航里程。因此,电动汽车对车身轻量化需求更为紧迫。在国家政策法规的引导及激烈的市场竞争下,汽车的轻量化尤其是新能源汽车的轻量化必须向更深层次进行,选择减重潜力大的碳纤维复合材料是汽车轻量化非常有效的途径。

碳纤维复合材料(Carbon fiber reinforced polymers,简称CFRP)具有质轻、强度高、可设计性好等优点,结合材料-结构-工艺一体化的设计技术可以实现比金属材料更好的轻量化效果,减重比可达50%以上。因此,碳纤维复合材料是一种重要的汽车轻量化材料。由于CFRP属于聚合物材料,对热、电的敏感性与金属材料有显著区别,传统钢质车身制造常用的点焊、二氧化碳气体保护焊、缝焊等热熔接技术不适合于热固性树脂基的CFRP零部件的连接。目前CFRP汽车零部件的连接技术主要有胶接、螺栓连接、铆接以及胶接与铆接、胶接与螺栓连接等复合连接技术。CFRP汽车零部件的连接难点有以下几个方面:一是由CFRP层合板的层间强度低导致零件制孔易产生分层开裂的问题,制孔切断的纤维丝易引起铆钉孔和螺钉孔的大变形,铆钉连接中铆入段与铆出段对零件表面和铆钉孔的挤压力会引起CFRP层合板孔口的损伤等问题;二是CFRP层合板性能高度依赖于其制造工艺,因而其力学性能分散性较大,导致连接强度不稳定;三是多排螺栓或铆钉连接中,由于CFRP的塑性较差,不同孔间的载荷分配不同于金属材料,导致连接孔易开裂;四是胶接连接中,粘接界面强度低、接头对车身制造烘烤工艺中的高温高湿的耐受性较差。因此，CFRP 汽车零部件的连接相对常规的钢质零件的连接更复杂，难点更加突出。

本书在研究团队多年研究成果的基础上编撰而成，并吸收了国内外文献和网络材料中的一些前沿新技术。本书第 1 章对 CFRP 的性能特点、制造工艺、机械加工性能、回收与再利用技术进行全面系统地阐述。第 2 章对国内外汽车常用连接工艺的新进展进行了介绍，如铝合金点焊、流钻螺钉连接、哈克铆钉连接、无铆钉连接、粘接表面处理、塞铆焊、胶接与多种连接技术的复合连接工艺等。第 3 章选取汽车零部件服役中两种典型工况——剪切拉伸与正向拉伸，通过试验分析 CFRP 搭接胶接接头在这两种典型工况下的承载行为与失效机理，并对胶接接头强度提升方法、粘接剂的选型、连接夹具的设计进行了系统阐述。第 4 章主要对 CFRP/CFRP、CFRP/钢的铆接接头设计、铆接强度、失效机理、铆接强度的提升方法、胶铆复合连接、CFRP/钢连接设计材料匹配方法进行了分析。第 5 章首先对 CFRP 连接设计中常见的单螺栓连接、多螺栓连接的载荷分配、胶接与螺栓连接的复合连接的特点及其发展动态进行了综述，然后以 CFRP 层合板与 DP980 高强度钢板的螺栓连接为例，对其接头设计、失效模式、接头强度进行了详细分析，并结合案例深入讨论了 CFRP/CFRP、CFRP/DP980 多螺栓连接中的载荷分配规律。第 6 章对汽车制造过程中的烘烤、湿热、腐蚀环境以及使用过程中的交变载荷工况，对 CFRP 层合板及其胶接、铆接接头在上述工况下强度的演变规律及失效行为进行试验研究，并提出了湿热环境下 CFRP 胶铆接头的剩余强度与老化寿命预测方法。第 7 章根据文献和网络资料选取了国内外几款量产的钢质车身、全铝车身、钢-铝混合车身、CFRP 车身，对其采用的连接技术进行了剖析，以期为 CFRP 汽车零部件的连接设计提供参考。

本书借鉴了汽车轻量化和 CFRP 相关领域的文献及网络资料，在此对参考文献及相关资料的作者表示衷心的感谢。由于水平有限，书中若有错漏和不妥之处，恳请业内专家、同行及广大读者批评指正。

作者

2023 年 10 月

目录

第 1 章　碳纤维复合材料概述

碳纤维复合材料由碳纤维丝与聚合物树脂基体经特殊的制造工艺制成，其力学性能不仅依赖于碳纤维丝与树脂基体的力学性能，还取决于其制造工艺。碳纤维复合材料的连接设计必须在熟悉碳纤维复合材料力学性能的基础上进行。因此，本章将对碳纤维复合材料的性能特点、制造工艺、机械加工性能、回收与再利用技术等进行全面系统的阐述。

1.1　碳纤维复合材料的性能特点

碳纤维是由聚丙烯腈或沥青或黏胶纤维经高温裂解碳化而成的碳含量在 90% 以上的高分子纤维。碳纤维具有高强度、高模量、低密度、耐高温、抗化学腐蚀、耐化学辐射、高热导、低热膨胀、低电阻等特性。碳纤维复合材料（简称 CFRP）是由碳纤维丝与聚合物树脂经复杂工艺制成，其继承了碳纤维丝的高比强度、高比模量、抗疲劳以及吸能抗振性等一系列优点，同时继承了树脂配方设计灵活多样等特点，具有优异的综合力学性能。表 1-1 列出了碳纤维复合材料与其他乘用车常用材料的力学性能，CFRP 与其他材料相比具有质轻的特点，可以大幅减重。研究表明，将 CFRP 应用于车身及零部件上可带来 35% 以上的减重空间；CFRP 的比强度、比刚度高，比强度是钢的 7～8 倍、铝的 3～4 倍，比刚度是钢和铝的 2～3 倍；CFRP 的疲劳强度高，钢和铝的疲劳强度一般为抗拉强度的 30%～50%，而碳纤维则可达 70%～80%，优异的抗疲劳和耐腐蚀性能可延长零部件寿命；CFRP 的吸振能力高，轻合金需要 9 s 才能停止振动，碳纤维只需要 2 s。

表 1-1 乘用车常用材料力学性能对比

材料体系		拉伸强度(MPa)	拉伸模量(GPa)	密度(g/cm^3)	比强度($MPa \cdot cm^3/g$)	比刚度($GPa \cdot cm^3/g$)
铝合金		420	72	2.8	151	26
钢(结构钢)		1 200	206	7.8	153	26
SMC		80～250	10～16	1.7～1.9	53	5.3
BMC		30～60	10～12	1.8～2.1	—	—
LFT		96～340	9～20	1.4	146	10
玻璃纤维/聚酯	单向	1 245	48	2.0	623	24
	织物	550	22		275	11
S-玻璃纤维/环氧树脂	单向	1 795	56	2.0	898	28
	织物	820	26		410	13
T300 碳纤维/环氧树脂	单向	1 760	130	1.6	1 100	81
	结构铺层	810	60		506	38
T700 碳纤维/环氧树脂	单向	2 100	130	1.6	1 310	81
	结构铺层	1 010	60		631	38

1.2 碳纤维丝的制造工艺

碳纤维复合材料由碳纤维丝与树脂基体组成，碳纤维丝的性能是碳纤维复合材料性能的决定因素之一，而碳纤维丝的性能高度依赖于其制造工艺。本节主要对碳纤维丝的制造工艺进行分析。如图 1-1 所示，碳纤维丝生产工艺主要包括原丝制备(包括聚合与纺丝)、预氧化、碳化、石墨化及表面处理、上浆。首先将丙烯腈单体或其他单体聚合制成纺丝原液，然后将原液纺丝成型制成原丝。原丝经过氧化炉，在空气气氛下反应得到预氧丝。预氧丝在氮气的保护下，分别经过低温碳化、高温碳化得到碳丝。为了使碳丝更容易与树脂基体结合，碳丝还需要进行表面处理、上浆，最后烘干得到碳纤维丝。

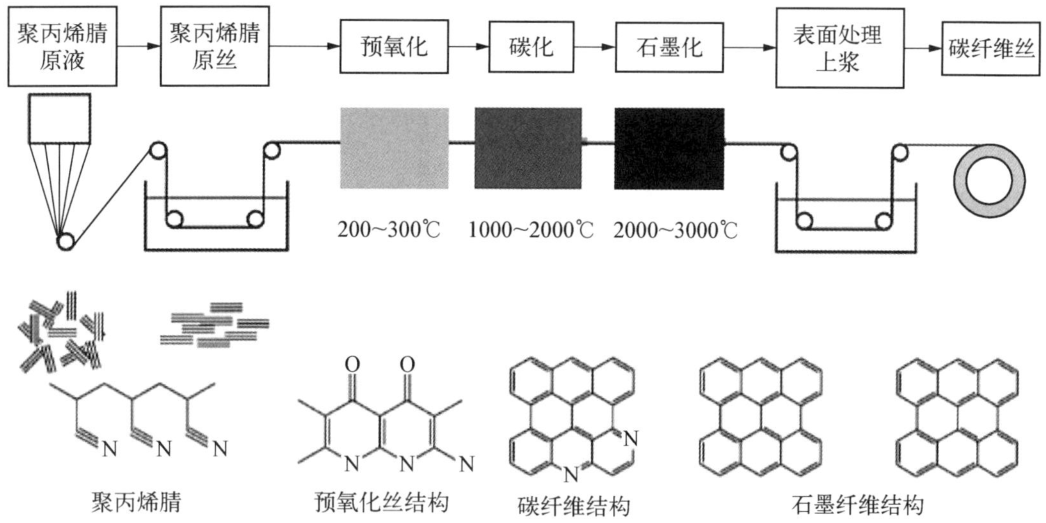

图 1-1　PAN 基碳纤维丝的制备工艺流程[1]

1.2.1　原丝制备工艺

1. 原丝制备原料选择

根据原料的不同，碳纤维可分为沥青基碳纤维、黏胶基碳纤维、聚丙烯腈基碳纤维。

1）沥青基碳纤维

沥青基碳纤维的原料为沥青，成本较低，碳化率较高（可达 75%以上）。与其余基团的碳纤维相比，沥青基碳纤维热传导性能好，在温度变化较大和恶劣环境下具有很好的稳定性，并且在受热状态下热膨胀系数呈负值变化。

2）黏胶基碳纤维

黏胶基碳纤维指以黏胶纤维经过预氧化、碳化所制备的碳纤维。黏胶纤维是一种再生纤维，又称人造丝。它是利用天然纤维，如木材、麻和棉花等，经制浆粕、磺化、熟化和纺丝等处理而成，主要应用于隔热材料、耐烧蚀材料等方面。黏胶基碳纤维的柔软和导电性，让其拥有其他碳纤维材料不可取代的功能，可以制作电热产品等。黏胶基碳纤维的高调控性、发达的孔隙结构，又让其可以制造成良好的医用材料和环保材料。但是目前黏胶基碳纤维的产量太低，约为全球碳纤维总产量的 1%。

3）聚丙烯腈基碳纤维

聚丙烯腈基碳纤维的原料为聚丙烯腈（PAN），聚丙烯腈基碳纤维具有密度小、强度大、导电性好、耐高温、耐腐蚀的优点，它的柔曲性让其可编织加工、缠绕成型，加上其生产工艺较其他方法更为简单，因而自问世以来，取得了快速的发展。

聚丙烯腈基碳纤维的制造主要包括原丝生产和原丝碳化两个过程。原丝生产工艺主要包括聚合、脱泡、计量、喷丝、牵伸、水洗、上油、烘干收丝等工序，如图 1-2 所示。原丝碳化过程主要包括放丝、预氧化、低温碳化、高温碳化、表面处理、上浆烘干、收丝卷绕等工序，如图 1-3 所示。

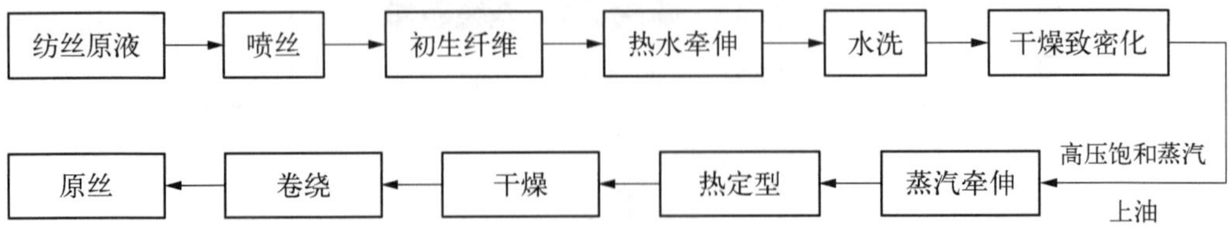

图 1-2 碳纤维原丝生产工艺流程

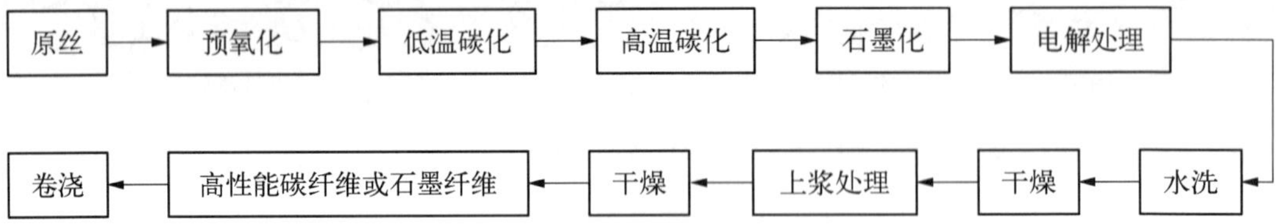

图 1-3 碳纤维原丝的碳化工艺流程

2. 聚合工艺技术选择

聚合是原丝制备关键工艺。常见的聚丙烯腈基碳纤维的聚合工艺是将原料丙烯腈单体、溶剂二甲基亚砜(DMSO)以及共聚单体、引发剂偶氮二异丁腈按一定的比例投入聚合釜中，在一定的温度下进行溶液聚合反应，然后进行脱单、脱泡等处理，最终得到聚丙烯腈原液。

聚合过程中聚合温度、引发剂用量、水和单体的比例控制是聚合技术的关键。聚合反应过程中的温度非常重要，温度低则反应慢，温度高则反应快。聚合物的立构规整性会影响原丝、碳丝的质量，引发剂用量、水和单体的比例会影响聚合物的分子量。分子量及其分布是 PAN 聚合物重要的性能指标。根据技术路线不同，碳纤维的聚合工艺类型可分为均聚与共聚。

1) 均聚工艺

由一种单体进行的聚合反应称为均聚合。由丙烯腈单体在特定溶剂中和共聚单体发生聚合，直接得到均一的 PAN 聚合物溶液。均聚工艺技术制得的产品规整度高、结晶度高、分子内聚能大，但是其纤维柔软性差、染色性差。其预氧化反应是自由基反应，活化能较高，反应速度快，放热比较集中，使其反应过程不易控制，并且集中放热容易造成局部过热而将纤维烧焦。

2) 共聚工艺

由两种或两种以上单体共同参与的聚合反应，称作共聚合。共聚工艺中，为了促进环化，单体应为含有羧基的不饱和化合物或乙烯类化合物，例如甲基丙烯酸甲酯、甲基丙烯酸乙酯、甲基丙烯酸丁酯、衣康酸等。其中，衣康酸的可纺性、亲水性相比其他单体表现好，可使环化能降低，有利于预氧化反应进行，并且能改善纺丝液的稳定性和流动性，纺出连续的长丝。衣康酸的用量增加，可以加快环化速度，但是过量的衣康酸容易导致预氧原丝的密度降低，所以聚合时需要控制其配比率。

3. 原丝制造工艺技术路线选择

根据聚合反应的连续性，原丝制造工艺技术路线可分为一步法和两步法。一步法是采用溶液聚合直接制备 PAN 纺丝原液。两步法工艺首先通过水相沉淀聚合得到 PAN 固体粉料，然后经过粉碎、烘干等工序，最后通过有机溶剂溶解 PAN 粉末来生产纺丝原液。

1）一步法原丝工艺技术

一步法原丝工艺技术中使用的聚合溶剂和纺丝溶剂相同。此方法工艺流程短、工序少，有利于提高原丝产品的质量。一步法的转化率高，单体回收量小，聚合釜通常采用螺带式搅拌器。

2）两步法原丝工艺技术

两步法原丝工艺技术中使用的聚合溶剂和纺丝溶剂不同。此工艺技术中聚合釜的生产能力较大，且聚合热的移除效率也较高，适合大丝束的生产。但是此方法聚合转化率较低，聚合物的浓度也较低，且未聚单体的回收量较大。聚合过程中为防止聚合釜频繁结块，设备材质通常选用铝合金。因搅拌速度对分子量影响较大，故通常采用桨叶式搅拌，应严格控制搅拌速度。

4. 纺丝工艺

原丝制备的第二个重要工艺是纺丝，纺丝原液在压力作用下被挤出喷丝孔进入凝固浴中，细液流逐渐凝固成型为凝胶纤维。通常，在凝固浴中初步成型的 PAN 纤维被称为 PAN 初生纤维。然后 PAN 初生纤维再经第二凝固浴预牵伸、高温空气牵伸、水洗、致密化牵伸、蒸汽牵伸和热定型等工序被进一步加工成 PAN 原丝，也就是所谓的 PAN 碳纤维前驱体。

1）湿法纺丝

湿法纺丝的工艺原理如图 1 - 4(a)所示，纺丝液经过滤、脱泡后，通过计量泵精确计量后进入浸泡在凝固浴中的喷丝头，然后溶液从喷丝头挤出，直接进入凝固浴进行凝固。在凝固浴的作用下，细液流内的溶剂与凝固浴进行双扩散，在凝固浴中形成丝条。湿法纺丝适用于线密度小于 1 的原丝或大丝束碳纤维的制备。

随着牵伸速度的提高，在喷丝孔处容易产生断丝。为了保证原丝的质量，此方法的纺丝速度一直难以提高，且湿法纺丝后的原丝表面有显著的沟槽。虽然湿法纺丝在纺丝过程中需要调控的参数较多，但是残留的溶剂量却较少，可以纺出高强度、高取向度、高密度的优质原丝，适合大规模生产，生产技术较成熟。但是由于湿法纺丝速度慢、生产成本高的特点，使其发展受限。湿法纺丝是 PAN 纤维纺丝最为传统的方法，日本东丽公司 T300、T800H 等牌号的碳纤维产品均采用这种工艺生产。

2）干喷湿法纺丝

干喷湿法纺丝的工艺原理如图 1－4(b)所示，纺丝液从喷丝孔出来后先经过一段 3～10 mm 的空气层或氮气层再进入凝固浴中进行凝固。在空气层中，丝表面形成一层致密的薄层，可以阻止大孔洞的形成，得到性能更加均匀、强度更高的纤维丝束。相比较湿法纺丝，干喷湿法纺丝可实现高速纺丝，制备的原丝表面平整光滑，原丝的截面均一性也明显好于湿法纺丝，并且采用干喷湿法纺丝制备的碳纤维强度也较高。干喷湿法纺丝是近几年发展起来的新型纺丝技术，已大量应用于工业生产。据报道，日本东丽公司 T700、T800、T1000 牌号的高性能碳纤维均使用了干喷湿法纺丝工艺生产原丝。

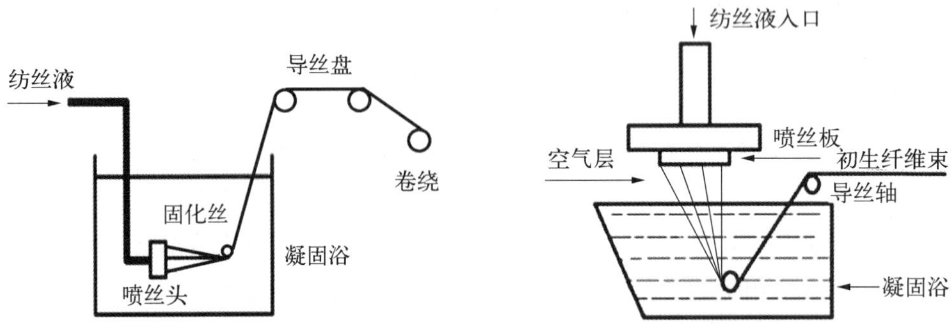

(a) 湿法纺丝原理　　(b) 干喷湿法纺丝原理

图 1－4　常用两种纺丝工艺原理图

1.2.2　预氧化工艺

预氧化是制造高性能碳纤维的重要中间过程，是将原丝转化为碳丝的重要工艺过程。原丝是线性分子链，其耐热性能较差，直接在高温下碳化容易分解，不容易制备碳纤维。故一般在 200～300℃的含氧环境中先加热 PAN 原丝，处理过程中需要施加一定的张力，避免大分子链段的取向运动，从而减少碳纤维的收缩。该过程的目的是使线性的 PAN 大分子链转化为耐热的含氮梯形结构，这种梯形结构可使 PAN 原丝在后续的碳化过程中不熔不燃，并且保持纤维形态。预氧化处理又被称为热稳定化或不熔化处理。

预氧化过程主要包括环化、脱氢、氧化、交联等反应。预氧化炉温度的控制、停留时间的控制、过程中静电的处理、氧化炉内部风速的控制、牵伸速度的控制等都对预氧丝的性能有非常大的影响。为了充分利用余热，可以采用蓄热式焚烧炉回收废气焚烧产生的余热。

PAN 原丝预氧化过程中有一个不可忽视的现象——皮芯现象，它是影响碳纤维力学性能的主要因素之一。预氧化是一个双向扩散过程，氧由表及里向纤维内部扩散，随着预氧化反应的进行，纤维表层逐渐形成致密的梯形结构，能阻碍氧向芯部的进一步扩散。于是，纤维表层和芯部的结构与性能将产生明显差异，形成皮芯结构。

图 1－5 所示为 PAN 基碳纤维丝的断裂形貌[2]，图中 SF0 至 SF5 预氧化纤维的断裂面呈现不同的组织结构。疏松的芯部在碳化过程中容易形成孔洞，严重影响碳纤维的质量。因此，在预氧化过程中提高预氧化效率的同时消除或降低皮芯结构，对提高碳纤维的质量有非常重要的意义。

图 1－5　PAN 基碳纤维丝的断裂形貌图

1.2.3　碳化、石墨化工艺

碳化是碳纤维制造的关键环节，通过碳化使预氧丝的梯形结构转化为碳纤维的乱层石墨结构。预氧丝的碳化过程在高纯氮气中进行，一般包括 300～1 000℃的低温碳化和 1 100～1 600℃的高温碳化两个阶段。低温碳化时，分子间脱氢脱氧而交联，形成碳网结构。有研究表明，当低温碳化温度为 550℃时，制备出的碳纤维抗拉强度较高。在达到 500℃时，纤维中的线型链段开始大规模地裂解，随后碳基面开始形成。在 550℃时，纤维的线密度和强度均达到较高水平。高温碳化时，环开裂分子间发生交联，使碳网结构扩大并随温度的提高，拉伸强度和模量均增加。

随着碳化的进行，预氧丝中的非碳元素（H、O、N）从稳定的聚合物中释放出来，较小的梯形聚合物结构之间不断进行交联、缩聚，且伴随热解，梯形结构逐渐向乱层石墨结构转化，最终生成含碳量 90％以上的碳纤维。碳化炉中对惰性气体纯度的要求非常严格，故碳化炉端口通常使用迷宫式密封。

为了提高碳化后纤维的模量，在 2 000～3 000℃的高温下进行石墨化处理。石墨化过程中，碳纤维中残留的N、H等非碳元素进一步被除掉，C—C键重新分布，聚合物中非芳构化的碳的成分减少，转化为类似石墨层面的组织。石墨化处理并不能减少碳纤维的重量，但能改善碳纤维中微晶的序态和沿纤维轴的取向。

碳化炉的温度控制、牵伸速度控制、停留时间、碳化过程产生的焦油的排出、废气的处理等都是碳化技术的关键，对碳纤维产品的性能影响非常大。

1.2.4 表面处理工艺

碳纤维因其具有排列规整的石墨微晶结构，其表面极性基团较少，呈化学惰性且表面能、比表面积都较小，故碳纤维与树脂之间浸润性差，界面结合力弱。因此，要制备高性能的碳纤维复合材料，还需要对碳纤维丝的表面进行处理，以提高纤维与树脂之间的结合力。在纤维表面引入极性基团或活性位点，以此来提高纤维与树脂间的浸润性和结合力，增强分子间作用力，从而提高复合材料的表面性能。

目前，碳纤维表面改性的方法主要有表面氧化处理法、等离子体处理法、高能射线辐照处理法、电泳/电化学沉积法、化学接枝处理法、化学气相沉积处理法及上浆剂物理涂覆法等。其中，上浆剂物理涂覆法是最常用的表面处理方法，具有简单、快速、高效以及适合工业化应用等优点。其原理是上浆剂的存在可提高碳纤维表面的极性，同时通过对纤维的上浆引入过渡层来减小纤维与树脂间的表面性能差异，有利于增强纤维与树脂基体的界面结合力。

1. 表面氧化处理法

表面氧化处理法是通过氧化反应，在碳纤维表面生成—CO、—OH、—COH和—COOH等极性官能团，这些官能团可通过范德华力或氢键将纤维和基体结合。表面氧化处理法的种类多样，主要分为气相氧化法、液相氧化法和电化学氧化法。

气相氧化法是利用氧气、氨气、臭氧等氧化气体对碳纤维表面进行氧化处理。气体氧化处理后，碳纤维表面变得粗糙，这有助于增加树脂基体与纤维的界面面积，增大界面的结合力。此外，气体氧化会在纤维表面生成极性官能团，可以与树脂基体在界面形成化学键，提升界面结合力，从而改善复合材料的力学性能[3]。

液相氧化法是利用氧化剂溶液对碳纤维表面进行氧化，形成沟壑和极性官能团。常用的氧化性溶液主要有硝酸、硫酸、氢氧化钠、过氧化氢、高锰酸钾、米氏酸等。2018年，Elwathig等利用米氏酸溶液对碳纤维进行了活化处理，以进一步改善碳纤维/聚醚醚酮复合材料的界面性能。结果显示，碳纤维/聚醚醚酮复合材料层间剪切强度、抗弯强度和模量分别增加了70%、37%和48%。复合材料断面结构分析表明，经氧化处理后复合材料的主要失效机制由纤维基体的脱粘转变为界面层的变形和树脂的断裂[4]。液相氧化法虽然能够改善纤维的表面特性，但处理碳纤维所需要的时间较长，而且对碳纤维的拉伸强度有一定的削弱，也容易对环境造成一定的影响。

电化学氧化法是将碳纤维作为一个电极，将碳纤维放入导电的液体中，加电压使碳纤维连续氧化，从而达到改善碳纤维表面性能的作用。如 Cao 等采用碳酸氢铵溶液为电解质，对碳纤维表面进行电化学氧化改性。结果表明，电化学氧化处理不但能够对碳纤维表面进行刻蚀，而且碳纤维表面可生成氧氮官能团，显著改善了纤维与基体间的界面附着力[5]。相对于液相氧化法，电化学氧化法对纤维表面处理效果更为优异，但也会削弱碳纤维的拉伸强度。

2. 上浆剂物理涂覆法

上浆剂物理涂覆是指在碳纤维表面上浆的一种改性方法，是目前应用最广泛的一种表面处理技术。前面所介绍的表面氧化处理法，虽然能在一定程度上改善碳纤维表面的活性和粗糙度，但会削弱碳纤维的拉伸强度。而采用上浆剂物理涂覆法，即在碳纤维表面附着一层树脂，不仅能保护脆弱的碳纤维免受损伤，还能改善纤维与基体树脂的黏附性。上浆剂的加入还会改善碳纤维的浸润性，使碳纤维能更好地被树脂浸润，进而改善复合材料的可加工性。上浆剂位于基体与纤维之间，部分上浆剂与基体互溶，可在基体与纤维间形成浓度梯度分布，从而产生了从基体到纤维的机械性能梯度。此外，上浆剂中普遍含有大量官能团，从而使上浆处理后的碳纤维表面产生大量官能团，这些官能团能够使碳纤维与树脂基体间形成共价键，提升碳纤维与树脂的结合能力[3]。

3. 低温改性法

一般情况下，商用碳纤维表面都涂有上浆剂以保护碳纤维表面，避免复合材料加工过程中纤维起毛的问题。商用上浆剂主要针对热固性基体开发，多为环氧、聚氨酯等热固性树脂，很难与热塑性基体形成化学键。为了与热塑性基体形成化学键，虽然开发了热塑性复合材料用的热塑型上浆剂，但其成本高、施胶方法复杂，限制了商业应用。此外，由于聚醚醚酮等热塑性复合材料的加工温度较高，在加工过程中，碳纤维表面的上浆剂容易降解。

针对上述问题，近年来有研究者提出通过高温或低温处理的方法对碳纤维进行表面改性。对碳纤维进行高温预处理，不但可以去除碳纤维表面的原有上浆剂，而且可以影响碳纤维的表面形貌及物理性质。高温处理碳纤维多用于热塑复合材料的界面改性。如 Li 等研究了高温处理对碳纤维表面性能和碳纤维增强聚醚醚酮(PEEK)复合材料界面性能的影响。研究结果表明，碳纤维经热处理后，复合材料的界面剪切强度从 40.16 MPa 上升到 46.32 MPa，提升了 15.34%。微观结构分析显示，经过高温处理，碳纤维表面的原始上浆剂全部去除[3]。相对于化学氧化法，采用高温处理不仅操作简单、成本低，且对环境无污染，越来越得到人们的青睐。

在极端低温环境下对碳纤维进行处理是一种相对新颖的方法，低温处理可以通过清除碳纤维表面的非晶碳层，显著提高碳纤维的表面粗糙度，从而提高纤维与树脂基体间的机械互锁作用，从而提高复合材料的界面结合强度。如 Zhang 等通过将碳纤维放入液氮中浸泡，达到对碳纤维进行深冷处理的目的。结果表明，经深冷处理，碳纤维增强复合材料的弯曲模量和强度分别为 4.5 GPa 和 112.2 MPa，与未处理碳纤维增强复合材料相比，分别提高了 29% 和 24%[6]。低温处理具有处理时间短、媒介环保、模量和强度比氧化处理提高明显等优点。

4. 多尺度改性法

碳纤维表面处理的目的是引入能与基体相互作用的官能团。然而，一般的氧化方法都会对纤维的强度有所削弱，因此研究人员尝试改进表面处理方法，在引入官能团的同时，尽量降低对纤维的损伤。研究发现，在碳纤维表面包覆碳纳米管、氧化石墨烯等纳米粒子，也可以改善复合材料的界面强度。在碳纤维表面所引入的纳米粒子作为中间相，可分别与树脂和纤维结合，改善载荷传递，提高复合材料的强度。纳米粒子包覆碳纤维增强复合材料中，碳纤维为微米级增强相，纳米粒子为纳米级增强相。由于同时存在微米和纳米两个尺度的增强相，所以这种方法也被称为多尺度改性。多尺度改性对界面性能的改善效果，在很大程度上取决于纳米粒子的数量和弥散质量。

尽管碳纤维生产流程相对较短，但生产壁垒很高，其中碳纤维原丝的生产壁垒是难中之难，具体表现在碳纤维原丝的喷丝工艺、聚丙烯腈聚合工艺、丙烯腈与溶剂及引发剂的配比等。目前世界碳纤维技术主要掌握在日本的东丽公司、东邦 Tenax 集团和三菱人造丝集团，这三家企业技术严格保密，其他碳纤维企业均处于成长阶段。

1.3 碳纤维复合材料的成型工艺

根据树脂与纤维的结合方式，可以将复合材料的成型工艺分为纤维预浸成型与预成型件/液态成型两大类，如图 1-6 所示[7]。

纤维预浸成型工艺是先将增强纤维在基体树脂中浸渍，然后在工装模具内铺放固化成型。纤维预浸成型工艺中，预浸料成型是当前复合材料成型中最为稳定与可靠的工艺方法，其具有可操作性强、表面精度高、制品性能好等优点，但是存在设备成本高、制造效率低的问题。与预浸料成型工艺相比，纤维在线浸渍成型工艺可实现浸渍后立刻在模具内成型。预成型件/液态成型工艺是先将增强纤维制成模具形状的预制件，然后在工装模具内导入液态树脂进行成型。预成型件/液体成型工艺具有尺寸精度高、表面质量好、制造周期短、可成型复杂构件等显著优点。

目前应用较广泛的碳纤维复合材料的成型工艺有模压成型、热压罐成型、真空辅助(Vacuum Assistant Resin Infusion，VARI)成型、树脂传递模塑(Resin Transfer Molding，RTM)成型、拉挤成型、缠绕成型、气囊辅助成型等。

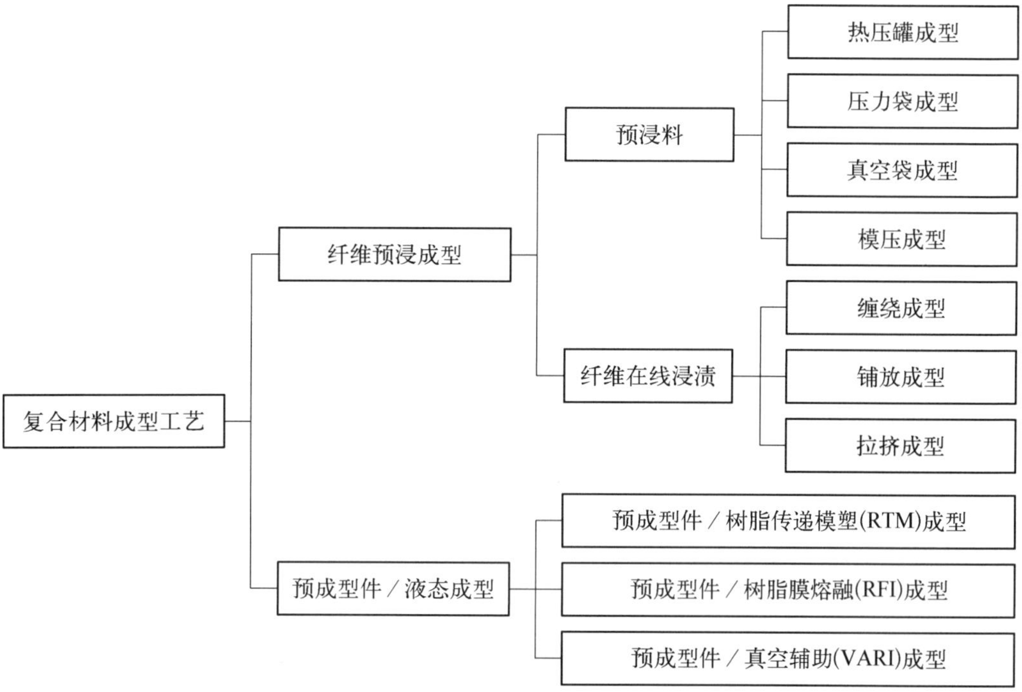

图 1－6　复合材料成型工艺分类

1.3.1　模压成型

如图 1－7 所示，预浸料快速模压(Prepreg Compression Molding，简称 PCM)成型工艺是先将碳纤维复合材料半成品预先放入模具中，然后加热加压使其固化的成型方式。其中，热压前的成型坯料是能否实现快速制造的关键[8]。PCM 成型工艺用于汽车领域的主要成型结构件包括发动机罩、后行李箱盖、顶盖等。

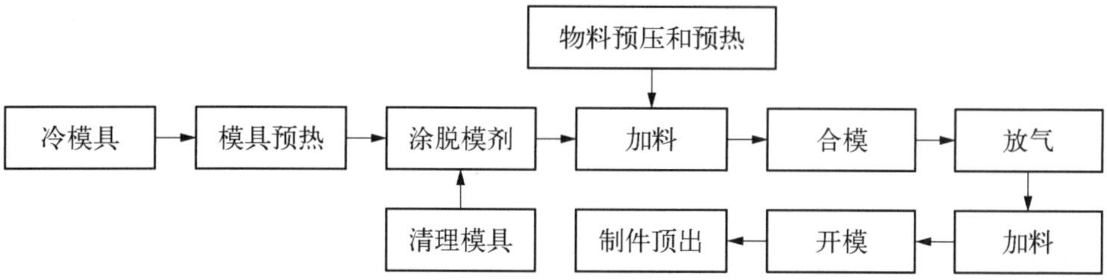

图 1－7　PCM 成型工艺成型过程

PCM 成型工艺作为一种理想的罐外热压工艺，不仅能够大幅缩短成型周期、提高生产效率，具有制品尺寸精度高、表面光洁度好、生产成本相对较低、容易实现复杂结构件的一次成型等特点，而且由于制品内纤维取向性好，强度、刚度相对较高，已成为车用碳纤维复合材料的重要成型工艺。

2012 年,日本三菱人造丝集团推出了快速固化 PCM 成型工艺,采用 60kP 330 和 50k WCF 两种大丝束碳纤维的预浸料,通过 PCM 成型工艺得到与小丝束碳纤维类似的具有良好加工性、优异力学性能及高产能的碳纤维复合材料。2014 年,日本三菱丽阳公司将 PCM 成型工艺应用到了日产 GT - R Nismo 后备箱门的制造上,其重量仅为铝合金产品的 1/2,而成型周期缩短到约 10 min。

中国科学院宁波材料技术与工程研究所开发的热塑性 CFRP 预浸料快速热压成型工艺,实现了连续纤维纱/织物薄膜叠层熔融预浸工艺的连续化作业,并用于奇瑞汽车某车型保险杠的量产,成型效率达到每小时 8 件,产品质量满足碰撞安全标准。

1.3.2 热压罐成型

热压罐是一种聚合物基复合材料成型的工艺设备,使用这种设备进行成型工艺的方法叫热压罐成型法。热压罐成型法是制造连续纤维增强热固性复合材料制件的主要方法,目前广泛应用于先进复合材料结构、蜂窝夹层结构及金属或复合材料胶接结构制件的制造。在材料成型中,热压罐的作用是为预成型件提供均匀的温度和压力以利最终固化。该工艺主要应用于表面及内部质量要求高、形状复杂、尺寸较大的复合材料制件。

热压罐成型工艺的一般步骤是将预浸料按铺层要求铺放于模具上,并密封在真空袋后放入热压罐中,经过热压罐设备进行加温、加压,最终完成材料固化反应、成型脱模,如图 1 - 8 所示。

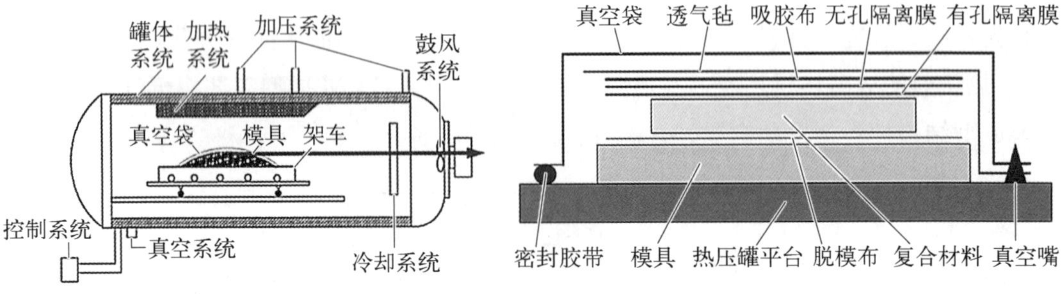

图 1 - 8 热压罐成型工艺示意图[9]

1.3.3 RTM 成型和 HP - RTM 成型

RTM 成型工艺的基本原理是在预先设计好的模具中铺放纤维增强材料,合模后注入基体树脂,待树脂完全浸润,固化脱模得到制品。该工艺属于复合材料的液体成型或结构液体成型技术范畴。具体工艺流程包括铺层设计、纤维铺放、注入树脂、固化成型。

RTM 成型工艺的优势在于纤维预制件的设计与树脂成型工艺分离,并且可以充分利用铺层材料的可设计性,适合于制造复杂结构的碳纤维复合材料零部件。在 RTM 成型工艺中，可以预先设计好夹芯、增强件和预嵌体或需要开孔的部分，然后将其与增强材料复合并通过树脂注射整体模制，无须二次成型。因此，复合材料零件的完整性非常好，并且被认为是制备高性能复合材料整体结构的最佳方法之一[10]。目前汽车零部件制造中使用的主要是 RTM 成型技术，采用 RTM 成型工艺加工的汽车零部件有后排座椅、顶盖、B 柱、货箱地板、防撞梁等。

虽然 RTM 成型技术有诸多优点，但是由于模具设计不合理使树脂充模过程不充分、树脂流动不一致等因素，导致制品易于出现孔隙、干斑、表面质量较差等缺陷。RTM 成型过程中孔隙的出现将显著降低制品的力学性能，如面内剪切强度、弯曲强度、压缩强度等。研究表明，当层合板孔隙率增加到 5%时，层合板的面内剪切强度将下降超过 20%。引起孔隙出现的因素较多，成型过程中树脂流动不一致引起空气滞留进而产生孔隙为主要因素。

由于无须使用预浸料和热压罐，RTM 成型工艺成本相对较低，传统 RTM 成型工艺从纤维铺放、树脂注入、浸渍、固化到最终脱模，总时长在 2 h 以上，难以满足现代汽车工业对快速制造技术的需求。因此，需要开发快速固化树脂体系与合理的成型工艺方法来缩短 RTM 的成型周期。

(1) 快速固化树脂体系。快速 RTM 技术不仅是目前大型复杂结构 CFRP 部件一体化成型的首选，也是未来车用 CFRP 成型工艺的发展方向。在传统 RTM 成型过程中，预处理需 2.5 min、树脂注射需 3.5 min、树脂固化需 90 min、脱模需 10 min，也就是说树脂的固化过程占成型过程的 85%的时间，因此快速固化树脂体系是实现 RTM 高效成型过程的首要条件。日本东丽公司采用低黏度(低于 300 mPa·s)、高性能、快速固化环氧树脂和多口注射工艺，使得一体式车架的成型时间缩短为 10 min。美国陶氏公司采用改进的快速低黏度 VORAFORCE™5300 环氧树脂系统，配合 HP－RTM 成型工艺，可将固化成型时间控制在 60 s 以内。美国瀚森公司推出的汽车用复合材料快速固化环氧树脂在 RTM 成型工艺中的成型周期不到 1 min。虽然 RTM 成型过程中低黏度树脂的快速固化可有效提升生产效率，但往往会导致制品力学性能降低，这也是树脂制备过程需要考虑的重要问题。

(2) 树脂快速注射技术。RTM 成型过程中，树脂注射时间的减少可通过增加树脂注射口、提高树脂注射压力的方法实现。增加树脂注射口可在不提升压力的情况下有效提升树脂的注射速度。

由于传统 RTM 成型工艺受低纤维体积分数和成型时间的限制，具有生产效率相对较低和孔隙缺陷率较高等问题，在此基础上衍生了高压树脂传递模塑(High Pressure Resin Transfer Molding，HP－RTM)成型工艺。它是利用高压压力将树脂对冲混合并注入预先铺设有纤维增强材料和预制嵌件的真空密闭模具内，经树脂流动充模、浸渍、固化、脱模,从而获得复合材料制品的成型工艺。HP-RTM 又分为高压注射成型工艺(HP-IRTM)和高压压缩成型工艺(HP-CRTM)。

近年来,HP-RTM 技术在 CFRP 的快速成型中得到广泛应用。树脂注射压力较大(2 MPa 以上),因而易于实现树脂快速充满模腔的过程,同时也能改善树脂在增强纤维中的浸渍效果,减少制品中孔隙的出现,获得表面质量优异的制品。如德国克劳斯玛菲公司与迪芬巴赫公司合作开发了一条 HP-RTM 自动化生产线,其制品已成功应用于宝马汽车的侧围。与传统的浸渍工艺相比,该工艺将成型周期大幅度缩短至 5～10 min。由于 HP-RTM 成型工艺采用的注射压力较大,易导致纤维变形,因而需要对纤维进行额外预处理。同时,其也存在工艺控制难度较大、设备投资成本较高等问题。

1.3.4 VARI 成型

VARI 成型工艺是一种低成本制备大型复合材料零件的技术。它是真空低压条件下去除纤维增强材料中的气体,再通过树脂的流动和渗透作用来实现对纤维的浸渍,然后在烘箱中加热和固化成型[10]。与 RTM 成型工艺相比,VARI 不需要能够承受注射压力的封闭式模具,只需要在真空条件下不漏气的单面模具和简单的真空袋,外加树脂分配系统,如图 1-9 所示。

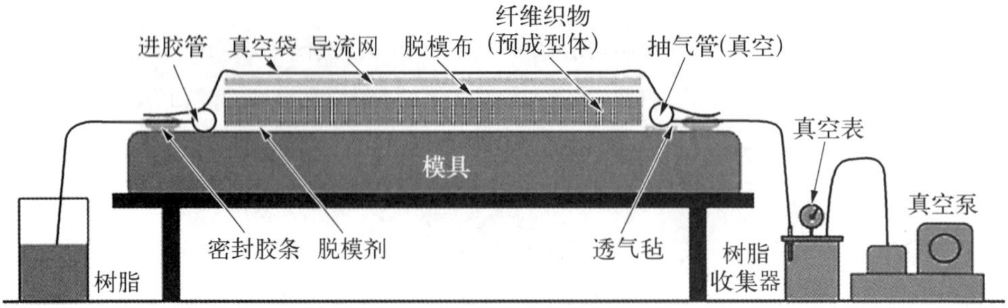

图 1-9 VARI 成型工艺示意图

与传统的复合材料技术相比,VARI 是一种适合于大厚度、大尺寸复合材料构件的成型方法。RTM 成型工艺与 VARI 成型工艺同属于液体成型工艺,其工艺原理在于通过加热熔融预先放置在模腔中的低黏度树脂和树脂膜,由于存在压力差,树脂在模具中流动浸润预成型体,最后固化成型。

1.3.5 真空辅助/热压罐组合成型

真空辅助/热压罐组合成型工艺是近年来新发展的一种工艺,其将液体成型和热压罐成型设备结合起来利用各自优点成型复合材料制品。这种组合成型工艺是一种采用与真空辅助成型工艺相同的原材料——干纤维织物和液体树脂,及相同的注胶方式,采用热压罐在高压高温下固化成型的新型工艺方法。其工作原理如图 1－10 所示[15]。按照设计要求铺贴好干纤维织物，并依次铺放脱模布、导流网，设置流胶通道，用密封胶带和真空袋对系统进行密封，利用热压罐的真空系统使得模腔内保持真空状态并对纤维织物预成型体进行预压实；检测并确保真空度不低于－95 kPa 后可进行注胶，将配制好的液体树脂在真空作用下吸入模腔内，完成树脂对干纤维织物的浸润和渗透，待完成注胶后关闭注胶口；将整个系统放入热压罐中，根据产品需求设置成型压力和温度对复合材料进行固化，程序结束后打开热压罐取出样品。

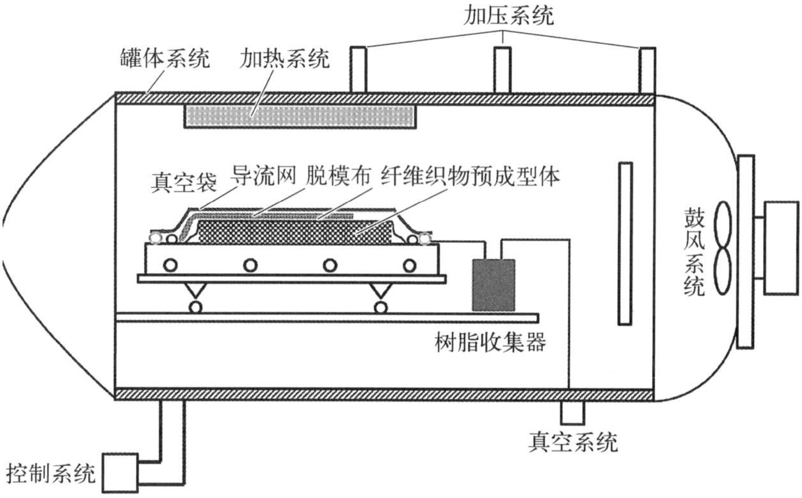

图 1－10　真空辅助/热压罐组合成型工艺原理图

真空辅助/热压罐组合成型工艺具有真空辅助成型工艺的低成本、易铺覆特点和热压罐成型工艺的高温高压、产品质量高和成型稳定特点。以干纤维织物和液体树脂为原材料，使得产品设计有更多选择性，材料选择更灵活，且相比使用预浸料更环保、成本更低，成型复杂部件时具有整体性、易操作等优点；使用热压罐可以充分发挥其压力的作用，更好地实现树脂对织物预成型体的浸润渗透，减少成型过程中的孔隙、微孔等缺陷，并且可以很好地控制纤维体积含量，制备高质量且质量稳定的复合材料制品。

1.3.6　拉挤成型

拉挤成型是纤维增强复合材料的常用成型方法之一，用于生产断面形状固定不变、长宽不受限制的型材或其他材料制品[11]。拉挤是指纤维或其织物在外力牵引下，经过浸胶、挤压成型、加热固化、定长切割，生产连续纤维复合材料制品的一种方法[12]。拉挤成型工艺主要包括以下流程：纤维抽取排布→浸胶→预成型→加热固化→牵引→切割，其成型工艺流程如图 1－11 所示。

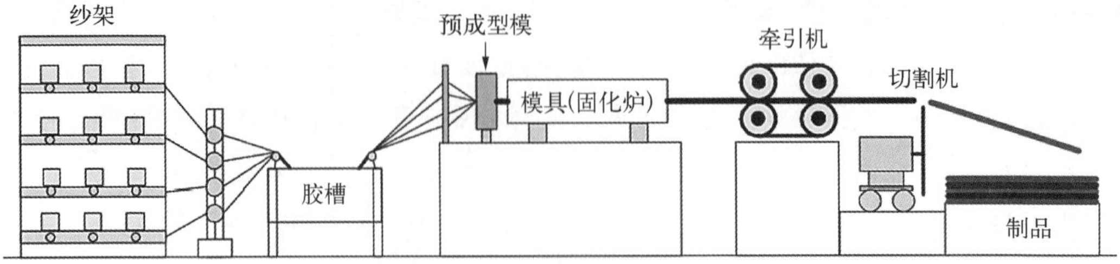

图 1-11 拉挤成型工艺流程[11]

拉挤成型工艺最主要的装置是拉挤模具，因为材料的成型与固化均发生在模具内。模具有内置加热元件或电热板。根据树脂固化放热曲线及物料与模具的摩擦性能，将模具分成几个不同的加热区，其加热温度根据树脂系统确定。典型模具的长度范围为 0.6～1.2 m，这个长度是为了保证材料能具有足够的时间进行加热固化成型。模具出口与牵引机械之间的距离为 3～5 m，在空气中自然冷却成型。最后由一个自动同步移动的切割锯进行切割[13]。

作为一种生产低成本、高纤维含量和高性能复合材料的成型方法，拉挤成型工艺与其他的成型工艺相比具有成型工艺简单、高效的优点，是目前连续纤维增强热塑性复合材料成型工艺中唯一能连续生产的工艺[14]。

1.3.7 气囊辅助成型

气囊辅助成型工艺是 RTM 成型工艺的衍生技术，是一种成型管状等空心结构的工艺。其利用硅橡胶气囊作为软模，通过向硅橡胶气囊内充气，利用软模和硬模之间的相互作用为中间的织物预成型体施加压力。其工艺原理如图 1-12 所示，根据硅橡胶外径和硬质模具的内径，选取制备产品的厚度。裁剪合适长度的预浸料或者干纤维织物，并将其按照设计铺层铺放在硅橡胶模具上。然后在铺层外铺放脱模布或者四氟布，最后将其放入硬质模具中合模。选取硅橡胶气囊内的充压大小，若为干纤维织物则需在真空作用下或者外加注射压力将液体树脂注射进入织物内，完成后在一定的气囊内压和成型温度下保温固化，结束后降温开模，取出制件即可。在此基础上，RTM 气囊辅助液体成型工艺利用注胶流道的设计，加上外在注胶压力将液体树脂注射进入预成型体中并进行浸润和渗透。

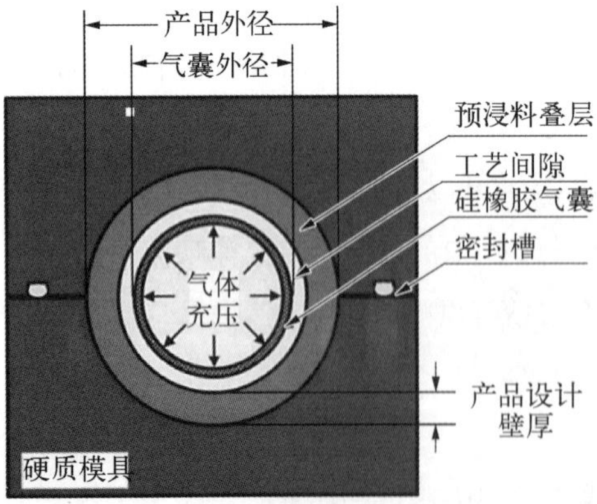

图 1-12 气囊辅助成型工艺原理图[15]

采用气囊辅助成型工艺可以制备形状复杂的管状结构，以硅橡胶软模作为芯模，气囊的柔性使得装、脱模更加便利；成型压力可以根据工艺需求进行比较准确的调节与控制，成型质量稳定可控；可在用烘箱加热成型的条件下实现与热压罐等效的加压成型，有利于降低复合材料的成本。但是在设计中需要考虑工艺间隙对于成型质量的影响。工艺间隙过大，虽然有利于装模、合模操作，但是会使得压实预成型体更为困难，会对成型质量产生较大的影响[15]。

1.3.8　缠绕成型

缠绕成型工艺最早起源于 20 世纪 40 年代中后期，美国研发出世界上第一台缠绕机，并成功应用于火箭发动机壳体的生产。缠绕成型是指将充分浸润树脂或其他胶体的连续纤维按照一定的工艺要求缠绕到芯模或内衬上进行固化成型的工艺过程。缠绕成型的基本工艺流程如图 1－13 所示。

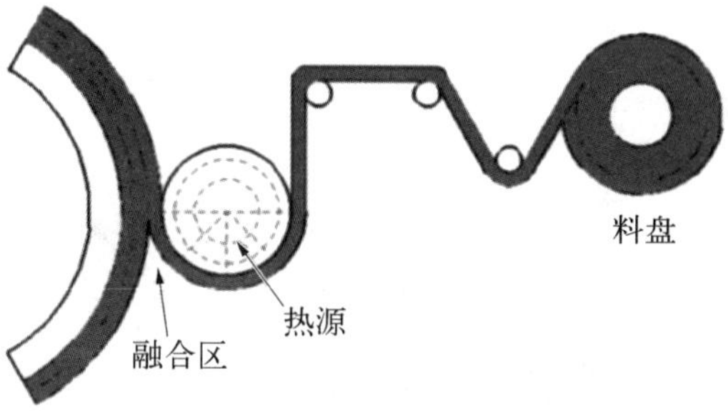

图 1－13　缠绕成型工艺流程

缠绕成型工艺具有生产效率高、质量稳定、原料成本低等优点，其主要适合回转体类零件的成型，如固体火箭发动机壳体、高压气瓶等。

1.4　车用碳纤维复合材料的开发

1.4.1　国外概况

宝马是首家将 CFRP 大规模应用于汽车的厂商，不仅在新能源汽车 i8 与 i3 上采用碳纤维车身，还为高性能 M 车型设计了众多内外饰部件，如碳纤维材质的传动轴、轮毂、方向盘等功能性零部件。而奥迪、奔驰等也相继发布了 CFRP 概念车，并将逐步应用于具体车型。此外，丰田、本田、日产和福特等厂家也已经将 CFRP 应用于旗下高性能汽车。

宝马 i3 纯电动汽车采用了 CFRP 乘员舱模块以及铝合金底盘模块(图 1－14)，整备质量仅为 1 195 kg，其中锂电子电池重量为 230 kg，CFRP 部件重量为 140 kg，比传统电动车减轻了 250～350 kg。

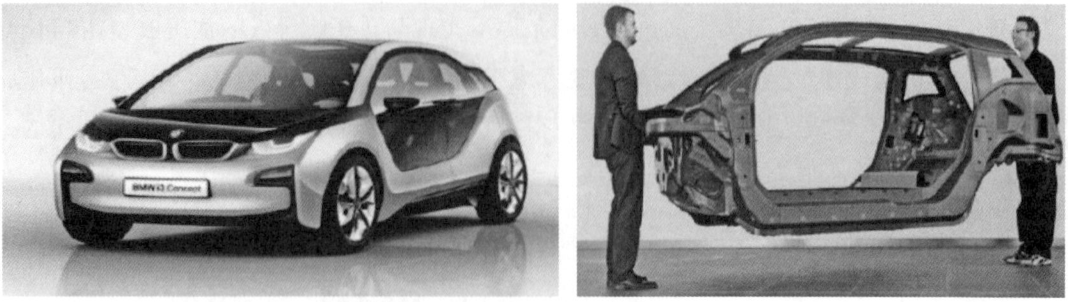

图 1-14　宝马 i3 的 CFRP 乘员舱

日本东丽公司开发的两人座 TEEWAVEAR1 纯电动概念车(图 1-15),整备质量仅为 846 kg,CFRP 部件重量约 160 kg,相比钢制汽车重量减少 53%。

图 1-15　日本东丽的 TEEWAVEAR1 纯电动概念车

韩国现代 Intrado 燃料电池概念车的全车架、引擎盖以及侧板均采用 CFRP(图 1-16),整备质量比传统钢板制造的轻 60%,一次补充燃料可行驶 644 km,百公里加速时间将低于 12 s。

图 1-16　韩国现代 Intrado 燃料电池概念车

1.4.2　国内概况

国内的车用碳纤维复合材料开发起步较晚，但在新技术的开发和产业应用方面也在不断进步。中国科学院宁波材料技术与工程研究所、化学研究所等单位联合研制出连续 CFRP 快速热压成型成套装备及连续 CFRP 汽车部件的自动化设备，其分别采用阴离子聚酰胺 6(PA6)及聚环状对苯二甲酸丁二醇酯(PCBT)热塑性单体，经原位聚成型制备出大尺寸复合材料汽车底板(图 1-17)，突破了碳纤维增强热塑性复合材料结构件成型关键技术，在热压成型工艺、液态成型工艺、设计技术、连接技术以及关键装备等方面取得重要进展。2010 年，首辆碳纤维电动车亮相中国工博会，该电动车车身 36 个部件采用了 CFRP，相比同类钢制部件减重 65%以上，与钢质部件力学性能等效设计的前提下相等，提高行驶里程10 km(在 40 km/h 的车速下)，并实现了 CFRP 的全回收利用，其单丝拉伸强度损失小于 5%，回收碳纤维能耗与生产碳纤维能耗之比为 9∶55。

中国科学院宁波材料技术与工程研究所与奇瑞汽车联合研制碳纤维复合材料，并成功应用于插电式混合动力“艾瑞泽 7”车型。该款车的车身采用 CFRP，外壳重量减轻 10%，车身总体减重达 40%～60%，油耗降低 7%。

北京航空航天大学、北京纳盛通新材料科技有限公司、北京中材汽车复合材料有限公司自主设计研发的长碳纤维增强热塑性(尼龙)复合材料(LCFT)轮毂(图 1-18)，与铝轮毂相比可减重 40%～60%。其尺寸精度更高，抗疲劳、抗蠕变、耐热、耐候性等更加优异，生产效率更高、成本更低，且可回收循环使用。

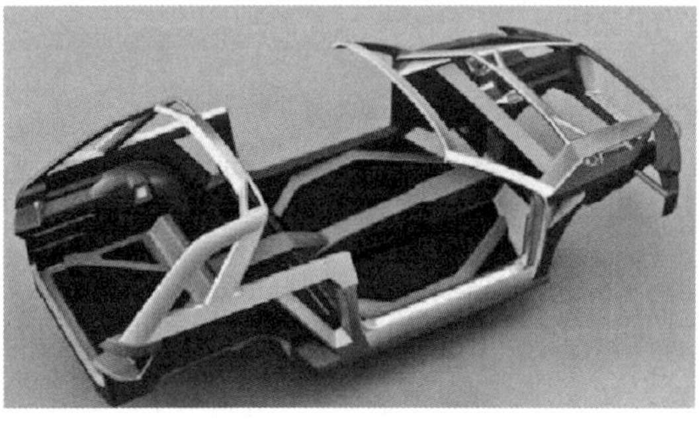

图 1-17　连续碳纤维复合材料快速热压成型的零部件

图 1-18　长碳纤维增强热塑性(尼龙)复合材料(LCFT)轮毂

中国第一个 CFRP 量产型电动汽车——奥新鹿曦 e25，使用全碳纤维乘客舱设计，采用 HP-RTM 和 LFT-D 复合材料成型工艺。碳纤维整体非承载式车身取消了前处理和中涂等传统涂装工艺，通过覆盖件与内板件粘接形成结构强度功能、优化集成零件模块，整车零部件数量减少 60%，实现了整车制造工艺的颠覆性突破。2019 年，武汉地质资源环境工业技术研究院以氢能为动力、采用碳纤维车身的格罗夫乘用车首辆样车研制成功。

目前,我国自主品牌的汽车主机厂都在开展 CFRP 在汽车上的应用研究,但都基本处于少数外覆盖件的研发,如哈弗 H6 碳纤维前罩、前后保险杠,北汽 Concept900 轿跑型概念车车门,长城华冠 Event 纯电动跑车部分覆盖件。

1.4.3 最新进展

1. Forged Composites®技术

Forged Composites®是一种新的碳纤维复合材料,称为锻造复合材料。与常用的碳纤维复合材料相比,这类材料制造工艺取消了预编织过程,直接使用浸渍在树脂膜中的纤维,然后将其放置在加热的模具中,在模具压力作用下成型(而不是将碳纤维材料分层并施加树脂),几分钟后即可获得碳纤维复合材料成品。

Forged Composites®主要使用短纤维,短纤维分布在基体中。而常规 CFRP 层合板多为连续纤维(编织布)增强的,可以看到明显的碳纤维编织的纹理,多用于外观件。而 Forged Composites®则看不到编织纹理,表面呈现典型的混杂纤维,如图 1-19 所示。

(a) Forged Composites®　　(b) 常见CFRP

图 1-19　由 Forged Composites®与常见 CFRP 制造的零件外表面

在成本上,Forged Composites®要明显低于连续碳纤维,主要是设计和生产成本低。另外,由于短切碳纤维可以利用边角料或回收料,所以成本会更低。在性能上,Forged Composites®的强度在 200 MPa 左右、模量在 30 GPa 左右,而连续碳纤维的强度在 500 MPa 左右、模量在 50 GPa 左右。该项技术的主要特点是低成本、高生产率。

2. Carbonskin®(碳皮肤)技术

兰博基尼与航空领域伙伴的合作诞生了一款车型——Sesto Elemento(第六元素),见图 1-20。这款兰博基尼跑车采用了 Carbonskin®技术,该材料是由浸泡在环氧树脂中的碳纤维提炼而成,其纤维结构更稳定,表面摸起来更加柔软。该产品以名称"Carbonskin®"取得了世界范围内的专利权。这种创新型材料除了减轻重量之外,还提供作为碳纤维自然特性的独特美感与三维效果。

图 1-20　兰博基尼 Sesto Elemento

图 1-21　LM3D Swim

3. 3D 打印碳纤维车身

美国 Local Motors 公司的 LM3D Swim 车型全车 75%的组件采用 3D 打印制造，采用纯电动系统驱动，所用材料由 80%的 ABS 塑料和 20%的碳纤维构成(图 1-21)。美国辛辛那提公司使用 3D 打印技术制造了包括底盘、仪表板、座椅和车身在内的部件，所用材料为碳纤维增强热塑性塑料，其熔融沉积速度可达到每小时 40 磅。

1.5　CFRP 层合板的加工性能

CFRP 部件加工技术主要有机械加工、高压磨料水射流加工和激光加工等。

1.5.1　机械加工

当前，常用的 CFRP 机械加工方法主要有切割、钻孔、铣削等。其中，钻孔主要用于 $\phi 8$ mm 以下孔的加工，铣削主要用于轮廓修边加工。

1. 常见质量缺陷

对 CFRP 材料进行机械加工时，因其高强度、高硬度、导热性较差、各向异性等特点，常产生以下质量缺陷[16,17]。

1) 复合材料分层与纤维断裂

由于 CFRP 具有非均匀性、层间结合强度较低等特点，纤维受刀具切削作用时向外歪曲、偏离层压板平面，在不同材料层之间产生层间应力，致使 CFRP 出现分层现象，严重降低材料的使用性能。另外，在切削过程中易出现切削刀具、工艺参数的设置与调整不当，使 CFRP 在切削过程中受到多余剪切力与层间应力作用，从而在加工区域周边发生断裂、形成裂纹，降低材料性能。

CFRP 属于各向异性材料，其纤维铺层方向对制孔有较大影响，特别是单向板制孔时，钻孔处的应力集中较大，极易引起劈裂等缺陷(图 1-22)。

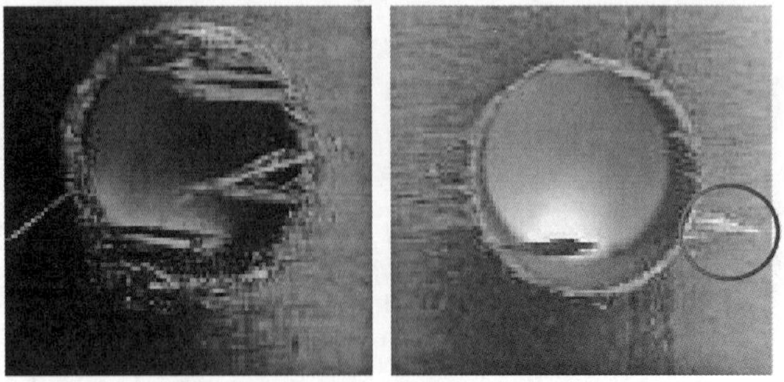

(a) 毛刺　　(b) 撕裂

图 1-22　毛刺与撕裂缺陷形貌[17]

2）加工刀具磨损严重

CFRP 硬度大，其洛氏硬度可达 HRC 53～65，相当于一般高速钢的硬度。CFRP 切削过程是一个树脂基体破坏和碳纤维断裂相互交织的复杂过程，此过程中碳纤维作为硬质点连续磨耗刀具，使刀具刃口钝化、崩刃。

CFRP 导热性差，在钻孔过程中钻头与复合材料产生大量的摩擦热，而 CFRP 热导率小，热量难以在加工中排除，使切削区温度迅速上升，进而导致钻头发生退火，加速钻头磨损。

3）产生毛边、纤维撕裂、缩孔等缺陷

CFRP 属于各向异性材料，不同纤维铺层方向的 CFRP 去除机理不同，对 CFRP 精加工工艺（如制孔）影响较大。表现为在不同纤维切削角（刀具与纤维铺层方向的夹角）情况下，碳纤维在刀具挤压、剪切作用下的纤维断裂位置与形式不同，造成表面缺陷如毛边、纤维撕裂等，同时 CFRP 的热膨胀系数较小、弹性系数较大，在切削热和应力作用下易产生缩孔。CFRP 有缩孔现象，这是由于其热导率小，而线胀系数和弹性恢复都较大[18]。

2. 主要影响因素

机械加工中 CFRP 产生材料分层、纤维断裂等质量问题的主要因素包括以下三个。

1）刀具选择

在 CFRP 零件加工过程中，由于 CFRP 硬度高（可达 HRC 53 以上），对刀具切削刃的磨蚀性强、导热性差，致使切削热集中于刀具中无法被切屑带走，导致刀具切削热问题加剧，并可能对加工件的树脂基体造成热损伤，从而降低 CFRP 加工件表面质量，影响 CFRP 零件的综合性能。因此，加工 CFRP 零件的刀具应选择具有高硬度、耐磨性和耐热性高的材料制备。

加工 CFRP 刀具选用材料有硬质合金、陶瓷、聚晶立方氮化硼（PCBN）、聚晶金刚石（PCD）等，及涂覆在刀具上的涂层材料（如高速钢、硬质合金、AlTiN、TiB_2 等）。Ferreira 等[19]通过粗精车加工实验对比陶瓷、硬质合金、PCBN、PCD 刀具的 CFRP 加工性能，发现具有高导热性、高硬度、低热膨胀系数、低表面摩擦系数等优点的 PCD 刀具用于 CFRP 切削加工可降低切削热、切削力，抑制毛刺、分层等加工缺陷。Wang 等[20]通过 CFRP 钻削实验对比金刚石涂层、AlTiN 涂层与普通硬质合金刀具的磨损性能差距，结果表明金刚石涂层刀具的耐磨性能最优。

2）切削力

切削力大小对切削热、刀具磨损度、工件表面质量有明显影响。机械加工时由于 CFRP 比强度高、硬度高导致切削力较大、刀具积累切削热过高，造成刀具磨损快、工件热损伤大等问题。Kumar 等[21]综合探究刀具几何角度、进给速度、切削速度和切削深度等工艺参数与切削力的关系，发现切削力随刀尖半径、进给速度和切削深度减小而减小。葛恩德等[22]研究发现，当切削角为 90°时切削力随温度升高而减小。

3）切削热

切削热源于加工过程中 CFRP 纤维断裂、刀具切削树脂基体、切屑摩擦刀具所消耗的功。由于切削热多集中于刀具，切削热过高就会加速刀具磨损、降低刀具切削性能，引发 CFRP 工件热软化进而影响表面加工质量。Ha 等[23]通过 CFRP 切削实验探究复合材料的高速加工特性，结果表明切削加工区域温度随着切削速度增加而稳定增加。朱国平[24]建立 CFRP 材料温度场数学模型，通过热电偶和红外测温仪测量 CFRP 钻削过程中不同切削参数的加工区域温度，分析切削参数对切削热的影响及规律，结果表明切削热随进给速度、切削深度增加而增加。

1.5.2　高压磨料水射流加工

以水为主要工作介质，通过增压设备将液体增压至一定数值（100～750 MPa），然后通过极小直径喷嘴（0.08～0.5 mm）射出，形成具有高动能、强穿透力的水射流冲击、切割和破坏 CFRP 工件，实现加工区域材料的高效去除。为提高加工效率与加工质量，在水介质中加入一定比例磨料（石英砂、碳化硅、金刚石等），利用磨料的高硬度、尖锐顶角和借助高速高压水流赋予磨料的高动能，提高水射流的切割、破碎能力，该技术称为高压磨料水射流[25,26]。采用该技术加工 CFRP 具有加工效率高、加工能力强、无热影响区、环保、切口质量好等优点，切割原理如图 1-23 所示[18]。

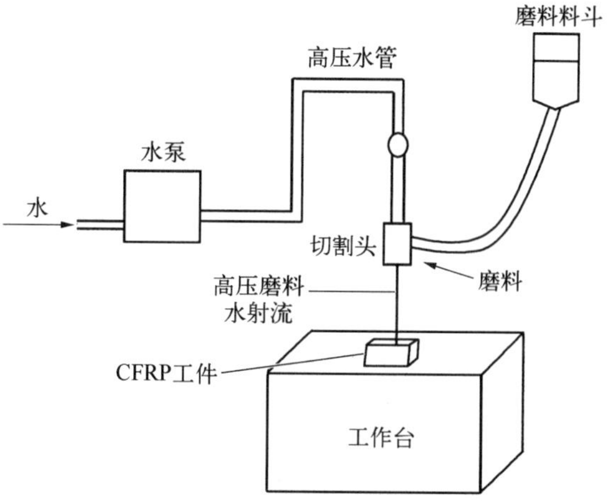

图 1-23　高压磨料水射流切割原理图[18]

CFRP 高压磨料水射流加工是通过水射流促使 CFRP 裂纹生成与扩散的持续性动态断裂过程，以此去除工件表面的破碎材料。影响高压磨料水射流加工质量的因素主要有以下四个[18]。

1. 水射流压力

当水射流压力较小时，水射流与磨料粒子的速度与动能随压力降低而减小，高压水与磨料粒子组成的二相流冲击能力不足、切割能力较弱。当水射流压力超出一定范围时，由于水射流和磨料粒子的速度与动能随压力升高而增大，磨料粒子流量不变、间隙增大，导致磨料粒子间的相互配合作用减弱、切割能力降低。

2. 进给速度

进给速度主要影响 CFRP 加工过程中二相流作用时间和切割深度。当进给速度较低时，二相流切割能力弱有可能造成材料分层。由于单位时间内二相流冲击切割力增大、切割深度变深，而水射流切缝较窄，致使部分水残留其中并对后续水射流产生一定缓冲作用，切缝深度越深积水越多，缓冲作用越大，若其余工艺参数选取不当，二相流将无法切割透彻 CFRP，易出现材料分层现象。当进给速度增大至超出一定数值范围会导致材料分层，这是由于高进给速度导致切割深度较浅，此时二相流的冲击作用远大于磨削作用，而冲击作用的材料去除效果低于磨削作用，致使二相流切割不充分、CFRP 出现分层。

3. 切割靶距

切割靶距变化会导致发挥切割作用的二相流位置改变，切割靶距越小，理论上二相流发散程度越小、携带能量越多，与 CFRP 表层材料的相互作用越强、切割效果越好。高压磨料水射流技术加工能力主要源于磨料的磨削作用，切割靶距影响磨料粒子在水中的加速过程进而影响其速度与动能。当切割靶距过小时，磨料粒子缺少足够运动位移，速度与动能无法加速至较高值，切割能力变弱。切割靶距过大会导致磨料粒子速度与动能加速至峰值后逐渐减小，切割能力降低。

4. 磨料流量

磨料流量过低会使二相流切割能力减弱。二相流中磨料比例小、间隙大，二相流与 CFRP 相互作用能力弱、切割效果差；磨料流量过高会使二相流切割能力减弱，单位时间内磨料粒子与 CFRP 作用次数增加、磨料比例增大，由于高压水射流总动能一定，从而使单个粒子动能下降，且磨料粒子间更容易发生碰撞致使动能损失、磨料碎裂，二相流切割能力减弱。

1.5.3 激光加工

以高能量激光束照射工件表面产生热效应，使 CFRP 迅速熔化、蒸发，实现 CFRP 高效精密加工。激光加工技术具有诸多优点，如无接触式加工（无刀具磨损、更换问题），无切削应力影响、加工速度快、激光光斑小、加工热影响区小等[18]。图 1－24 所示为机械钻孔与激光加工的 CFRP 层合板中的孔，可见激光加工孔周质量显著高于机械钻孔的质量。

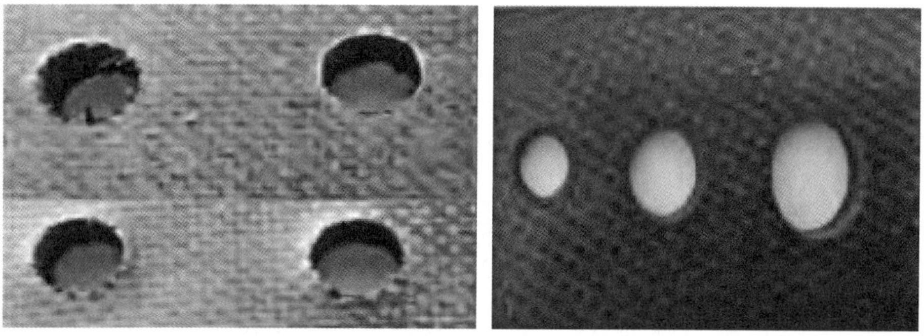

(a) 机械制孔　　(b) 激光制孔

图 1－24　采用机械加工与激光加工的 CFRP 层合板中孔的效果[27]

1. 加工原理

激光加工技术通过长脉冲激光、连续激光、短脉冲激光（包括皮秒激光与飞秒激光）等激光器，发射毫秒级脉宽以上的高能激光束至 CFRP 零件表面产生热效应使材料熔融，以此去除多余材料。其材料去除过程可分为四个阶段[43-45]。

1）复合材料对激光能量的吸收与转化

高能量激光束照射至 CFRP 零件表面，大部分能量透入材料内部被吸收，小部分能量被材料反射和由于热传导效应而损失，材料表面温度不断上升。初始阶段材料对激光能量反射率较高，随着表面温度上升超过材料熔融温度使材料熔化，降低了激光能量的反射率，提升了其吸收率，将光能转化为热能。

2）复合材料加热

由于 CFRP 导热性较差，不同于激光加工金属材料依靠自由电子热运动使材料温度上升，CFRP 依靠电子系统吸收激光能量并转换为内能，传递给晶格系统转换为晶格热振动能产生热量，使材料表面温度不断上升，将光能转换为热能。

3）复合材料熔化与汽化

激光加工 CFRP 零件过程中，当激光能量、功率密度或与材料作用时间足够时，材料表面温度升至熔化、汽化温度，先后形成熔化区、汽化区，表层熔化区不断吸收热量并传递至较里层材料使其温度高于材料表层汽化温度，形成热蒸气泡并不断扩大、膨胀，材料内部气压上升形成冲击波冲击周围材料，熔融液相材料在蒸气作用下向外飞溅，形成烧蚀区，以汽化和熔融喷出的形式去除多余材料。

4）等离子体形成与膨胀

CFRP 零件表面发生汽化形成蒸气粒子并继续吸收激光能量，高温蒸气发生电离形成等离子体并膨胀。等离子体能够吸收、反射和散射激光能量，影响 CFRP 激光加工效果。

2. 激光加工参数对加工质量的影响

CFRP 激光加工过程是激光能量与材料持续相互作用，使材料不断吸收热量、温度升高直至发生熔化、汽化并去除的过程。由于 CFRP 的整体各向异性、非均质，激光能量与 CFRP 作用过程复杂，在实际激光精加工 CFRP 零件时易出现热影响区较大、材料分层、纤维末端膨胀等问题，如图 1-25 所示。影响激光加工质量的因素包含以下几方面[18]。

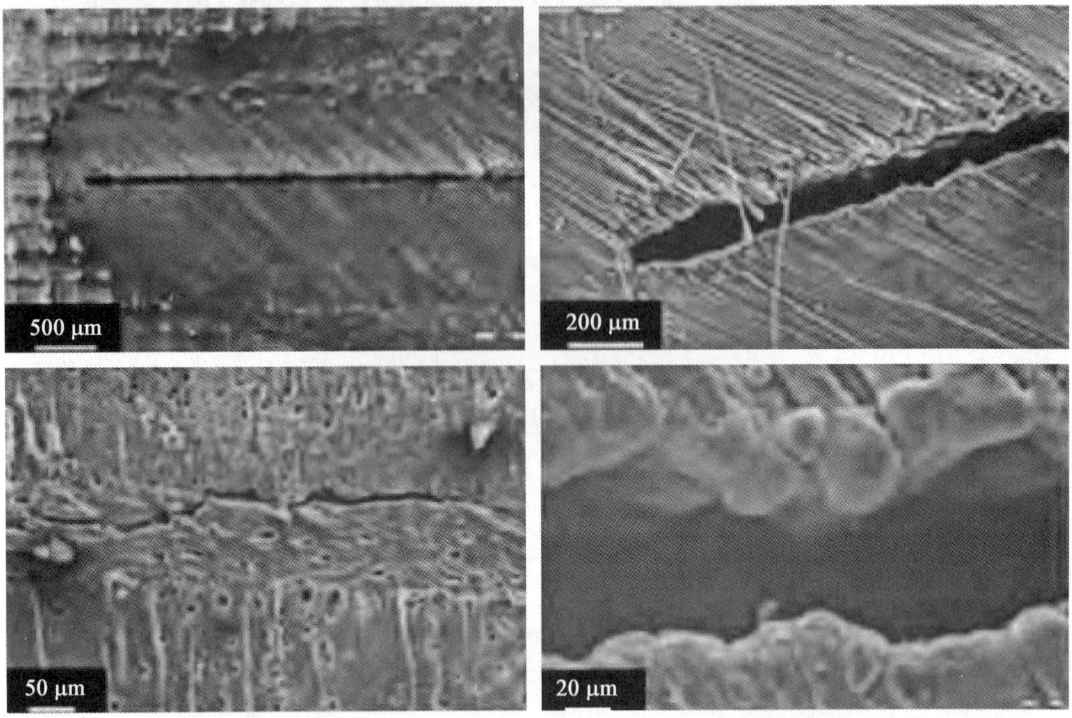

图 1-25 激光切割 CFRP 产生的热影响、纤维拔出、分层等缺陷[27]

1）激光脉冲能量

若激光脉冲能量过大，CFRP 吸收能量增加、激光作用区域增大，表层材料受激光能量作用而熔化、汽化，部分剩余能量向里层材料扩散并使熔融温度较低的树脂基体热解，而无法热解的碳纤维裸露在外界环境中形成较大范围的热影响区；若激光脉冲能量过小，CFRP 表面无法吸收足够能量使其完全消融。

2）重复频率

当重复频率增加时，单位时间内激光脉冲次数增加、材料吸收能量增加，CFRP 烧蚀阈值降低，材料熔化、汽化所需能量降低，热影响区减小。当 CFRP 与激光能量相互作用时间增加时，材料吸收激光能量增多，若其余工艺参数设置不当导致材料发生不完全熔化与汽化，树脂基体热损伤范围扩大，热影响区增大。

3）扫描速度

当扫描速度增加时，单位时间内加工区域激光加工孔数量减少、脉冲间距增加、能量激光束重叠率下降，材料吸收能量减少、表层材料去除量减少，热影响区减小。

1.6　回收与再利用技术

报废汽车的回收与再利用是汽车产业可持续发展的重要组成部分，各国已相继设立法规对废旧汽车的回收与再利用进行指导与规范。如欧盟要求 2010 年成员国的汽车材料回收率达到 95%以上。同时，由于原始碳纤维的成本普遍较高，采用较低成本的再生碳纤维具有一定的经济效益，发展前景广阔。

1.6.1　回收技术

对于基体为热固性树脂的 CFRP，其经过不可逆的固化反应，形成一种具有三维交联的严密网状结构，因此具有较高的热稳定性和不溶不熔的特性，这使得对其废弃物的回收处理面临着极大的挑战[28]。目前 CFRP 的回收技术主要有三大类：机械回收、热解回收和化学回收。其中，热解回收和化学回收是回收 CFRP 最为有效的方法。

1. 机械回收

机械回收法是将废弃的 CFRP 切割成小尺寸的碎片或继续研磨成非常细的粉末，然后将不同尺寸的回收物通过旋风分离器和筛子等进行分类回收。回收得到的材料分为两大类：一类是纤维部分，另一类是粉末状或颗粒状的聚合物基体。这些材料通常被用作填料、水泥原料、铺路原料和高炉炼铁的还原剂等[29]。机械回收法多用于对玻璃纤维增强复合材料和团状模塑料 BMC 及片状模塑料 SMC 等的回收，也用于回收热固性树脂基体碳纤维复合材料[30]。

机械回收法的优点在于成本非常低，且整体工序相对简单。但此方法回收得到的材料价值较低，纤维力学性能损失非常严重，而碳纤维的生产成本和使用价值往往比玻璃纤维等其他纤维都高，故而此方法多用于对玻璃纤维复合材料进行回收。

2. 热解回收

热解回收指在高温条件下将废弃的热固性树脂基体碳纤维复合材料进行降解，降解的产物一般为油、气体和固体产物（纤维、最终的填料和焦炭等）。热解回收是目前最常用的回收复合材料的方法，也是商业规模常用的方法。

热解回收包括高温热解、流化床热解、微波辅助热解[31]。热解回收可实现增强纤维的回收，同时树脂挥发为低质量分子过程产生的 H_2、CH_4 或石油馏分等可用于工业生产。

高温热解是目前唯一实现工业化生产的CFRP回收技术。在高温热解过程中，CFRP在缺氧条件下被加热到450～700℃，聚合物基体挥发为低质量分子，而碳纤维保持惰性从而实现碳纤维的回收。高温热解能保留纤维的大部分力学性能，从树脂中获得工业原料，且不采用化学试剂。对于含有预埋金属件的CFRP汽车零部件，高温热解能较好地实现纤维与树脂的回收，但是也存在热解过程纤维表面积碳、产生有害气体、再生纤维的性能易受工艺参数影响等问题。

流化床热解采用高温空气通过置于流化床上的复合材料废片并分解树脂，空气流推动氧化分子与纤维丝上升，而较重的金属部件沉降下来留在流化床上。流化床热解具有不受污染物的影响、纤维表面不易积碳等优点，但是存在再生纤维强度下降较大、纤维长度缩短、纤维结构破坏严重、难以实现从树脂中提取原料等问题。因此，此方法并未大量应用于碳纤维的回收。

微波辅助热解采用微波取代传统的电力或燃料，由于材料的核心部位被加热因而热量的传递速度较快，实现热解过程的高效进行。然而，Akesson等研究表明，采用微波辅助热解回收的碳纤维表面存在积碳，使碳纤维与基体材料的界面性能较差。微波辅助热解具有环保高效的明显优势，但是对于纤维性能损失明显等问题还有待进一步研究。

3. 化学回收

化学回收法也称为溶剂回收法，是指利用化学试剂将CFRP中的聚合物交联结构断开，形成低分子聚合物或部分溶于试剂中，从而有效地将碳纤维与树脂基体分离开来。处理后的碳纤维表面几乎不存在残留树脂，树脂基体经降解后处理也可进行回收。因此，化学回收法是目前应用最好的一种方法。常见的化学回收法有超/亚临界流体法和常压溶剂回收法[32]。

1）超/亚临界流体法

超临界流体因同时具有气、液的两种特性而被广泛应用于复合材料的相关研究中，其主要性质体现为三个方面：较低的黏度、较高的传质系数、较好的扩散表现[33]。

醇是一种比较好的溶剂，既能溶解多种有机物，又能溶解多种无机物，故常用醇来作为反应溶剂，回收的碳纤维的力学性能能达到原始纤维的85%～99%[34]。水作为一种绿色的反应溶剂，在超临界或亚临界条件降解中广泛使用。水在亚临界状态下具有强氧化性，亚临界水具有“强烈的将有机物溶解于水”和“强烈的分解力”等普通水所不具备的性质[35]，回收的碳纤维力学性能损失较少。但超/亚临界流体对温度和压力的要求较高，故而对设备要求较高，且回收过程中会存在较大的安全隐患。

2）常压溶剂回收法

在常压条件下，分别选用合适的溶剂和催化剂将CFRP中的树脂基体降解为可溶性的物质，从而将纤维分离出来，甚至能将降解的树脂低聚物提取出来。Hitachi Chemical 开发了常压溶剂回收法，采用高沸点的醇为溶剂，以碱金属盐为催化剂，对 CFRP 进行降解回收[36]。

(1) 强酸强碱

早期的探讨研究主要是使用一些强酸强碱来降解回收 CFRP。一直以来，HNO_3 作为强酸和 KOH 作为强碱广泛为人所关注。以 HNO_3 为溶剂降解胺固化的环氧树脂，将回收的树脂重新用酸酐固化，在同样的固化条件下，回收的树脂甚至比原始树脂的机械性能更好一些[37]。KOH 作为强碱，和不同的试剂混合可降解不同固化剂固化的环氧基碳纤维复合材料，回收的碳纤维仍然具有很好的力学性能[38]。

(2) 动态共价键重组

通过引入动态共价键重组结构，像酯交换反应、D-A 反应和二硫交换等可逆反应[39]，可以使热固性聚合物基体再生循环使用，而多数情况下，这种结构可以通过对原物质增加一些化学修饰来实现[40]。

(3) 强氧化剂

H_2O_2 作为一种绿色的强氧化剂，可以加速 CFRP 的降解。H_2O_2 和不同的试剂混合对 CFRP 进行降解回收，或再加上超声的作用加快其降解速度，回收的碳纤维抗拉强度与原始碳纤维几乎相当，且回收的树脂可以和胶黏剂环氧树脂共同使用且力学性能良好[41]。虽然 H_2O_2 绿色环保，但它的降解反应不具备选择性，降解后的溶液不易处理。除此之外，H_2O_2 是一种爆炸性试剂，使用过程中存在危险。

(4) C—N 键的选择性断裂

C—N 键的选择性断裂有利于回收 CFRP，而小型的路易斯酸可以实现 C—N 键的选择性断裂[42]。路易斯酸与合适的溶剂混合降解 CFRP，可以保持环氧树脂原始的骨架结构，回收的碳纤维仍然具有很好的力学性能[43]。

(5) 自修复或完全回收

对碳纤维增强热固性复合材料进行自修复设计，使得碳纤维在几乎不散乱的情况下实现完全回收。共价自适应网络具有断裂和重组的能力，即利用化学反应中的可逆反应实现对 CFRP 的完全回收和再固化成型，修复后的性能与原始性能几乎相同[44]。

(6) 电解

利用电化学促进催化，在电解液中实现对 CFRP 的降解回收。这种方法使用简单的设备和传统的无毒电解质，在常温常压下回收碳纤维。这种方法可以回收较大尺寸的 CFRP，且程序简单，显著提高了再生纤维的商业价值[45]。

以上的研究较多集中在纤维单丝的回收，其中仍需解决的问题包括高温、高压、周期长，且树脂基体降解不完全，降解液未得到有效的处理，未能实现工业化等诸多问题[46]。目前，采用化学法进行纤维与树脂的回收仍然局限于实验室阶段，距离工业化生产还有一定的差距。

1.6.2 再利用技术

再利用技术可充分利用回收材料的性能,实现复合材料循环利用。对于树脂的回收,可从树脂降解中得到气体与油分,然而由于树脂中混合成分较为复杂,从其中回收有价值的产品成本较高。现阶段,可从产物的液体成分中提取树脂单体用于新树脂的生产,也可将液体成分作为燃料进行回收。根据不同的纤维形式,可采用不同的方法对再生碳纤维进行再利用。对于回收得到的研磨或短切碳纤维,可采用注射模塑或预制整体模塑压缩成型制备 CFRP 制品。由于纤维长度较短且纤维方向随机排布,此类制品仅适用于汽车内饰件等力学性能要求较低的部件。

对于由再生碳纤维加工得到的中间无纺布产品(短纤维随机排列),通常采用模压工艺实现制品的成型过程。由于中间体中纤维重新浸渍结构的整体性能得到明显提升,此类制品可应用于对力学性能有一定要求的部位,如发动机盖外板、翼子板、门外板等。采用纤维校准技术处理后的再生碳纤维,其结构的力学性能在纤维方向得到显著提升。因此,可采用模压工艺或将其制备为预浸料进行成型,得到的制品可应用于汽车内覆盖件等非结构件上,如门内板、发动机罩等。

对于部分回收工艺得到的编织产品,可采用 RTM 等工艺进行成型制造。由于纤维结构得到有效保留,制品的力学性能较为优异,可将其应用于汽车覆盖件、结构件等部位,如地板、B 柱等。

参 考 文 献

[1] 欧阳艳艳,姚雅萱,刘争,等.碳纤维材料高温碳化过程研究进展概述[J].计量科学与技术,2020(10):68-72.

[2] 葛媛.PAN 基碳纤维原丝预氧化过程中的结构性能研究及皮芯结构的改善[D].长春:长春工业大学,2021.

[3] 曾威.表面处理对注塑成型短碳纤维增强聚醚酰亚胺复合材料力学性能的影响[D].重庆:重庆大学,2020.

[4] Hassan E A M, Ge D, Yang L. Highly boosting the interlaminar shear strength of CF/PEEK composites via introduction of PEKK onto activated CF[J]. Composites Part A: Applied Science and Manufacturing, 2018, 112: 155-160.

[5] Cao H, Huang Y, Zhang Z, et al. Uniform modification of carbon fibers surface in 3-D fabrics using intermittent electrochemical treatment[J]. Composites Science and Technology, 2005, 65(11), 1655-62.

[6] Zhang H, Zhang Z, Breidt C. Comparison of short carbon fibre surface treatments on epoxy composites: I. Enhancement of the mechanical properties[J]. Composites Science and Technology, 2004, 64: 2021-2029.

[7] 杨龙.碳纤维复合材料汽车覆盖件结构设计与成型技术研究[D].武汉：武汉理工大学,2017.
[8] 张婧,于今,熊磊,等.车用碳纤维复合材料性能及成型工艺[J].科技导报,2016,34(8)：26－30.
[9] 王跃飞.碳纤维增强复合材料 HP－RTM 成型工艺及孔隙控制研究[D].湖南：湖南大学,2017.
[10] 徐磊.聚砜增韧改性环氧树脂及其层间增韧液体成型碳纤维复合材料的研究[D].上海：东华大学,2019.
[11] 张玉龙.高技术复合材料手册[M].北京：国防工业出版社,2003：322－324.
[12] T. G. Gotowski.先进复合材料制造技术[M].北京：化学工业出版社,2004：203－228.
[13] 陈幸开.碳纤维增强聚合物基复合材料拉挤工艺数值模拟与优化[D].哈尔滨：哈尔滨工业大学,2010.
[14] 邓金海.碳纤维复合材料超薄型窄带拉挤成型工艺研究[D].天津：天津工业大学,2014.
[15] 王英男.工艺压力对纤维增强树脂基复合材料的成型质量及力学性能的影响[D]. 上海：东华大学,2019.
[16] 王帅斌.碳纤维复合材料钻削加工刀具状态监测[D].广州：广州大学,2020.
[17] 张万君,刘永琪,钱秀松.碳纤维复合材料的孔加工[J].纤维复合材料,2005,49(3)：49－52.
[18] 钟明建,胡炜杰,廖晓恬,等.碳纤维复合材料部件加工技术现状及发展趋势[J].复合材料科学与工程,2022(5)：110－119.
[19] Ferreira J R, Coppini n L, Neto f L. Characteristics of carbon-carbon composite turning[J]. Journal of Materials Processing Technology, 2001, 109(1－2): 65－71.
[20] Wang X, Kwon P Y, Sturtevant C, et al. Tool wear of coa- ted drills in drilling CFRP[J]. Journal of Manufacturing Processes, 2013, 15(1): 127－135.
[21] Kumar S, Gupta M, Satsangi P S. Multiple-response optimization of cutting forces in turning of UD-GFRP composite using distance-based pareto genetic algorithm approach [J]. Engineering Science&Technology, 2015, 18(4): 680－695.
[22] 葛恩德,王东,李汝鹏,等.不同温度下 CFRP 单向板切削力和加工损伤研究[J].玻璃钢/复合材料,2018(12)：62－66.
[23] Has J, Kim K B, Yang J K, et al. Influence of cutting temperature on carbon fiber-reinforced plastic composites in high-speed machining[J]. Journal of Mechanical Science and Technology, 2017, 31(4): 1861－1867.
[24] 朱国平.单向 C/E 复合材料钻削温度场研究[D].大连：大连理工大学,2013.
[25] 王伟.高压磨料水射流切割碳纤维复合材料的试验研究[D].哈尔滨：哈尔滨理工大学,2015.
[26] Chithirai P S, Divya M, Swaroop R P, et al. Investigation on abrasive waterjet machining conditions of mild steel using artificial neural network[J]. Materials Today: Proceedings, 2019, 19(2): 233－239.
[27] 徐纪豪,白一凡,孙圣元,等.碳纤维复合材料激光切割技术研究进展[J].电加工与模具,2022(1)：4－13.
[28] Yu Kai, Shi Qian, Dunn Martin L. et al. Carbon fiber reinforced thermoset composite with near 100% recyclability[J]. Advanced Functional Materials, 2016, 26(33): 6098－6106.
[29] Pickering S. J. Recycling technologies for thermoset composite materials — current status[J]. Composites Part A: Applied Science and Manufacturing, 2006, 37(8): 1206－1215.
[30] Oliveux Géraldine, Dandy Luke O., Leeke Gary A. Current status of recycling of fibre reinforced polymers: Review of technologies, reuse and resulting properties[J]. Progress in Materials Science, 2015, 72: 61－99.

[31] Jiang L, Ulven C A, Gutschmidt D, et al. Recycling carbon fiber composites using microwave irradiation: Reinforcement study of the recycled fiber in new composites[J]. Journal of Applied Polymer Science, 2015, 132(41): 42658. https://doi.org/10.1002/app.42658.
[32] Ma Y, Kim D, Williams T J, et al. Recycling of carbon fiber composites using chemical treatment: reaction characterization and optimizaiton[C]//Sampe. 2017.
[33] Jiang J, Deng G, Chen X, et al. On the successful chemical recycling of carbon fiber/epoxy resin composites under the mild condition[J]. Composites Science and Technology, 2017, 151: 243-251.
[34] Piñero-Hernanz R, García-Serna J, Dodds C, et al. Chemical recycling of carbon fibre composites using alcohols under subcritical and supercritical conditions[J]. The Journal of Supercritical Fluids, 2008, 46(1): 83-92.
[35] Kim Y N, Kim Y O, Kim S Y, et al. Application of supercritical water for green recycling of epoxy-based carbon fiber reinforced plastic[J]. Composites Science and Technology, 2019, 173: 66-72.
[36] Shibata K, et al. CFRP recycling technology using depolymerization under ordinary pressure [R]. Hitachi Chemical Technical Report, 2014(56): 6-10.
[37] Dang W, Kubouchi M, Sembokuya H, et al. Chemical recycling of glass fiber reinforced epoxy resin cured with amine using nitric acid[J]. Polymer, 2005, 46(6): 1905-1912.
[38] Navarro C A, Kedzie E A, Ma Y, et al. Mechanism and catalysis of oxidative degradation of fiber-reinforced epoxy composites[J]. Topics in Catalysis, 2018, 61(7-8): 704-709.
[39] Ma Z, Wang Y, Zhu J, et al. Bio-based epoxy vitrimers: Reprocessibility, controllable shape memory, and degradability[J]. Journal of Polymer Science Part A: Polymer Chemistry, 2017, 55(10): 1790-1799.
[40] Liu T, Guo X, Liu W, et al. Selective cleavage of ester linkages of anhydride-cured epoxy using a benign method and reuse of the decomposed polymer in new epoxy preparation[J]. Green Chemistry, 2017, 19(18): 4364-4372.
[41] Das M, Chacko R, Varughese S. An efficient method of recycling of CFRP waste using peracetic acid[J]. ACS Sustainable Chemistry & Engineering, 2018, 6(2): 1564-1571.
[42] Deng T, Liu Y, Cui X, et al. Cleavage of C-N bonds in carbon fiber/epoxy resin composites [J]. Green Chemistry, 2015, 17(4): 2141-2145.
[43] Liu T, Zhang M, Guo X, et al. Mild chemical recycling of aerospace fiber/epoxy composite wastes and utilization of the decomposed resin[J]. Polymer Degradation and Stability, 2017, 139: 20-27.
[44] Yuan Y, Sun Y, Yan S, et al. Multiply fully recyclable carbon fibre reinforced heat-resistant covalent thermosetting advanced composites[J]. Nature communications, 2017, 8: 14657.
[45] Zhu J H, Chen P, Su M, et al. Recycling of carbon fibre reinforced plastics by electrically driven heterogeneous catalytic degradation of epoxy resin[J]. Green Chemistry, 2019.
[46] 张灵静.环氧基碳纤维复合材料的回收工艺研究[D].西安：西安工业大学，2020.

第 2 章　汽车零部件常用连接工艺新进展

汽车零部件常用连接工艺有焊接、螺纹连接、铆接、胶接及其他新连接工艺。这些连接工艺在工作原理、适用的材料类型及几何尺寸上有较大差异，工程中需要根据材料类型、厚度、零件功能要求、安装要求、成本等因素进行综合评估选择合适的连接工艺。本章对国内外汽车常用连接工艺的新进展进行了介绍，以期为多材料汽车零部件的连接设计提供参考。

2.1 焊　　接

焊接是通过加热、加压的方式使两材料产生冶金结合的一种连接方法，也是金属零件最常用的连接技术之一。根据能量来源不同，焊接又可分为电阻焊、电弧焊、气焊、钎焊、高能束焊等。而每种焊接类型又有诸多细分类型，如电阻焊又可分为点焊、缝焊、对焊、凸焊；电弧焊可分为熔化极电弧焊和非熔化极电弧焊，熔化极电弧焊包含手工电弧焊、熔化极活性气体保护焊（MAG 焊）、熔化极惰性气体保护焊（MIG 焊），非熔化极电弧焊包括钨极惰性气体保护焊（TIG 焊）和等离子焊。下面对汽车制造领域的新焊接工艺特点、适用范围、连接设计原则进行介绍。

2.1.1 铝合金点焊

铝合金因其密度低、导热性好、阻尼减振性好以及优良性价比等优势在汽车中应用越来越广泛，尤其是近些年新能源汽车的快速发展，极大推动了铝合金在汽车中的应用，如蔚来 ES8/ES6 和奇瑞小蚂蚁 eQ1 等均大量采用了铝合金，铝合金汽车零部件的连接技术也成为研究热点。

传统的电阻点焊技术是钢质车身零部件的主要连接工艺，其基本原理是在电极压力作用下，通电使两零件接触面处温度先达到金属熔点而发生熔化。在电阻热的作用下熔化区逐渐扩大，并在电极压力作用下形成塑性环将熔化区包围在内。断电保压过程中在水冷电极的冷却作用下，熔化区金属冷却再结晶形成焊核，最终实现冶金连接。铝合金由于其导热性好、塑性低、热膨胀系数大，采用常规的电阻点焊易出现虚焊、未焊透、焊核过小、焊接变形大等质量缺陷。另外，铝合金表面有一层绝缘且致密的氧化物 Al_2O_3，其熔点非常高，在电阻点焊过程中不易熔化，容易作为夹杂进入焊核中，冷却后形成微裂纹，影响焊点强度，缩短电极寿命。因此，铝合金的电阻点焊工艺性较差，在工程中的应用受限。为了提高铝合金点焊质量、降低焊接成本，行业内研发了可用于铝合金的点焊方法，下面对已成功应用的通用电极铝点焊、Delta Spot 电阻点焊、特斯拉大球面铝点焊技术进行介绍。

1. 通用电极铝点焊

2012 年通用汽车公司(GM)发明了一种新的多环圆顶电极(图 2－1)，新电极在焊接面上设计了五个凸起的同心环，凸起的同心环在电极压力的作用下可使铝合金表面产生变形，从而穿透并粉碎铝合金表面的氧化层，使焊接电流更加稳定，并减少氧化膜进入熔化区，以提高铝合金点焊工艺的稳定性，减少焊接裂纹。通用电极铝点焊生产时，需要配备相应的四刀片修磨器，修磨频次为普通碳钢的 5 倍，约为 40～50 点/次。为此，该公司也开发了修磨电极的工具即修磨刀片，该刀片可以对电极端面凸起环进行修整。由于技术保护等原因，目前该项技术主要在通用汽车公司内部使用。凯迪拉克的 CT6 车型和 2014 款雪佛兰克尔维特跑车的制造均采用了该技术。

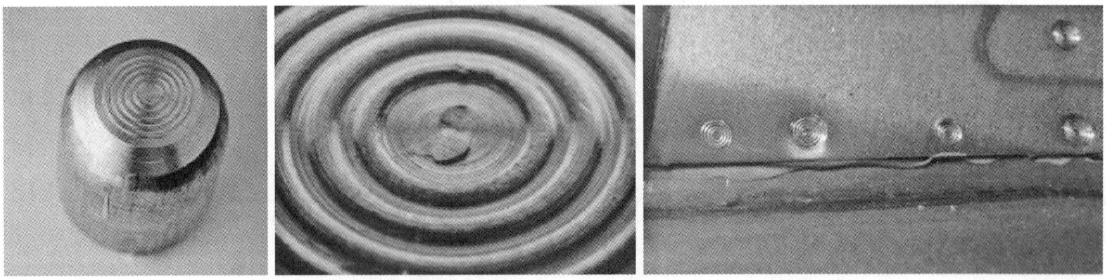

图 2－1　通用铝点焊电极与点焊接头外部形貌

2. Delta Spot 电阻点焊

奥地利伏能士(Fronius)公司推出了一种新型的电阻点焊技术，其原理如图 2－2 所示。在电极与工件之间增加一条电极带，焊接时电极压住电极带接触工件进行焊接，当一个焊点完成后，电极带自动转动到下一个位置。这种方式意味着电极同工件接触表面总能保持干净，每个焊点都是用“全新的”电极，每次焊接开始都有高质量的焊接条件，从而保证焊接质量的稳定性。

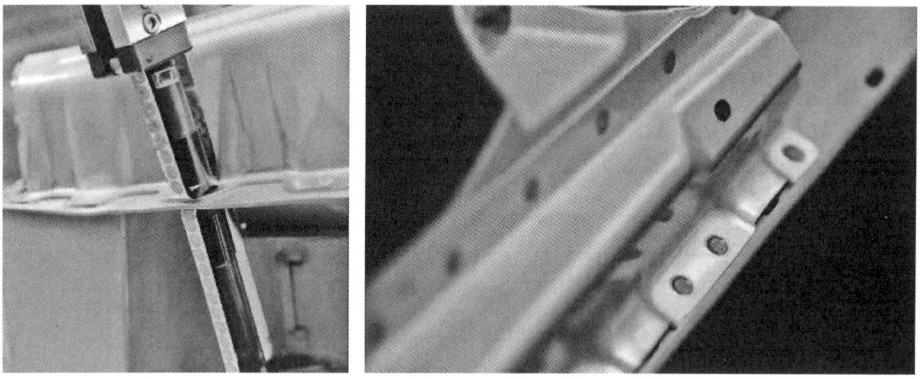

图 2－2　伏能士 Delta Spot 电阻点焊

Delta Spot 电阻点焊使用 70 m 的电极带能焊出 5 000～10 000 个点，电极带使用完需要重新更换。其可焊接任何类型的接头，包括超高强钢、铝合金，以及钢铝异种材料。该点焊技术在特斯拉车门、保时捷车门的制造中都得到了成功应用。

3. 特斯拉大球面铝点焊

加拿大森德莱(Centerline)公司提出了采用超大半径球面电极来替代平面型的电极帽，并开发了专用的修磨器，如图 2－3 所示。该公司还为特斯拉汽车开发了专用的铝点焊焊枪 FlexGun，与常规点焊相比，在电流输入前期无须进行电压变压。

(a) 电极帽

(b) 修磨器

图 2－3　特斯拉大球面铝点焊专用电极帽与修磨器

2.1.2　TIG 焊

钨极惰性气体保护焊(Tungsten Inert Gas Welding，简称 TIG 焊)也称钨极氩弧焊，

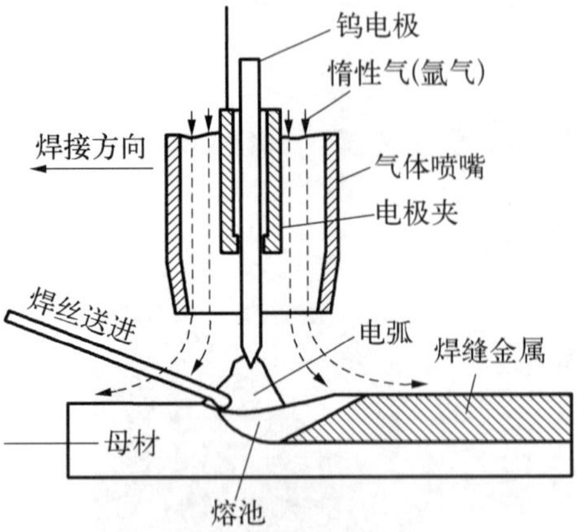

图 2-4 TIG 焊原理图

是一种使用钨作为电极、氩气等作为保护气体的非熔化极电弧焊。其工艺原理如图 2-4 所示。焊接时,氩气从焊枪的喷嘴中连续喷出,在电弧周围形成保护层隔绝空气,以防止其对钨极、熔池及邻近热影响区的氧化,从而获得优质的焊缝。焊接过程中根据工件的具体要求可以加或者不加填充焊丝。

1. 工艺特点

(1) 可焊接多种金属,应用范围广,TIG 焊可焊接几乎所有工业用金属或合金。氩气具有良好的保护作用,不与金属起化学反应,对于一般易氧化或氮化的活泼金属、高熔点的黑色金属以及异种金属都能焊接。

(2) 无飞溅,焊接质量好,可靠性高,焊缝外形好。由于填充焊丝不通过电流,所以不存在熔滴过渡问题,焊接过程中没有飞溅现象产生,焊缝外形非常美观。

(3) 熔渣无须清除,焊接过程中烟尘少。

(4) 焊接效率低。钨棒承载电流能力较差,过大的电流会引起钨棒的熔化和蒸发,其微粒有可能进入熔池面引起夹钨。因此,焊接电流的大小会受到钨棒的限制,导致熔敷速度较小,生产率较低。

(5) 对焊前清理要求严格。钨极氩弧焊时,对材料的表面质量要求很高,焊前必须经过严格清理,清除填充焊丝及工件坡口和坡口两侧表面至少 20 mm 范围内的油污、水分、灰尘、氧化膜等,否则在焊接过程中将影响电弧稳定性,恶化焊缝成形,并可能导致气孔、夹杂、未熔合等缺陷。

(6) 需要特殊的引弧措施。TIG 焊不能采用常用的短路引弧法,必须采用特殊的非接触引弧方式。

2. 适用范围

TIG 焊的适用材料及其对应厚度范围、适合焊接的工件位置包括:

(1) 可适用于大多数的金属和合金的焊接,可用钨极氩弧焊焊接的金属包括碳钢、合金钢、不锈钢、耐热合金、难熔金属、铝合金、镁合金、铍合金、铜合金、镍合金、钛合金和锆合金等。但不适合于铅合金与锌合金的焊接。

(2) TIG 焊非常适合于焊接厚度 3 mm 以下的薄板件。对于厚度大于 6.25 mm 的金属件,仍然可以采用 TIG 焊进行多层焊接。

(3) TIG 焊加填丝的方式常用于压力容器的打底焊接,因为 TIG 焊焊接的气密性好,可有效减少焊缝中气孔数量。

(4) TIG 焊焊接过程稳定,可焊接铝合金等金属,保护效果好,在汽车制造业得到广泛应用。如捷豹 I - PACE 车身用铝量高达 84%,该车型采用了 1 460 mm 的 MIG/TIG 焊进行铝合金连接。此外,TIG 焊可与激光焊接进行复合连接,用激光和电弧复合来焊接铝合金。

2.1.3 MIG 焊

熔化极惰性气体保护焊(Metal Inert Gas Welding,简称 MIG 焊)采用惰性气体为保护气体,采用可熔化的焊丝为电极,焊丝熔化后形成熔滴过渡到熔池中,与母材熔化金属共同形成焊缝。MIG 焊与 TIG 焊的根本区别是 MIG 焊采用可熔化的焊丝作为其中一个电极。其工艺原理如图 2-5 所示。

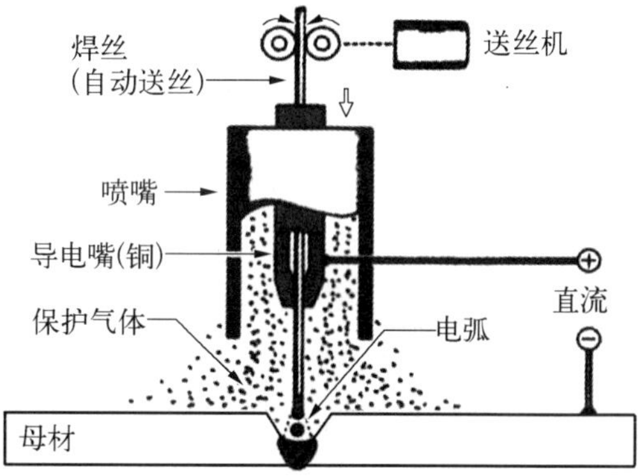

图 2-5 MIG 焊原理图

由于 MIG 焊的焊接电流较大,大多数采用射流过渡方式,焊缝表面容易形成指状熔深和气孔,所以在普通 MIG 焊的基础上发展了多种 MIG 焊技术,如脉冲 MIG 焊(P-MIG)、双脉冲 MIG 焊(DP-MIG)、变极性脉冲 MIG 焊(AC-PMIG)。脉冲 MIG 焊的脉冲频率在 30~300 Hz 之间,以一个脉冲过渡一个熔滴为特点,焊接过程稳定,基本没有飞溅。双脉冲 MIG 焊是一种焊接成本低同时焊接质量高的焊接方法,其具有焊缝表面美观、气孔发生率较小、焊缝晶粒细化和裂纹敏感性较低等特点。变极性脉冲 MIG 焊是一种新型焊接方法,也称为冷翡工艺(CP),主要用于 0.2~2 mm 薄板(钢、不锈钢、铝、异种金属)和有磁材料的焊接,可用于手工焊和自动焊,能显著地提高焊接速度,减少母材热影响和焊接变形。

MIG 焊的工艺特点有:① 焊接成本低,MIG 焊成本只有埋弧焊和手工电弧焊的 40%~50%;② 生产效率高,与 TIG 焊相比,MIG 焊采用焊丝作电极,焊丝和电弧的电流密度大,焊丝熔化速度快,熔敷效率高,其生产效率是手工电弧焊的 1~4 倍;③ 操作简便,可进行全位置焊接而且可以向下焊接;④ 焊缝抗裂性能高,MIG 焊焊缝低氧且含氮量也较少;⑤ 焊后变形较小,MIG 焊角变形为 5‰,不平度只有 3‰。MIG 焊也有一些缺点,如对杂质敏感、防风性较差等。

2.1.4 CO_2 气体保护焊

CO_2 气体保护焊(简称 CO_2 焊)是采用 CO_2 气体作为保护介质,焊丝作为熔化极的电弧焊工艺。CO_2 气体保护焊焊接时,首先焊丝与焊件之间形成电弧,随着焊丝的自动送

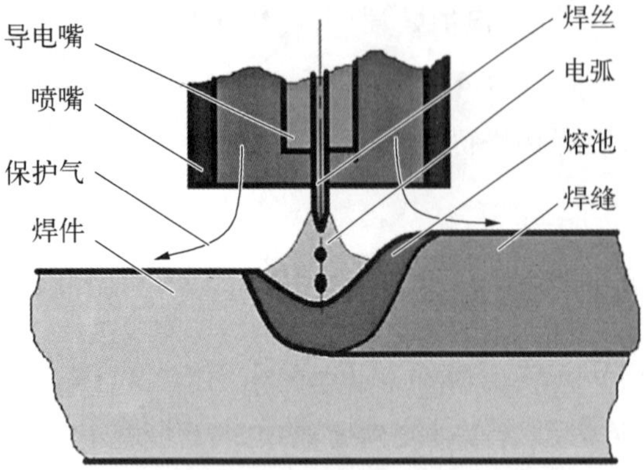

图 2-6 CO_2 气体保护焊原理图

入,焊丝逐渐被电弧熔化形成熔滴滴入熔池,CO_2 气体通过焊枪的喷嘴沿焊丝周围喷射出来,在焊丝与焊件产生的电弧周围形成气体保护层,机械地将焊接电弧及熔池与空气隔离开来,从而避免有害气体侵入,保证焊接过程的稳定以获得优质的焊缝。其工艺原理如图 2-6 所示。

与其他电弧焊工艺相比,CO_2 气体保护焊具有如下特点:

(1) 焊接质量高。CO_2 气体保护焊的强度高,有较强的抗氧化能力;焊缝含氢量低,抗裂性能好,焊缝表面美观。

(2) 焊接成本低。CO_2 气体价格低,耗电量低,约为埋弧焊和手工电弧焊的 40%。

(3) 生产效率高。CO_2 气体保护焊可以采用较大的焊接电流密度,使焊丝熔化速度快;焊接时无焊渣,减小了清渣工作量;生产率约是手工电弧焊的 1~4 倍。

(4) 焊接变形小。CO_2 气体保护焊电弧加热集中,焊件受热面积小,加上气流的冷却作用,可减小焊接应力和变形,解决薄板的烧穿和变形问题。

(5) 操作简单。CO_2 气体保护焊使用明弧,可进行全位置焊接。

(6) 适用范围广。CO_2 气体保护焊既适用于薄板焊接,又适用于中、厚板的焊接。

(7) CO_2 气体保护焊飞溅大,焊接过程中 CO_2 气体分解,使焊缝中含碳量增大,易生成气孔等缺陷。不能焊接易氧化的有色金属,如铝合金、镁合金等。

(8) 焊接时由于电流密度大,电弧温度高,弧光辐射比手工电弧焊强得多,应特别注意加强安全防护,防止电光性眼炎及裸露皮肤灼伤。CO_2 气体保护焊不仅产生烟雾和金属粉尘,而且还产生 CO、NO_2 等有害气,不能在风大的地方实施焊接。

2.1.5 激光焊接

激光焊接是利用激光束优异的方向性和高功率密度等特点,通过光学系统将激光束聚焦在很小的区域内,在极短的时间内使被焊区域形成一个能量高度集中的热源区,从而使被焊物熔化形成焊点或焊缝。

激光焊接技术优势包括:① 可保证高质量、高精度的焊接效果,可用于高焊缝深宽比、复杂结构的焊接;② 加工速度快,热影响区很小,焊接的热变形及残余应力很小;③ 没有工具损耗,焊件无须刚性夹紧;④ 可在空气中进行焊接,无须真空,也不产生 X 射线;⑤ 焊缝成分与母体材料相同;⑥ 高速加工过程中可急停和迅速启动;⑦ 激光焊接技术适用于钛合金、铝合金和镍基高温合金、各种钢材以及工程塑料，异种材料之间的焊接也能得到高强度的接头。

激光焊接技术已在奥迪、欧宝、捷豹、通用、奔驰、大众、宝马、标致、雪铁龙等车上得到大量应用，如运用于汽车顶盖、后盖以及部分车门内板的焊接。雪铁龙汽车公司在 2006 款 C4 Picasso 上采用的激光焊接焊缝长度达 7.8 m。该焊接技术的应用使车重减少了 1.2 kg，同时提高了防水性能和 NVH 性能，也增大了乘员的视野范围，如 A 柱的盲区更小。目前，国内大族激光、通快激光是主要的设备和技术供应商。

2.1.6　搅拌摩擦焊

1. 搅拌摩擦焊(FSW)

1991 年英国焊接研究所发明了搅拌摩擦焊(Friction Stir Welding，简称 FSW)技术，该焊接技术是一种在机械力和摩擦热作用下的固相连接方法。如图 2－7 所示，搅拌摩擦焊的过程中，一个柱形带特殊轴肩和针凸的搅拌头旋转着缓慢插入被焊接工件，搅拌头和被焊接材料之间的摩擦阻力产生了摩擦热，使搅拌头邻近区域的材料热塑化；当搅拌头旋转着向前移动时，热塑化的金属材料从搅拌头的前沿向后沿转移，并且在搅拌头轴肩与工件表层摩擦产热和锻压共同作用下，形成致密固相连接接头。

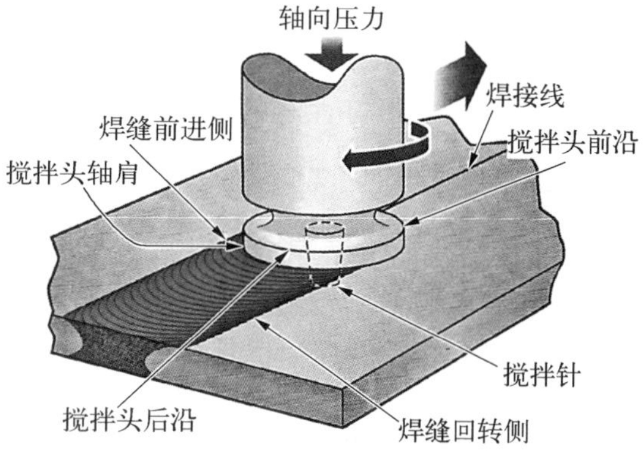

图 2－7　搅拌摩擦焊原理图

搅拌摩擦焊过程中热输入相对于熔焊过程较小，接头部位不存在金属熔化，是一种固态焊接方法，焊缝可保持母材的冶金性能。搅拌摩擦焊技术可以焊接金属基复合材料、快速凝固材料等熔焊难以焊接的材料。其优点如下：

(1) 搅拌头结构小巧，便于控制。因此，搅拌摩擦焊可适合于自动化和机器人操作，设备简单，能耗低，功效高。

(2) 焊接接头热影响区显微组织变化小，残余应力比较低，焊接工件不易变形。对有色金属材料(如铝、铜、镁、锌等)的连接，具有其他焊接方法无可比拟的优越性。

(3) 能一次完成较长焊缝、大截面、不同位置的焊接，接头质量高。

(4) 无须添加焊丝，焊铝合金时不需要焊前除氧化膜，不需要保护气体，成本低。焊接过程安全、无污染、无烟尘、无辐射。

(5) 可焊接热裂纹敏感的材料，适合异种材料焊接。搅拌摩擦焊还可实现不锈钢、钛合金甚至高温合金的优质连接。

搅拌摩擦焊也有一定的缺点：

(1) 焊接时需要对焊缝施加比较大的压力，工件必须刚性固定，支撑面应有底板，这限制了在机器人等一些轻便设备上的应用。

(2) 焊接结束搅拌头脱出工件时，焊缝端头形成一个键孔，并且难以对焊缝进行修补。

(3) 接头的错边量及间隙大小需严格控制，焊前零件的加工准备要求比较高。

(4) 对板材进行单道连接时，目前焊速不是很高。

(5) 搅拌头的磨损消耗太快等。

搅拌摩擦焊广泛适用于各类材料，目前已成功实现了铝、镁等低熔点金属及合金、铜合金、钛合金、钢铁材料、金属基复合材料以及异种金属(铝/铜、铝/镁、铝/钢等)的焊接。在传统技术的基础上，搅拌摩擦焊有了五大创新发展：双轴肩搅拌摩擦焊、静轴肩搅拌摩擦焊、搅拌摩擦点焊、复合能场搅拌摩擦焊、搅拌摩擦增材制造。

2. 搅拌摩擦点焊(FSSW)

搅拌摩擦点焊(Friction Stir Spot Welding，简称FSSW)作为搅拌摩擦焊的一个变体，其工艺原理如图2-8所示。与常规FSW相比，缺少了搅拌针与被焊工件相对移动产生焊缝的过程，取而代之的是依靠旋转下压的搅拌头与工件接触摩擦产生热量，经充分搅拌后形成单个焊点。搅拌摩擦点焊可分为两类：传统直插式和回填式。传统直插式搅拌摩擦点焊包括扎入、旋转、拔出三个过程，焊接完成后在焊点处会留下一个匙孔。

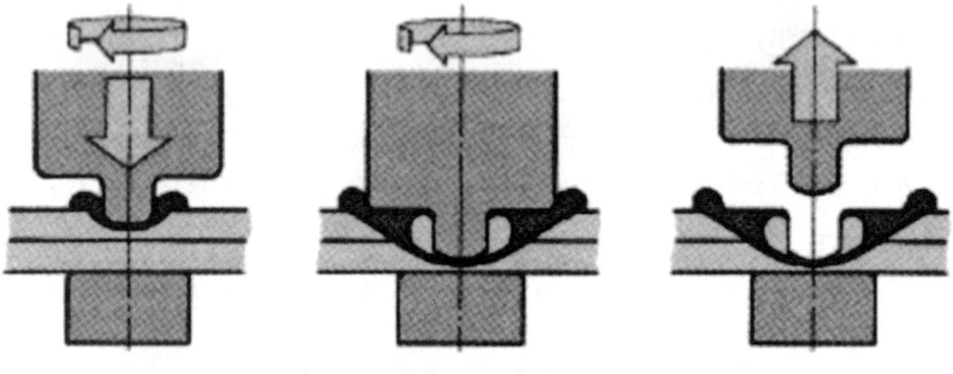

图2-8 搅拌摩擦点焊工艺示意图

马自达公司将FSSW工艺应用于Roadstar车型中铝合金发动机舱盖与钢制结构件的连接。同时，马自达公司开发了用于连接碳纤维复合材料与铝合金的FSSW工艺，通过摩擦热使CFRP母材局部熔化实现与铝合金的连接。然而，FSSW工艺完成后会在接头处残留一个与搅拌针形状一致的工艺匙孔，该孔在板的接缝处会产生应力集中，削弱接头力学性能，这限制了该工艺在车身结构件上的应用。

2.1.7　冷金属过渡焊(CMT)

许多材料无法承受焊接过程中持续不断的热量输入,为了避免熔滴穿透,实现无飞溅熔滴过渡和良好的冶金连接,就必须降低热输入量,冷金属过渡技术(Cold Metal Transfer,简称 CMT)实现了这种可能。CMT 技术是奥地利伏能士公司研发的一种新型的熔化极气体保护电弧焊工艺,其工艺原理为:焊接短路过渡过程中当熔滴与母材相接触时,焊机的控制器监测到短路信号,将短路电流降到几乎为零,同时通过送丝机回抽使得焊丝与熔滴分离,从而实现短路过渡。这种通过协调送丝监控和过程控制实现了焊接过程中"冷"和"热"的交替,从而实现焊接机器人在 MIG/MAG 焊接中的无飞溅焊接以及钎焊 0.3 mm 超薄板。CMT 焊接的工艺过程如图 2-9 所示,包括四个阶段:① 电弧引燃,焊丝送进;② 熔滴进入熔池,电弧熄灭,电流减小;③ 焊丝回抽使熔滴脱落,短路电流保持最小值;④ 焊丝回复到送丝状态,熔滴过渡依此过程循环往复。

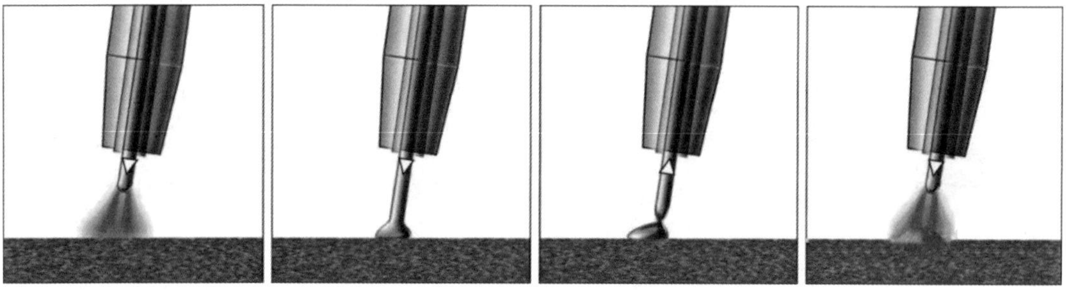

图 2-9　CMT 焊接工艺过程示意图

CMT 焊接具有如下特点:将焊丝的运动与熔滴过渡过程相结合,在焊接过程中实现冷-热交替焊接,大幅度降低了焊接热输入量;热输入小,变形小,无飞溅,搭桥能力好,焊缝均匀一致,焊接速度高;可焊接厚度薄至 0.3 mm 的超薄板材;可以实现钢与铝的异种连接;产生的烟气污染比其他连接方式大,需要配备除尘设备,投入成本较大;焊缝处会产生焊渣、气孔、咬边等缺陷,外观不太美观,因此不适用于外观可视面,对于一些安装匹配面,如采用 CMT 工艺,通常都要在后续增加打磨工艺。

2013 年,伏能士联合奥迪公司开发了 CMT 钎焊技术,它的核心在于设计了一个极其狭窄的圆锥形新式气体喷嘴,使得保护气体能够压缩电弧,获得更集中的电弧温度。目前该技术应用于奥迪 A7 的侧围流水槽区域。传统的连接方式为激光钎焊,但其使用成本较高,而采用 CMT 钎焊技术获得的焊缝质量可以媲美激光钎焊。图 2-10 所示为 MIG 钎焊与 CMT 钎焊两种方法获得的焊缝,可见 CMT 钎焊获得的焊缝更加均匀,且热影响区小。

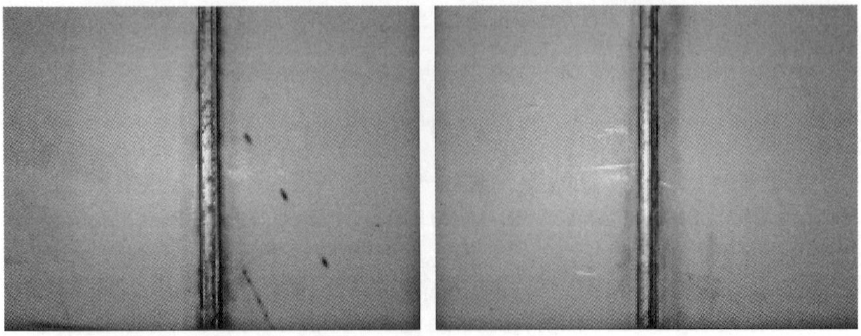

(a) MIG钎焊　　(b) CMT钎焊

图 2-10　两种焊接工艺获得的焊缝

2.1.8　超声波焊接

如图 2-11 所示，超声波焊接是利用高频振动波传递到两个需焊接的物体表面，在加压的情况下，使两个物体表面相互摩擦而形成分子之间的熔合。当温度达到此工件本身的熔点时，工件连接区域迅速熔化，并填充空隙。振动停止后工件在一定的压力下冷却定型，形成类似焊接的连接效果。超声波连接过程中两工件在连接区域形成了分子链结合，焊接强度接近于原材料本体强度。

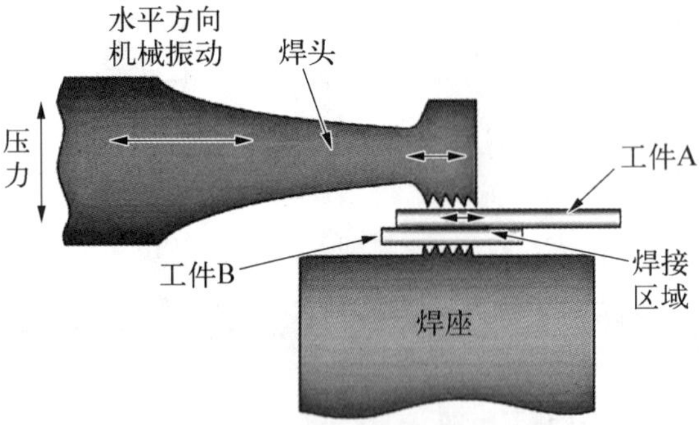

图 2-11　超声波焊接原理图

超声波焊接在汽车上的应用有门板、门板隔音毡、仪表板、塑料配件、保险杠、轮胎罩、顶棚、后备箱、坐垫、发动机盖、车尾灯、灯罩、轴承保持架、杂物箱、过滤器、塑料阀门、空气换向器、气流探测器等。

2.2　螺 纹 连 接

螺纹连接是利用螺纹将两个或两个以上零件紧固在一起，构成可拆连接，具有结构简单、装拆方便、连接可靠、应用灵活等优点，在汽车上得到了广泛应用。螺纹连接件在汽车结构中的作用包括固定作用、传力作用、连接作用、定位作用、密封作用、调整作用。常见的连接形式主要有螺栓连接、螺柱连接和螺钉连接三种，可根据零件被紧固处的厚度和具体的使用要求来选择。汽车零部件除了采用常规的螺纹连接外，还有适合于型材连接的流钻螺钉连接技术。

2.2.1　流钻螺钉连接

流钻螺钉连接的原理在于利用流钻螺钉(Flow Drill Screw,简称 FDS)的高速旋转软化被连接材料,同时将螺钉旋入材料实现螺纹连接,故 FDS 连接又名热融自攻丝连接。FDS 连接的工艺过程如图 2-12 所示,主要包括六个关键过程:旋转(加热)→穿透→通孔→攻螺纹→拧螺纹→紧固。所形成的接头形貌如图 2-13 所示。FDS 连接是一个单面连接工艺,目前已成功应用的螺钉有 M4、M5 和 M6 系列。奥迪 A8 D4 与 D5 车身分别采用了 632 个和 885 个 FDS。

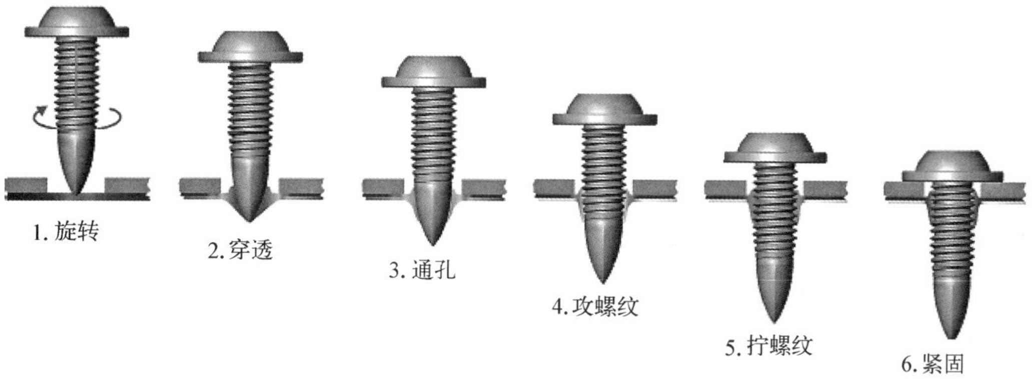

图 2-12　FDS 连接过程示意图

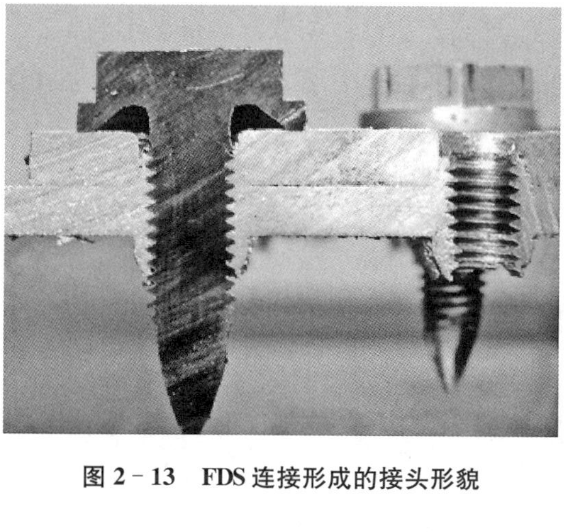

图 2-13　FDS 连接形成的接头形貌

1. 工艺特点

(1) FDS 连接是一种单面连接工艺,特别适合于封闭截面型材的连接。

(2) 可连接异种材料,如铝板与钢板、金属板与非金属板。

(3) 对强度高的材料需要预制孔,部分材料可无须预先钻孔。材料强度低于 350 MPa

时无须预制孔的最大总厚度为2 mm，材料强度为350～600 MPa时无须预制孔的总厚度为1.5 mm，材料强度大于600 MPa时总厚度应小于1.0 mm才无须预制孔。

（4）可用于多层板连接。

（5）FDS连接属于可拆卸连接。

（6）由于FDS连接在实质上是一种自攻螺丝，要求与钣金进行螺纹连接，故对平面度有一定的要求，目前主要用于平面与平面的连接。

（7）FDS连接一般都涂胶，若有预开孔，涂胶需避开开孔位置至少15 mm；对板材的搭接方向也遵循“上薄下厚”、板材强度“上弱下强”的原则；搭接边的宽度应大于20 mm，避免打偏或搭接边的变形过大。

2. 技术难点

（1）对于下层板较薄的板材组合，因为下层板与FDS相接触的只有1～2圈螺纹，使得接头面外拉伸强度低。

（2）当上层板为高强度材料时，由于很难被FDS穿透，故需要对板材进行预制孔。当连接多层板材组合时，如何实现对这些预制孔的精确定位和对中，使FDS连接工艺面临巨大挑战。

FDS技术已在奥迪、欧宝、捷豹、通用、奔驰、大众、宝马等多家汽车公司使用。表2-1所示为FDS在奥迪A8上的应用。凯迪拉克CT6车身框架中采用了745个FDS，主要应用于下车体中钢板（或铝板）与铝型材（或铝铸件）搭接的部位，比如前机舱、侧围、地板与门槛纵梁等只能单边可达的部位，如图2-14所示；所有螺钉均设计为同一规格M5×22 mm，这也是整车全部应用同一规格流钻螺钉数量最多的车型。FDS连接设备及技术供应商有毅结特、阿诺德、上海巍博等。

表2-1　钢-铝连接的FDS接头

连接接头	钢-铝	铝-铝	钢-铝
图示	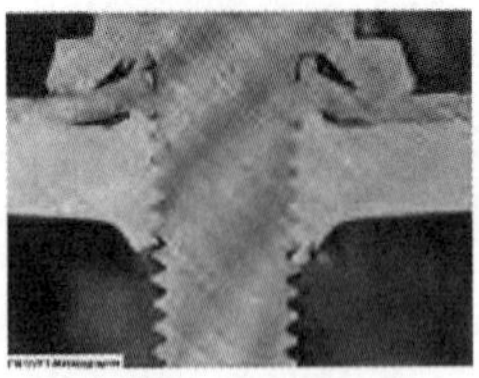	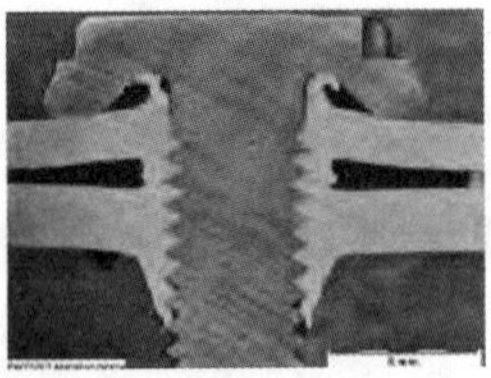	
上层板厚度 t_1	HC340　1 mm	AC300　1.5 mm	HC340　1.5 mm
下层板厚度 t_2	AC300　2.5 mm	AC300　2 mm	AC300　2.5 mm
总厚度（t_1+t_2）	3.5 mm	3.5 mm	4 mm

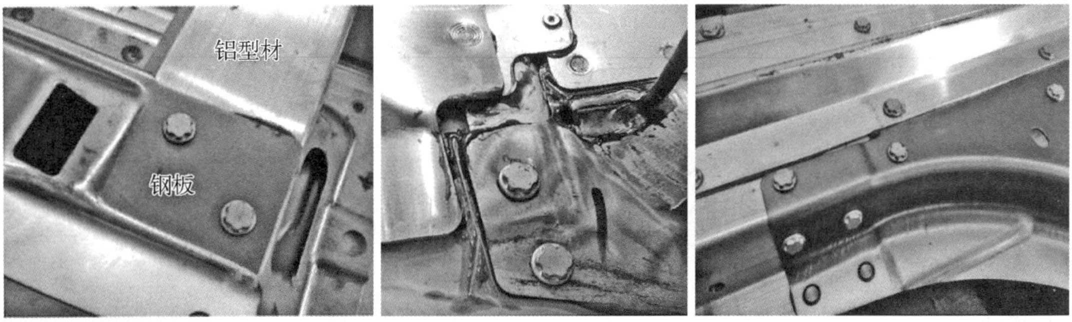

(a) 钢板与铝型材的连接　(b) 地板上某位置横梁　(c) 侧围门槛与B柱加强板

图 2-14　FDS 在凯迪拉克 CT6 车身中的应用[1]

3. 专用螺钉

目前，用于 FDS 连接的专用螺钉由阿诺德(Arnold)公司开发，主要有以下几种：Flowform®、Flowform® Plus、Flowpush®、Flowplast®。

1) Flowform®

Flowform®是阿诺德开发的一种 FDS 工艺专用螺钉，该螺钉简称为 FFS。图 2-15 所示为 Flowform®截面形貌，主要分为五个特征区域，其中尾部采用了独特的两段不同弧度的圆弧过渡的结构。

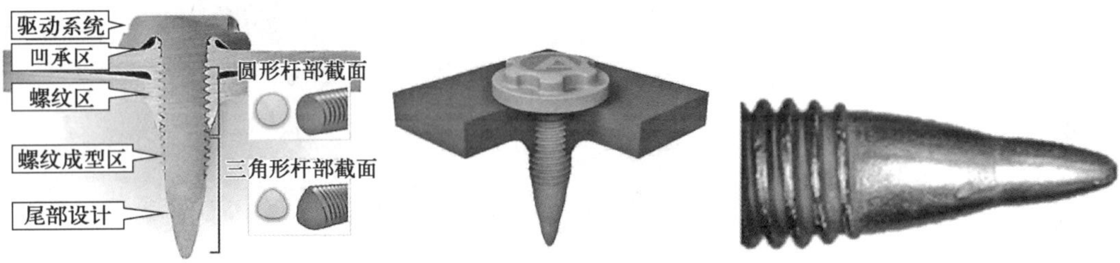

图 2-15　Flowform®结构特征

Flowform®较同类产品具有以下优势：尾部圆弧设计非常坚固，攻入时不易破裂；尾部横截面设计均匀过渡，使攻入时板材能够充分热融；安装时可降低 30%的钻孔下压力，使板材受力变形小，减小机器人反作用力，客户可选择小规格的机器人，降低投入；总安装时间短；尾部均匀过渡的设计，产生的废屑少；螺纹和尾部尖端采用一次成型。

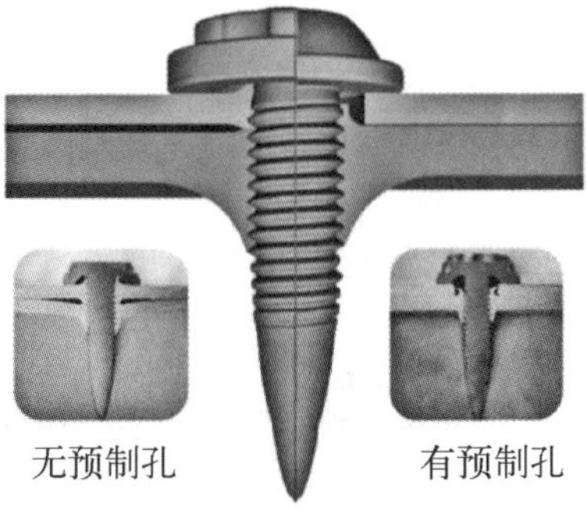

图 2-16　Flowform®板件有无预制孔对比

FDS 工艺是否需要在板材上预制孔，受穿透板材的厚度和强度所制约，供应商可通过专业的软件计算来判断是否需要预制孔。图 2-16 所示为有无预制孔的螺钉断面对比示意图，有预制孔时板材连接完成后板材间无间隙；而无预制孔时，由于材料在攻入时不可避免发生流动，使得板材间被撑出一定的间隙[1]。

宝马、奔驰、奥迪、兰博基尼、凯迪拉克、Corvette、福特、捷豹、路虎、特斯拉、蔚来汽车等车企均采用了 Flowform®连接。其主要优势在于可以节省 0.3 s 左右的寻帽时间，这将一定程度地提高整车厂的生产效率。Flowform®在宝马 5 系车身上的应用见图 2-17。

(a) 减振塔与纵梁连接　　(b) 螺钉头部与尾部外貌特征

图 2-17　Flowform® 在宝马 5 系车身上的应用

新一代奥迪 A8(D5)一共使用了三种规格的流钻螺钉，型号为 M5×17、M5×22、M5×25，其中阿诺德为其提供两种规格的 Flowform®(M5×17 与 M5×22)，另一规格由毅结特提供。Flowform®在奥迪车身上的应用见图 2-18。

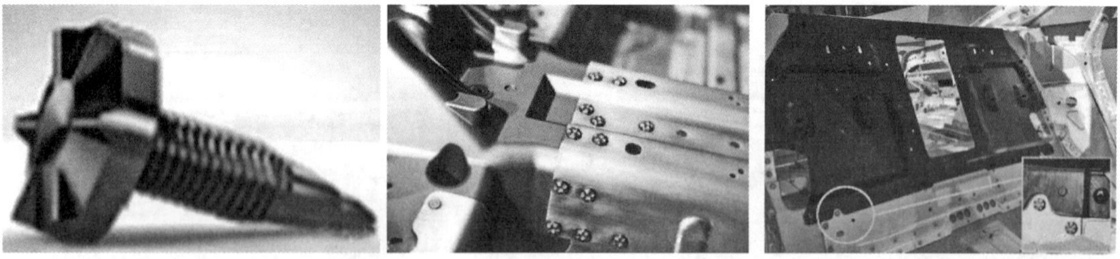

(a) 前纵梁位置　　(b) 后地板上横梁位置

图 2-18　Flowform® 在奥迪车身上的应用

近年来，车身材料应用发展突飞猛进，连接技术不断创新，单一的 Flowform®已经不能满足车厂的需求。为此，阿诺德开发出了可实现单边连接的 Flowhole Forming 家族产品，如图 2-19 所示。该系列产品包括 Flowform®、Flowform® Plus、Flowplast®和 Flowpush®。

2) Flowform® Plus

随着轻量化车身材料的不断发展，尤其是超高强度钢的引入在一定程度上制约了传统 FDS 技术的应用，因为传统 FDS 技术实际应用时上层板需预开孔的比例很高、可连接的材料的最大抗拉强度低(600 MPa，1.0 mm)、质量大等一些弱势就逐渐显现出来。为了解决这些问题，阿诺德开发出了升级版的 FDS——Flowform® Plus。

Flowform® Plus 相较于标准版 FDS，其改进有以下几个方面：① 螺钉单重比标准版

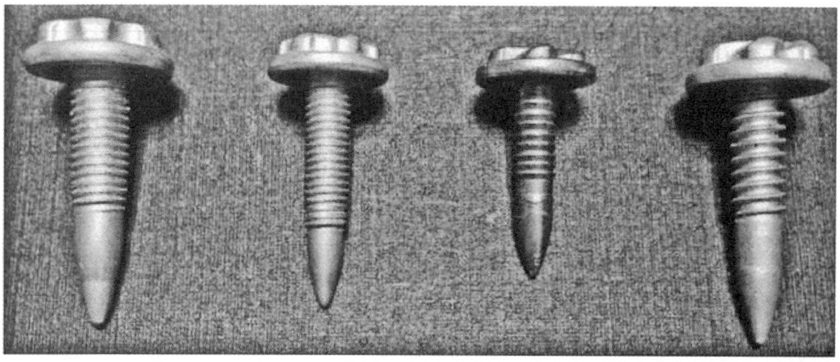

Flowform®　Flowform®Plus　Flowpush®　Flowplast®

图 2－19　Flowhole Forming 家族产品

降低 40％左右，螺钉规格由 M5 降低到 M4；② Flowform® Plus M4 规格可以达到与标准版相近的连接强度；③ 最大可连接的材料的抗拉强度提升到 1 000 MPa；④ 可降低板材的开孔率。

3）Flowplast®

Flowplast®是阿诺德与整车厂合作开发的一种单边连接复合材料与金属板材的产品，如塑料与塑料、塑料与铝合金板材、碳纤维层合板与钢板等。

4）Flowpush®

车身上的部分非承载区域所承担载荷并不大，采用 Flowform®连接强度有些过剩，而且 Flowform®连接时间在 3 s 左右也有些长。因此，在这些非承载区域，可以采用连接强度低一些但能快速安装的螺钉。于是，Flowpush®应运而生。Flowpush®连接的剪切强度约为标准版 FDS 的 75％，接头的正向拉伸强度约为标准版 FDS 的一半。Flowpush®螺钉断面如图 2－20 所示。

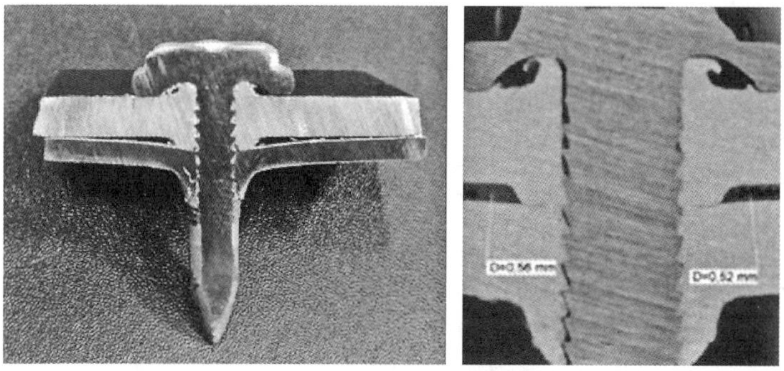

图 2－20　Flowpush® 螺钉断面

与 Flowform®相比，Flowpush®的优势在于：安装时间更快，只有标准版 FDS 安装时间的一半；螺钉的单体质量更小，相比于标准版 FDS 质量下降 40％左右；更广泛的连接范围，Flowpush®可以连接的材料最大抗拉强度可以到达 1 000 MPa。

Flowpush®的对标产品是高速射钉，这两种产品都可实现单边快速连接，Flowpush®的优势在于不会产生高分贝的噪声，无须建立隔音房。因此，Flowpush®可以在总装产线上自动化连续生产，不需要转产。

2.2.2 高速射钉连接

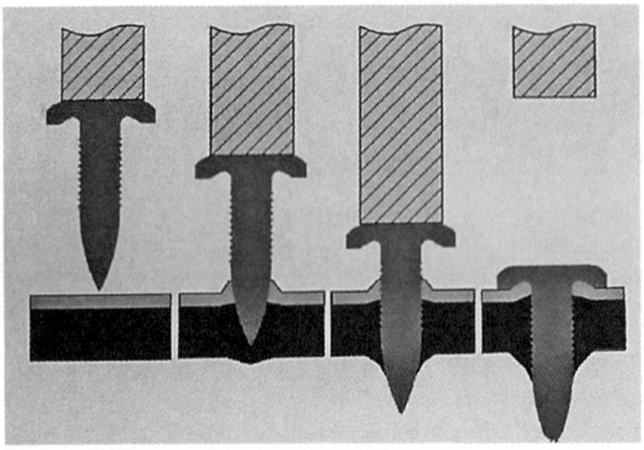

图 2－21 高速射钉工艺流程

高速射钉（Impulse Accelerated Tacking，简称 ImpAcT）的工艺流程如图 2－21 所示，通过压缩空气推动带有螺纹倒刺的铆钉，使铆钉以大于 20 m/s 的速度压入板件，实现铆钉与底层板件的过盈配合连接。此技术为博尔豪夫与奔驰共同开发，为独家专利产品。博尔豪夫的射钉型号为 RIVTAC。

1. 工艺特点

高速射钉连接是一种无须预开孔的单面连接工艺，其最终效果是实现铆钉与底层板件的过盈配合。在此过程中，金属板件因为摩擦的作用被加热，并产生塑性变形。在连接的最终状态，变形的部分金属填充入铆杆的空隙中，如图 2－21 所示。高速射钉具有很高的生产效率，可以在 1 s 以内完成单个铆钉的连接，具体的连接步骤如下：

第 1 步：枪头接触并压紧板材，使被连接的多层板紧密贴合；

第 2 步：压缩空气推动活塞撞针撞击铆钉，将铆钉压入板材内部；

第 3 步：板材发生塑性变形，并在底层背面形成材料堆积；

第 4 步：钉帽达到最终位置后连接过程结束，底层板材填充至钉杆的滚纹中形成良好的配合。

高速射钉作为一个解决高强度钢及铸铝件单面连接的新技术，具有以下优点：

（1）高速射钉是一种单向连接技术。

（2）连接速度快，一般为每秒钟 1 个。

（3）可以优化许多工艺流程，使得过去一些复杂的分装工作得以替代，优化生产线节拍。

（4）设备相对简单，单纯使用气路进行驱动，系统中采用模糊控制自补偿系统，能在工作中自动调节工艺参数，使设备始终保持最佳状态。

（5）高速射钉可以实现异种材料的连接，包括铝合金、高强度钢、塑料及碳纤维等。因为高速射钉处底层板件的形变使得密封性较差，故一般与结构胶组合使用，从而可以达到更高的连接强度。

高速射钉根据其连接原理尚存在以下缺点：不防水，需要做额外的防水处理；连接时需要在背面有足够的刚性支撑；连接时将产生较大的噪声（＞104 dB），需要使用隔音房。

2. 典型应用

奔驰 C 级在白车身中应用了近 25％的铝合金材料，采用了大量的铆接和胶接等工艺。其车身结构件应用了 80 个高速射钉，而且连接板中间涂有粘接胶，极大提高了连接强度、密封性和 NVH 性能，如图 2－22 中箭头标记所示均为高速射钉连接。

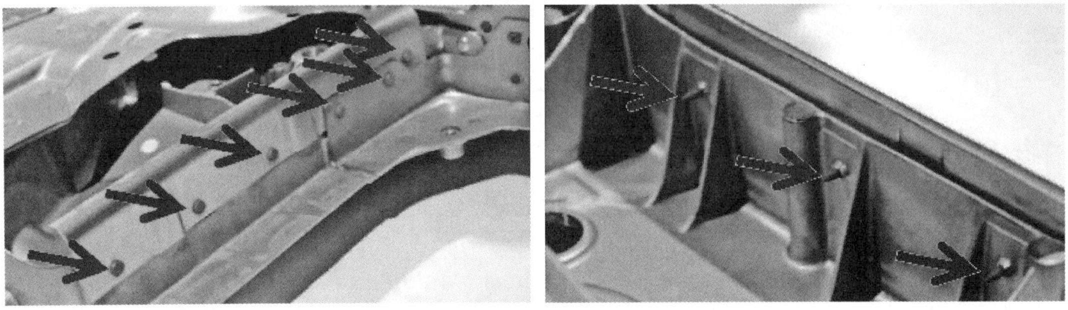

图 2－22　高速射钉在奔驰 C 级车身应用

2.3　铆　　接

铆接即铆钉连接，是利用轴向力将插入铆钉孔内的钉杆镦粗并形成钉头，使 2 个或多个零件相连接的方法。

2.3.1　哈克铆钉连接

哈克（Huck）铆钉包括钉杆和钉套两个部件，钉杆又包括钉头、锁紧槽、断颈槽、尾段（枪爪槽）四个部位，如图 2－23(a)所示。与传统螺栓利用扭矩产生紧固力不同，Huck 铆钉采用特有的环槽锁紧、环槽断裂技术。在拉力下，拉伸钉杆挤压钉套产生塑性变形，靠变形部位夹紧基材实现可靠的紧密连接，如图 2－23(b)所示。此连接结构具有高夹紧力和高抗剪力性能，从根本上解决了普通紧固件在振动情况下松动的问题，同时具有更高的精度、更高的生产效率、优异的抗振及抗疲劳性。在很多需要螺栓连接或焊接的建筑、汽车、铁路、船舶、航天等结构上都使用了大量的 Huck 铆钉。

铆钉按放钉方式分为双面盲拉铆钉和单面盲拉铆钉两大类。双面盲拉铆钉先从基材

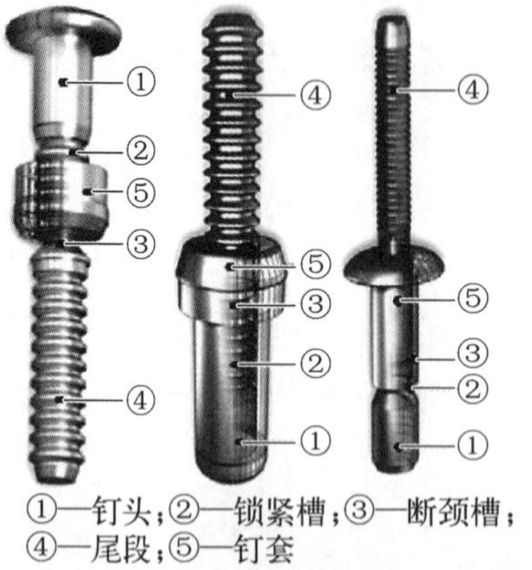

(a) Huck铆钉的结构

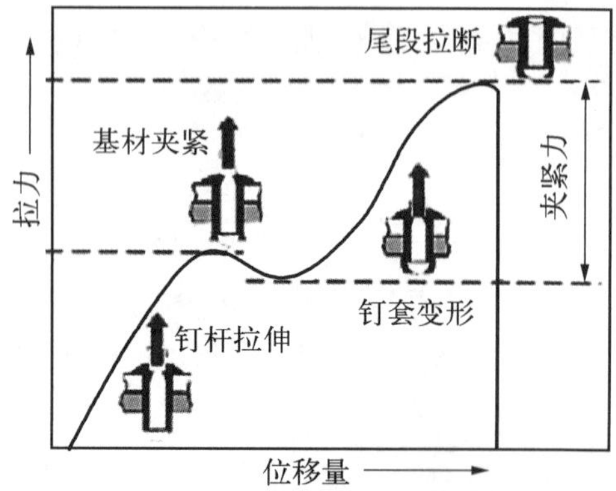

(b) Huck铆钉拉力位移曲线

图 2－23　Huck 铆钉的结构

背面放入铆钉，再从基材正面拉铆。单面盲拉铆钉既从基材正面放入铆钉，也从基材正面拉铆。按结构形式，Huck 铆钉可分为环槽铆钉、拉丝抽芯铆钉和哈克博姆铆钉。下面将对这三种哈克铆钉的工艺特点进行介绍。

1. 环槽铆钉

环槽铆钉，又称哈克(Huck)钉，由钉杆和钉套组成，钉杆中部加工有一段特殊的环形槽，如图 2－24 所示。铆接时，先将铆钉插入被连接件的钉孔中；经由拉铆钉专用设备，在单向拉力的作用下，拉伸钉杆并推挤钉套，结构件被压紧后将内部光滑的钉套挤压至钉杆凹槽，使钉套和钉杆形成 100％的过盈配合，达到设计夹紧力后，钉杆断颈槽拉断完成铆接。环槽铆钉抗剪力高、抗拉力高，铆接范围大(铆接厚度 3.5～30 mm)，但在作业空间狭窄的结构中，操作不如单面盲拉铆钉方便。

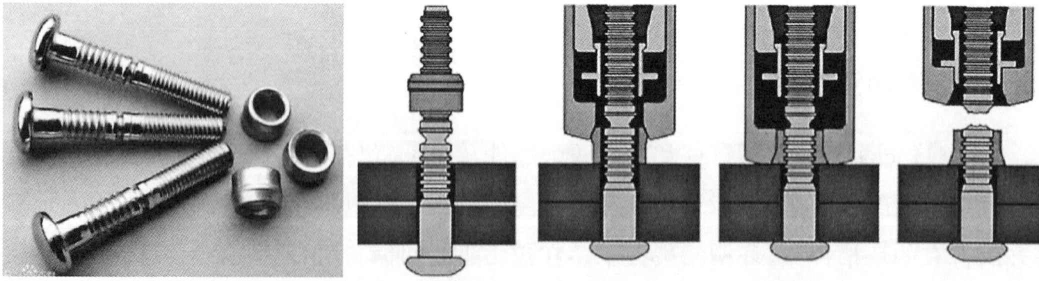

图 2－24　环槽铆钉及其连接原理

2. 拉丝抽芯铆钉

拉丝抽芯铆钉由铆体和钉芯组成，如图 2－25 所示。拉丝抽芯铆钉属于单面盲拉铆钉，与环槽铆钉结构不同。其工作原理为：在单向拉力的作用下，钉杆拉伸向上，使钉杆尾端较粗部分进入钉套中，将钉套逐渐挤压增粗并填满钉孔，结构件被压紧后钉杆上的环形凹槽推入钉套的环形凸台内锁止，达到设计夹紧力后，钉杆断颈槽拉断完成铆接。拉丝抽芯铆钉成本低，操作方便，但力学性能较差，其抗剪力和抗拉力分别为环槽铆钉的 0.8 倍和 0.7 倍，铆接厚度范围小(铆接厚度为 1.5～16 mm)[2]。

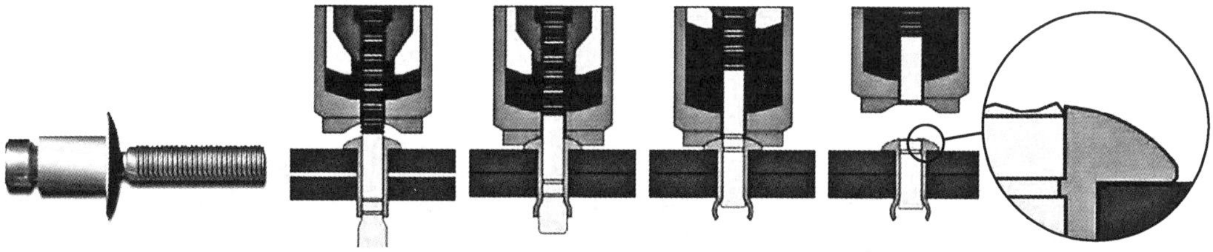

图 2 - 25　拉丝抽芯铆钉及其连接原理

3. 博姆铆钉

博姆铆钉是一种高强度的结构盲拉铆钉，由美国 Huck 公司生产，其结构如图 2 - 26 所示，属于单面盲拉铆钉，不但具有环槽铆钉不易松动的结构特点，而且具有拉丝抽芯铆钉单面放钉的优势。博姆铆钉的工作原理为：在单向拉力的作用下，拉伸钉杆并推挤钉套，使钉套尾端变形形成墩头，结构件被压紧后，将内部光滑的钉套挤压到钉杆凹槽，使钉套和钉杆形成 100%的过盈配合，达到设计夹紧力后，钉杆断颈槽拉断完成铆接。博姆铆钉力学性能较高，抗剪力和抗拉力分别为环槽铆钉的 1.6 倍和 1.3 倍，可在作业空间狭窄的结构中取代环槽铆钉的应用，但采购成本过高，是环槽铆钉的 3 倍[2]。它可以满足从 4.8 mm 到 19.1 mm 的各种常规直径和夹紧范围的要求，有效实现了型材只能单面打孔零件的固定。与环槽铆钉相比，博姆铆钉除了可以单面安装之外，还省去了安装环套的步骤，从而可以快速连接。

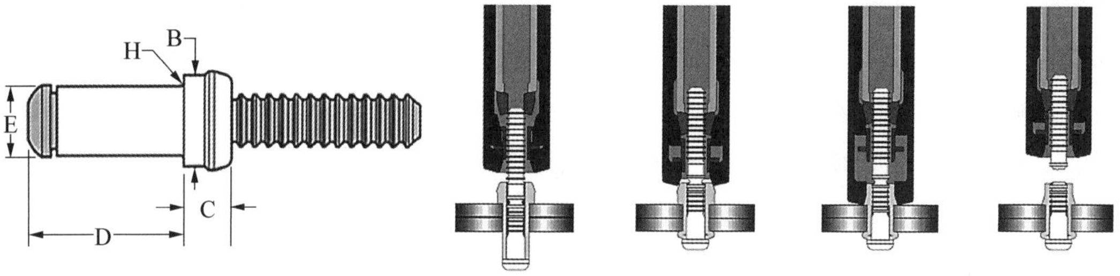

图 2 - 26　博姆铆钉结构及其连接原理

2.3.2　无铆钉连接

1. 工艺特点

无铆钉连接属于塑性连接的一个分支，其工作原理在于通过板材的塑性变形实现两零件之间的连接。如图 2-27 所示，在铆接时，凸模首先将两层板拉深进入凹模中，然后在凸模的作用下，材料产生反挤压塑性流动，在板料之间形成相互嵌入的机械互锁结构，从而实现板材的连接。接头主要截面参数包括底厚值、颈厚值、互锁值。无铆钉连接设备目前主要供应商有 TOX、BTM、史丹利、一浦莱斯、博尔豪夫等。

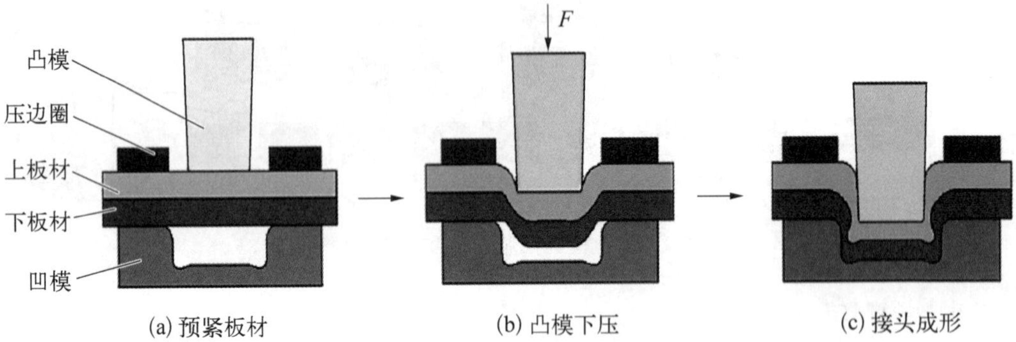

图 2-27 无铆钉连接原理图

无铆钉连接的优点有：连接点没有毛刺、材料表面也没有被破坏，因此连接点具有较高的抗腐蚀性能；同时由于塑性变形的作用，连接点处的材料得到强化，因此连接点的综合力学性能较好；可连接异种材料，适合于铝、镁合金的连接；动态强度和疲劳强度高于焊点，静态剪切强度较低。无铆钉连接的一个显著优点是无须额外的铆钉，轻量化效果好，成本较低，比点焊低 30%～60%。

与传统有铆钉的连接技术相比，无铆钉连接不适合于塑性非常差的非金属板料的连接。无铆钉连接对连接板材的组合厚度有区间限制，过薄或过厚均很难。与点焊技术相比，无铆钉连接静态强度没有点焊高，根据 TOX 公司研究，静态强度约为点焊的 70%。对于高硬度或经过热处理硬化的钢材，由于较难形成良好的塑性流动和连接，很难直接进行铆接。

无铆钉连接的技术难点在于：通过控制板材的塑性流动形成机械互锁；避免上层板在接头颈部厚度过小引起缩颈；避免在接头形成后板材出现开裂。

2. 发展动态

无铆钉连接按照是否加工预制孔分为两种连接方式。第一种方法首先在底部板料上预制一个孔，如图 2-28(a)所示，然后使上板料通过下板孔，并在底部形成互锁结构。这种方法适用于厚度和性能差别较大的板件连接，不仅可以实现铝合金、高强度钢等金属板材间的连接，还可实现金属板材与非金属板材之间的连接，如铝合金与 CFRP 板材之间的连接，但在连接 CFRP 板材时易出现分层现象。预制孔无铆钉连接的凹模结构简单，但需要对下板材进行预冲孔，除了确保凸模和凹模的对中性外，下板材的孔与凹模也有严格的定位，否则会导致连接接头不对称，过程相对复杂。一种如图 2 - 29 所示的剪切式无铆钉连接工艺较好地解决了这个问题，该工艺利用内外两个凸模和带锋利边缘的可扩展凹模以实现冲孔铆接一次完成，方便快捷，但下板材冲孔需要较大的成形力，且装置结构比较复杂。

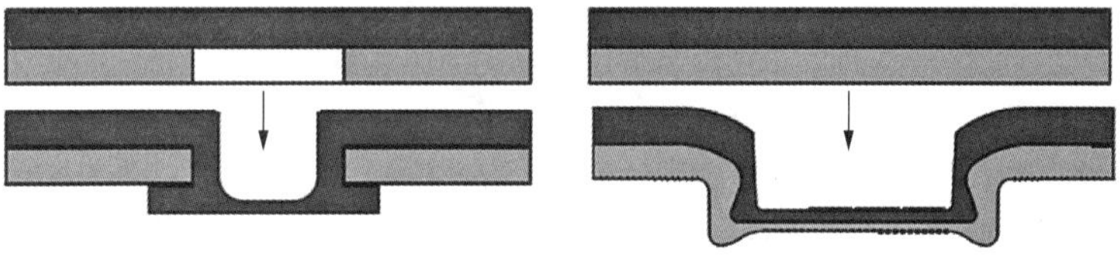

图 2 - 28　无铆钉连接工艺分类

第二种方法如图 2 - 28(b)所示，也就是常规的无铆钉连接。这种方法无须预先制孔，通过上层板和下层板的塑性变形形成自锁接头。国外学者提出了一种利用高压液体代替刚性凸模的无铆钉连接。这种连接方法由于没有破坏材料，在实际中使用广泛。同时刚性凸模的电-液预制孔无铆钉连接工艺，无须刚性凸模，不仅提高了加工效率，还可消除板材回弹。如图 2 - 30 所示为采用电-液无铆钉连接的厚度为 1 mm 的铝合金和厚度为 1.4 mm 的 CFRP 板材[3]。由于使用高压液体产生成形力需要较好的密封装置，因此使用的装置结构比较复杂，还可能对环境造成污染，且连接刚度较大的板材需要更大的液压力。

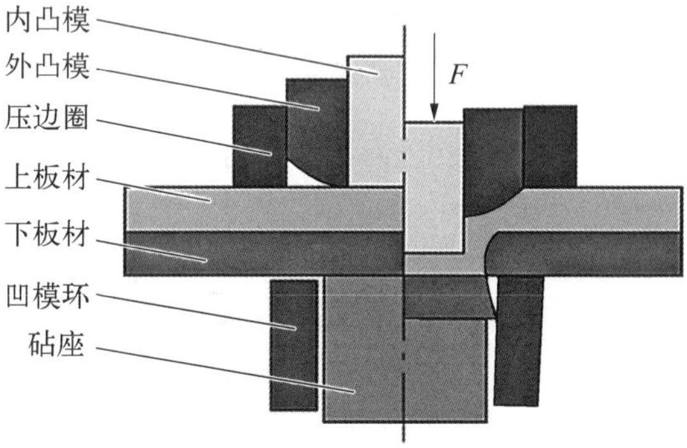

图 2 - 29　剪切式无铆钉连接工艺原理图[4]

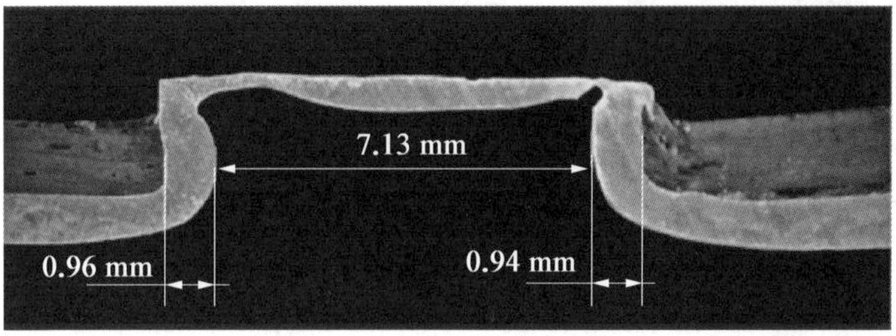

图 2 - 30　电-液无铆钉连接 CFRP/AA1050 - O 的接头形貌

无铆钉连接按照接头的形状又可以分为圆点连接和矩形点连接，如图 2 - 31 所示。圆形连接点通过板料的局部塑性变形实现连接；矩形连接点通过板料的剪切和变形共同作用完成板料连接，较适合用于连接硬度较大的材料，例如不锈钢等[5]。

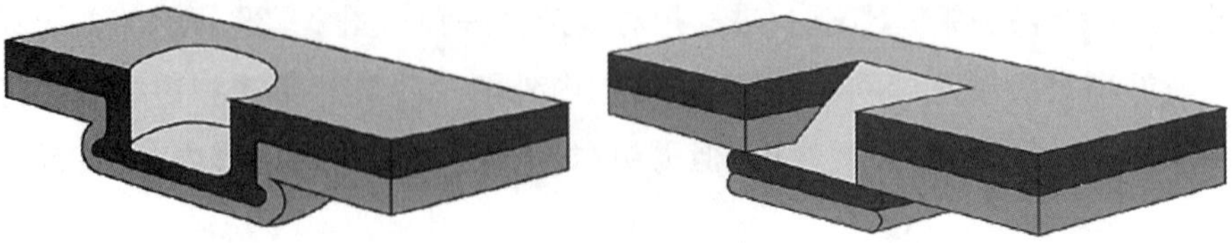

(a) 圆点　　(b) 矩形点

图 2－31　无铆钉连接接头的几何形状

对于连接塑性较差的板材因变形困难而导致的接头强度不足的问题，Abe 等[6]提出了一种下板材预成形无铆钉连接工艺。在进行铆接之前，先对塑性较差的超高强度钢板材进行预成形，然后再进行铆接，其连接过程如图 2－32 所示。板材预成形无铆钉连接工艺将传统无铆钉连接过程分为两个过程，虽然降低了成形效率，但是通过预成形可使超高强度钢板材间的无铆钉连接成为可能。

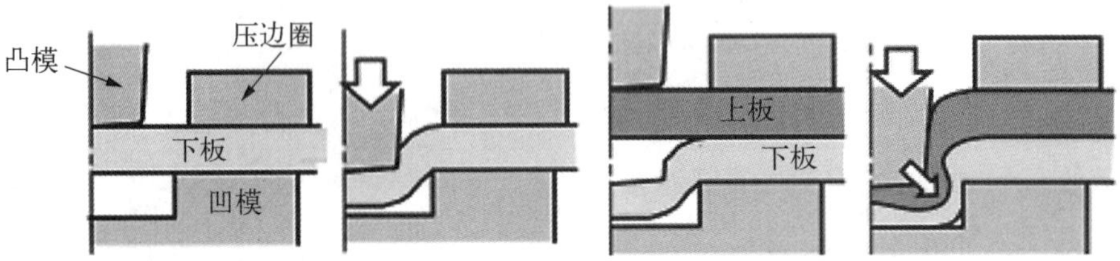

(a) 下板预成形　　(b) 无铆接成形

图 2－32　预成形的无铆钉连接

上述这些无铆钉连接工艺在一侧有较高的凸起，不能应用于有相对运动的表面，为了降低凸起高度、提高连接强度，Chen 等[7]提出了三种改进的无铆钉连接技术，如图 2－33 所示。第一种如图 2－33(a)所示，在常规的无铆钉连接空槽中增加了一个特殊的铆钉，该铆钉可支撑接头底部，同时通过模具将接头底部突出的高度压低。第二种方案如图 2－33(b)所示，在接头上、下端部均通过平板型的模具挤压接头，从而减小接头突起高度和下侧的空隙量。第三种方案在第二种方案的基础上，把下方的平板型模具换成了凸模，该凸模可以深入接头内部，对接头起支撑作用，如图 2－33(c)所示。这三种方案通过底部二次挤压成形，在降低了接头凸起高度的同时还增加了颈部厚度。图 2－34 所示为采用这三种方法连接的接头截面。

为了提高连接效率、在降低凸点高度的同时获得一侧为平面的接头，有专家提出了平底无铆连接[8]，其原理如图 2－35 所示，即利用一块平砧板代替传统的凹模，使板材在凸模和压边圈的共同作用下形成互锁结构，得到一侧为平面的连接点。但是，该工艺过程需要的成形力和压边力较大，压边力的大小和压边圈的结构尺寸是影响接头强度的重要因素。

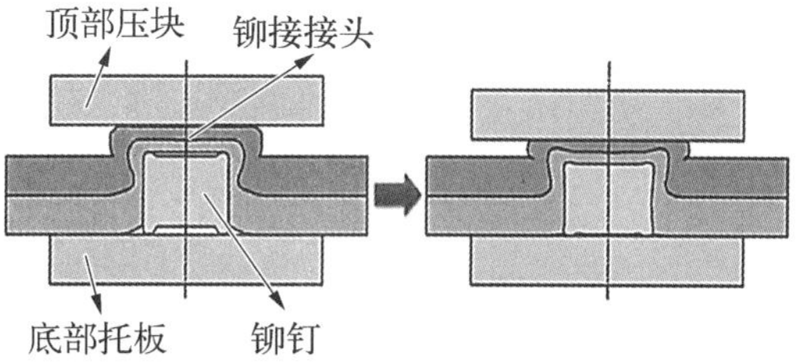

(a) 填充铆钉

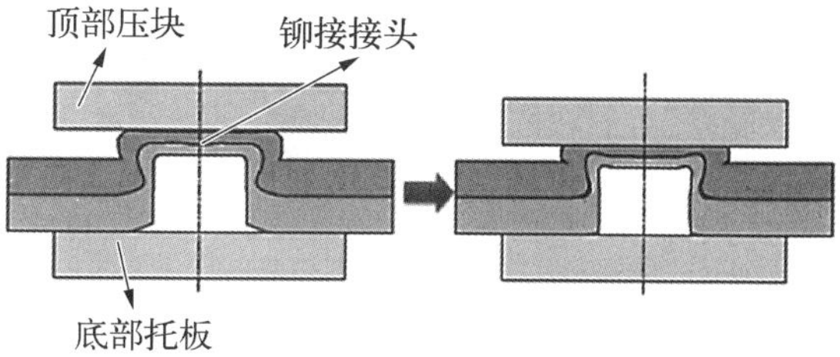

(b) 底部挤压成形

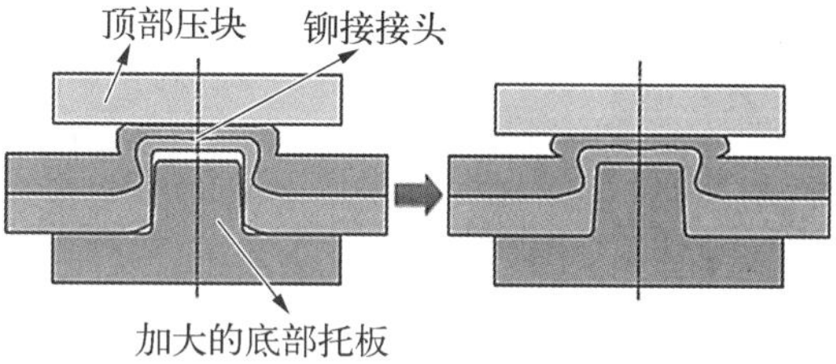

(c) 有凸模支撑的底部挤压

图 2-33　三种提高连接强度的无铆钉连接工艺

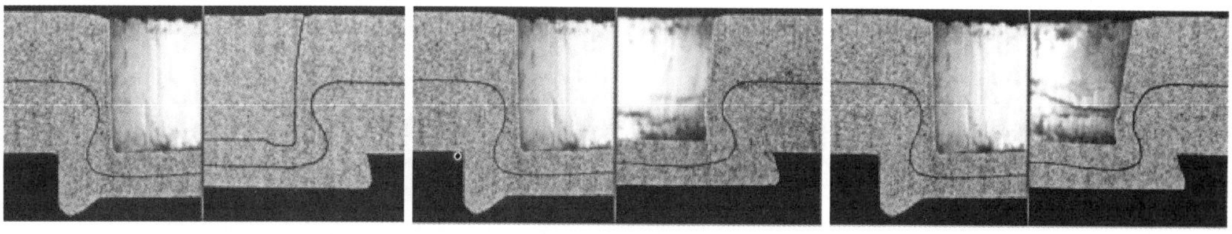

(a) 填充铆钉　(b) 底部挤压成形　(c) 有凸模支撑的底部挤压

图 2-34　三种无铆钉工艺制造的接头截面

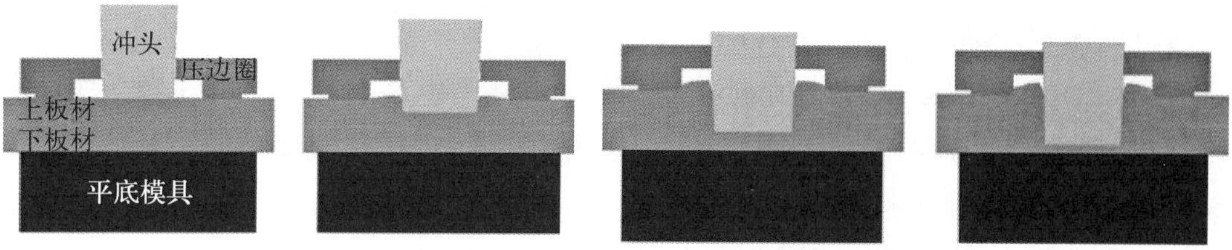

(a) 定位　(b) 挤压　(c) 变形　(d) 接头形成

图 2-35　平底无铆塑性连接成形过程

3. 在汽车上的应用

无铆钉连接工艺因其工艺过程简单且成本低，在汽车制造中得到广泛应用。但因其静态强度和疲劳强度都较低，通常只应用于行李箱盖、发动机罩、后轮罩等非承载部位的连接[9,10]，如图 2-36 所示。无铆钉连接工艺已在国外车型得到普遍应用，近年来随着国外车型的国产化，无铆钉连接工艺也被大规模引进国内，如一汽大众生产速腾前后盖，奥迪 A6 的翼子板、A4 前盖、Q5 前后盖等覆盖件区域都应用了无铆钉连接工艺。

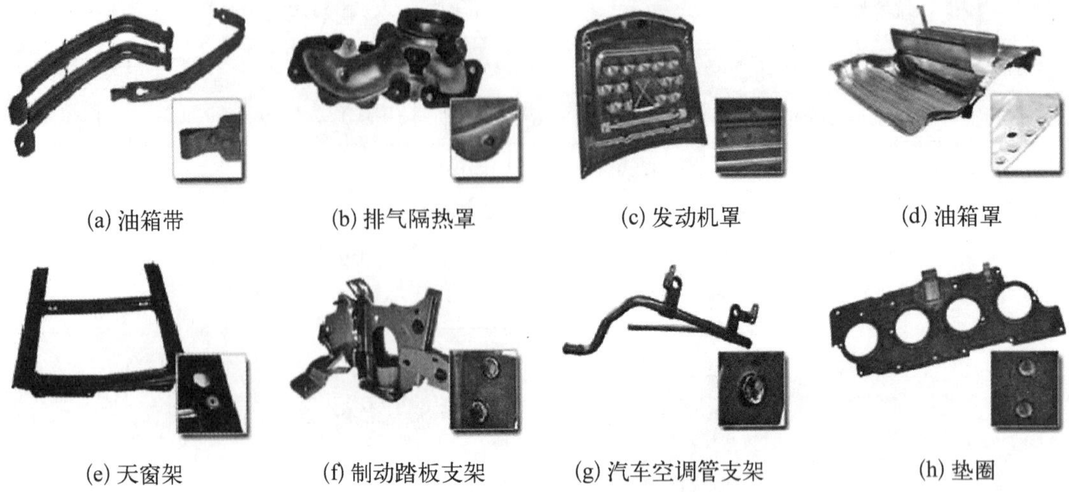

图 2－36　无铆钉连接在车身中的应用

2.3.3　自冲铆接(SPR)

1. 工艺原理

自冲铆接工艺于 1978 年由 Fuhrmeister[11] 提出，其原理如图 2－37 所示，连接过程主要由四个阶段组成。

（1）夹紧阶段：通过液压缸或伺服电机提供动力驱动压边圈向下压紧待铆接板料；与此同时，铆钉也在冲头的驱动下垂直向下对板料进行预压紧。

（2）穿刺阶段：冲头向下运动，推动铆钉刺穿上层板料；与此同时，铆钉也驱使下层板料向凹模内发生塑性变形。

（3）扩张阶段：随着铆接过程的进行，铆钉腿部逐渐张开，下层板料发生塑性变形逐渐填充入凹模。在冲头和凹模的共同作用下，铆钉腿部向周围扩张，嵌入下层板从而形成铆钉与板料间的机械互锁结构。

（4）冲铆完成：当冲头将铆钉下压至铆钉头与上层板料的上表面紧密接触且平齐时铆接完成。此时，压边圈释放压边力，冲头将返回初始工位，冲铆结束。

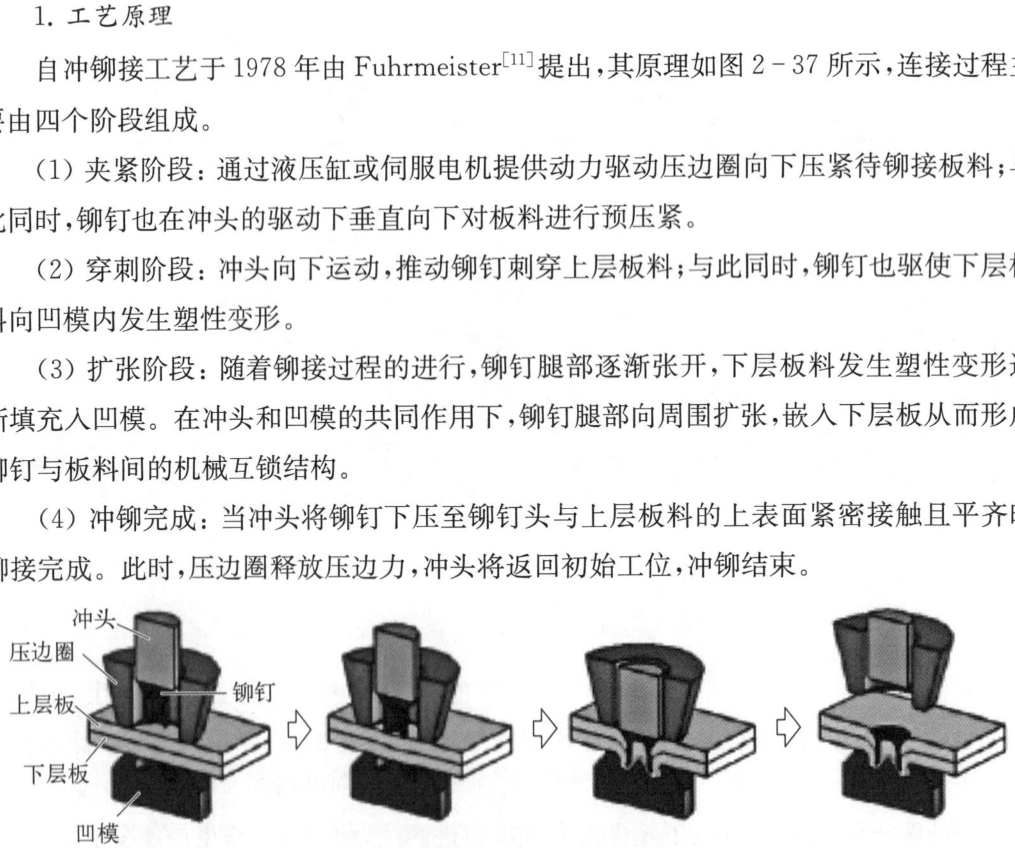

图 2－37　自冲铆接工艺过程示意图

2. 工艺特点与技术难点

根据铆钉的形状,自冲铆接工艺可以分为无铆钉自冲铆接、实心铆钉自冲铆接和半空心铆钉自冲铆接。在汽车车身连接中,既要考虑连接静强度和疲劳强度又要考虑车身轻量化,因此大多数汽车生产企业选择半空心铆钉自冲铆接工艺。

半空心铆钉自冲铆接通过半空心铆钉刺穿上层板,并在凹模的作用下向外张开与下层板之间形成机械自锁来实现连接。SPR 接头强度主要由铆钉与下层板之间的底切量以及板材和铆钉的强度决定,通过优化凹模形貌与铆钉长度可以提高底切量。与其他连接方法相比,SPR 连接具有如下特点:

(1) 可用于连接材料属性不同的、有镀层的及焊接性差的材料。如图 2－38 所示,三层铝合金板、钢板与铝合金板、镁合金板与铝合金板、塑料与铝合金板、复合材料层合板与铝合金板均可以采用 SPR 进行连接。

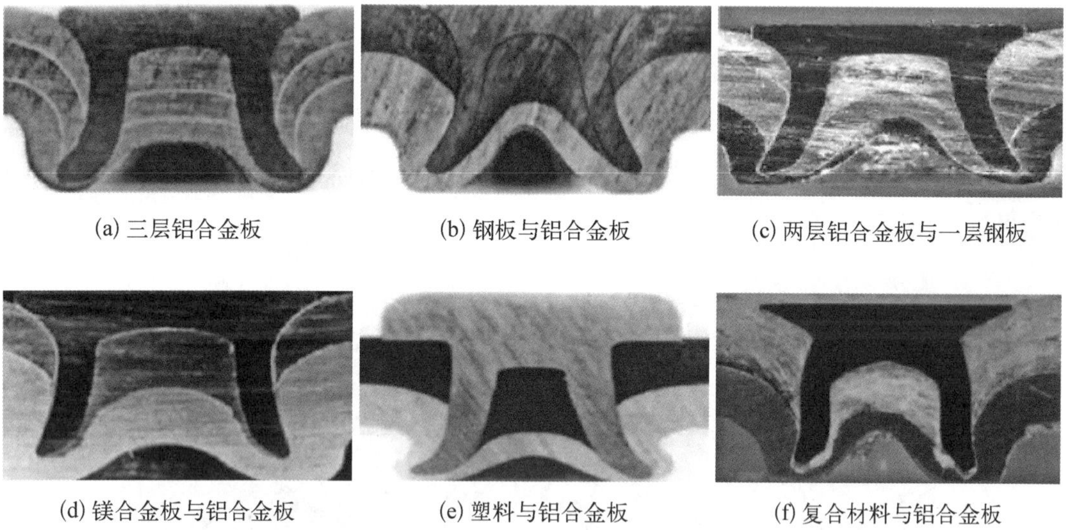

图 2－38　不同材料的 SPR 接头[12]

(2) 静态强度和疲劳强度高于无铆钉连接。

(3) 铆接时,尾部出现突出的“铆扣”,不够平齐。

(4) SPR 铆接处材料的两面都必须接触,无法进行单面铆接。

(5) 铆接过程清洁,无烟雾,比焊接消耗能量少得多。

3. 在汽车上的应用

与无钉铆接相比,SPR 接头具有良好的静态力学性能和较高的疲劳寿命[13],已经被通用、奥迪、宝马、捷豹、奔驰和大众等公司广泛应用于铝/钢等异质材料以及多层板的连接,如表 2－2 所示。

表 2-2 典型多材料混合车身中 SPR 用量统计

公　司	车　型	SPR 用量(个)
捷豹	X351	3 585
大众	奥迪 A8(D4)	1 847
	奥迪 TT	1 606
	兰博基尼 Gallardo	约 1 300
奔驰	SL(R231)	1 235
	SLS	975
宝马	5 系	598
通用	凯迪拉克 CT6	357

4. 发展动态

1) 预加热 SPR

针对低延展率镁合金材料在 SPR 过程中容易产生开裂的问题，Durandet、Easton 等提出在 SPR 工艺前通过激光对镁合金板材进行预加热以改善其延展性。如图 2-39 所示，经过预加热的 SPR 连接接头的开裂问题得到有效解决。

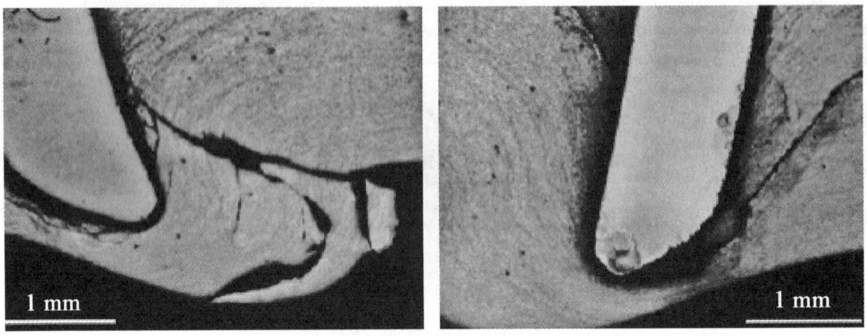

(a) SPR接头　　(b) 预加热SPR接头

图 2-39 预加热的 SPR

但通过激光进行加热成本较高，难以大规模应用。郑州大学在 SPR 工艺前通过电热板对镁合金进行预加热，发现 180℃条件下可以获得完美无缺陷的接头，如图 2-40 所示。

为了实现超高强度钢 DP980 与铝合金的自冲铆接，上海交通大学李永兵等[14]提出了感应加热辅助 SPR(图 2-41)。在钢侧布置蚊香式线圈，通过高频交变电流的激励在钢板内产生涡流，对钢板局部待铆接区域进行快速加热。感应加热方法加热效率高，能够在 1 s 内将钢板加热到所需温度。采用该技术对 AA6061-T6 铝板和 DP980 超高强度钢板进行了铆接，发现对 DP980 板材进行预热可以使这种材料更易于铆接。通过调整加热电流、加热时间和线圈距离，最终得到了无裂纹的接头，与仅使用常规 SPR 工艺的接头相比，其搭接剪切强度提高 24%。

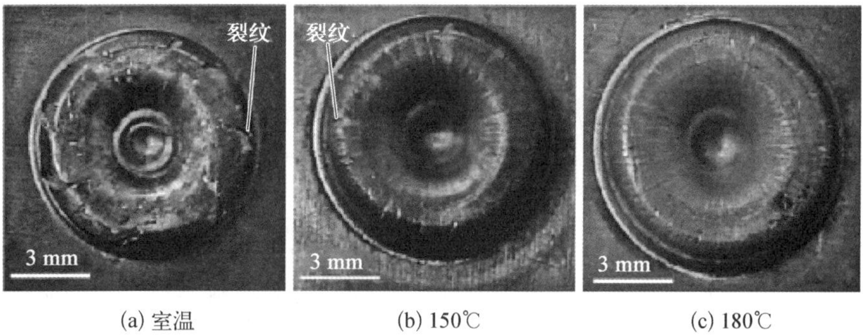

(a) 室温　(b) 150℃　(c) 180℃

图 2－40　电热板加热的镁合金 SPR 接头

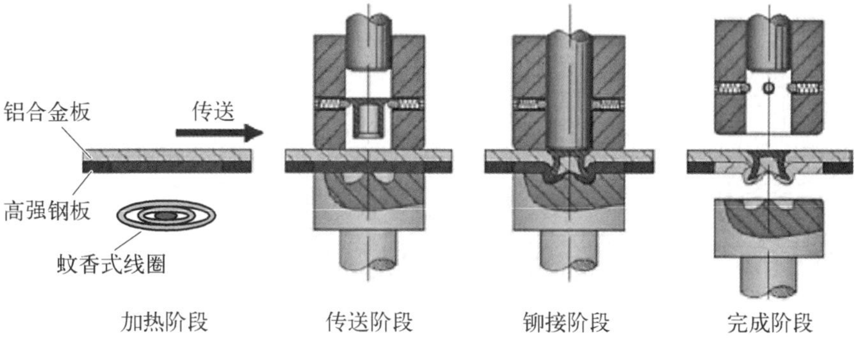

图 2－41　感应加热的超高强度钢与铝合金的 SPR

2）电辅助 SPR

为了改善高强度钢板的可铆性，李永兵等[15]研究了电辅助 SPR 工艺。如图 2－42 所示，在 SPR 接头形成过程中实时对高强度钢材料施加外部高密度电流，利用电致塑性效应和焦耳热效应，改善高强度钢的塑形变形能力，从而提高铆接质量。该工艺与传统 SPR 工艺相比，可以有效降低铆接力。

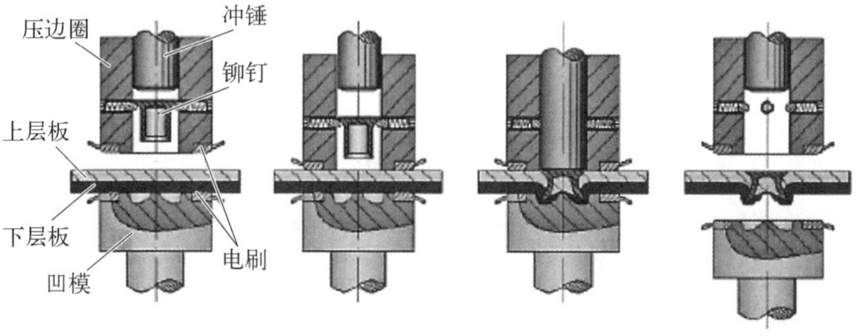

图 2－42　电辅助 SPR 工艺原理图

2.4 胶　　接

2.4.1 工艺特点

利用粘接剂的黏性使两材料长期或永久地结合起来的技术称为胶接工艺。与其他连接技术相比，胶接技术具有如下的主要优点：

(1) 应用范围广。几乎所有金属、非金属都可以用粘接剂来连接，也可以连接很薄的材料或两种厚度相差很大的材料。对于热膨胀系数不同的材料，可以灵活地选用柔性的粘接剂进行粘接。

(2) 载荷分布均匀。粘接是面连接，不易产生应力集中现象，它的疲劳强度比铆接高几十倍。

(3) 胶接变形小。它克服了铆接时受冲击力和焊接时受高温的作用使工件易产生变形的缺点，常用于金属薄板、轻型元器件和复杂零件的连接。

(4) 物理性能好。具有良好的密封、绝缘、耐腐蚀等特性。同时，胶接有助于材料的阻尼振动，提高减振性能。

(5) 工艺简便，成本低。使用粘接剂可对设备和零部件进行修复等。

与此同时，胶接技术也有不足之处：粘接处的质量无法肉眼检查；有机粘接剂易老化、耐热性差（不超过 300℃），一般粘接剂使用温度上限为 177℃，特种粘接剂使用温度上限约为 371℃；无机粘接剂虽然耐热好，但性能脆；胶接接头抗剥离和抗冲击能力差等。

2.4.2 汽车用粘接剂

1. 粘接剂的分类

按强度，粘接剂可分为结构胶、非结构胶和次结构胶。

按固化作用，粘接剂可分为溶剂型、反应型（可以按配制方法和反应条件分为单组分、双组分或多组分）、热熔型（通过加热使固态胶熔融，冷却后固化，实现粘结）和压敏型（使用时需施加一定压力）。

按主要成分，粘接剂可分为无机粘接剂和有机粘接剂。

汽车用胶通常有三种，即环氧胶、聚氨酯胶和丙烯酸胶，或者分为单组分、双组分和多组分。

2. 焊装用胶

焊装车间用胶主要有四种类型：折边胶、点焊密封胶、隔振胶（膨胀胶）和结构胶。

焊装用胶的选用需要遵循如下原则：① 钣金件之间具有良好的粘接密封性能；② 在涂装前处理过程中具备良好的耐水洗性能；③ 电泳烘烤时具有良好的固化膨胀性能；④ 粘接后具有良好的耐久性能；⑤ 对涂装工艺不会产生不良影响，不污染电泳涂层质量。

1）折边胶

折边胶是一类比较特殊和重要的粘接剂，其主要成分是改性环氧树脂基体，单车用胶量通常为 10～14 g。折边胶的剪切强度较低，但弹性极好，粘接强度较高（粘接强度足以取代全部或部分焊点）。主要用于车门、机盖、前翼子板和行李箱盖外板的包边。代替焊点连接内、外盖板，避免车身表面出现焊接造成的凹坑，提高车身的外观质量。

2）点焊密封胶

点焊密封胶的主要成分是橡胶/增黏剂基料，通常单车用胶量为 86～180 g。主要用于前围、侧围和地板等处的密封，以实现防水、防尘和防锈，并防止灰尘等进入接头部位。点焊密封胶几乎可以用于所有的车身焊缝处，尤其适用于焊装之后被零件遮蔽的或不宜涂覆焊缝密封胶的竖立缝隙。

3）隔振胶（膨胀胶）

隔振胶主要成分是橡胶/增黏树脂基料，单车用胶量一般为 450～600 g，可广泛用于非焊接处的隔振等部位。隔振胶主要用于机盖、行李箱盖、顶盖和车门等内外板之间。隔振胶的主要作用为减振，提高车辆的 NVH 性能，膨胀率为 100%～300%。

4）结构胶

采用结构胶能够从物理上隔绝异种金属的直接接触，并避免腐蚀介质进入接头边缘，从而有效避免电化学腐蚀和缝隙腐蚀，在异质材料连接方面具有明显的优越性。同时，利用结构胶与被连接材料间产生的机械结合力、物理吸附力和化学键合力能够实现材料的大面积连接，具有应力分布均匀、抗振性能好、密封性能好等特点。在汽车碰撞过程中，结构胶还可以起到很好的缓冲与吸能作用。

结构胶有如下优点：具有极好的油面附着性；极好的耐久性，在－40～80℃之间，冲击不受任何影响。结构胶主要用于车身骨架部分结构复杂、无法施焊等部位。使用结构胶可以降低结构应力集中，可有效避免焊点撕裂的风险；可实现不可点焊区域的连接；提高车身刚度；提高整车初始刚度及耐疲劳性。表 2－3 总结了结构胶在不同车型上的应用情况。

3. 涂装用胶

涂装使用的胶主要有三种：焊缝密封胶、PVC 抗石击涂料和空腔注蜡等。

表 2-3 结构胶在车身上的使用情况

公 司	车 型	结构胶粘接长度(m)	公 司	车 型	结构胶粘接长度(m)
通用	凯迪拉克 ATS 凯迪拉克 CT6	110 269	路虎	极光 揽胜	45 160
大众(奥迪)	A3 A6 A8 TT	80 110 90 97	福特	蒙迪欧	20～25
捷豹	XK X351 XJ	99 154 160	本田	思域	30
宝马	1 系 3 系 7 系	50 55 150	现代	i40	70

1) 焊缝密封胶

焊缝密封胶是车身涂装时用到的一类重要胶种，车身面漆前涂于外焊缝，固化后成为具有一定粘接强度的弹性体。焊缝密封胶主要用在各钣金件之间的焊缝、搭接及车身内外直接相通的孔洞、缝隙处，保证车身的密封性，阻止水、气、灰层等有害物质和噪声进入车内，提高整车的使用寿命，增强可靠性及 NVH 性能。

2) PVC 抗石击涂料

目前的车身密封材料中，聚氯乙烯塑料溶胶系是主流，由聚氯乙烯树脂(简称 PVC)、增塑剂、填充料、附着力增强剂、稳定剂、防止发泡剂等组成，又称 PVC 密封胶，是一种高黏度的聚氯乙烯塑料溶胶。因它制造容易、价格便宜、涂装作业性好、无毒无味，在汽车制造中大量使用。早期采用的是溶剂型涂料，后因易起泡、抗石击和力学性能差被淘汰。PVC 抗石击涂料主要用于地板下表面与前后轮罩部位，防止汽车行驶过程中石子等对车身地板及轮罩的击打损伤，此外也有一些防蚀、防水及密封的作用。

3) 空腔注蜡

空腔注蜡就是在车身底部四个空腔中打入一定量的液态蜡，经过特定工艺流程使留在车身空腔内部的蜡形成均匀的保护蜡膜，令水滴无隙可入，保证了整车良好的腐蚀性能。目前，空腔注蜡主要涂覆在车门下部、门槛空腔和纵梁内，在面漆后喷涂。

2.4.3 粘接工艺

1. 折边胶粘接

折边胶的涂胶工艺过程如图 2-43 所示，普遍选用人工挤涂的操作方法，即将胶桶安装到胶枪上，完成折边胶的涂装。这种涂胶方法虽然方式灵活、操作简单，但是过程质量不好控制，易出现断胶、少胶、漏胶以及胶条不规范等问题。

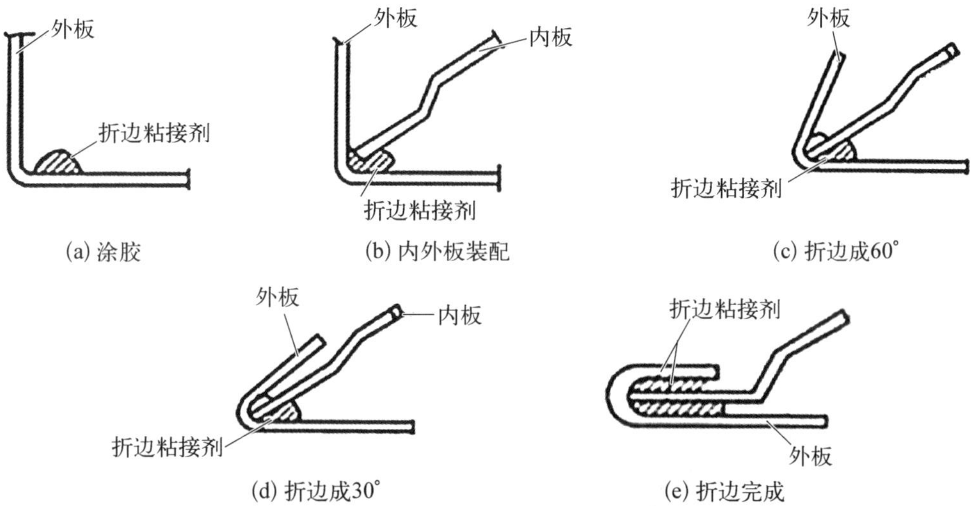

图 2-43　折边胶涂胶工艺过程

折边胶涂胶相关参数如图 2-44 所示。其中，d 为折边胶直径，建议 3 mm；a 为胶中心与外板折边处内表面的距离，建议 5～7 mm；接触面 A 为折边后填充满折边胶接触面，B 为折边后胶填充长度，建议不小于折边与内板接触面长度的 20%，要求 C 区域无溢胶，要求 D 区域全部填满。

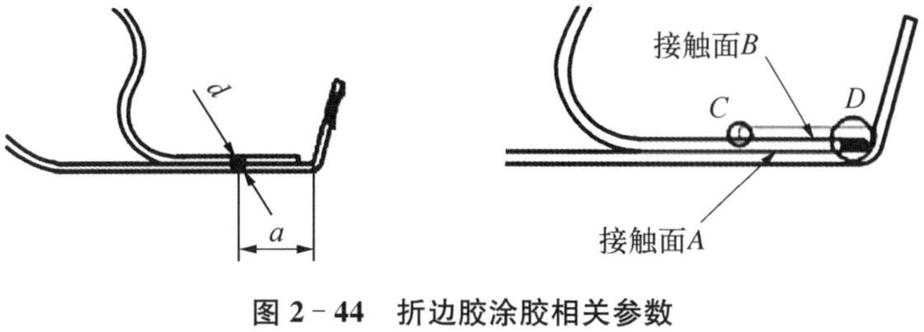

图 2-44　折边胶涂胶相关参数

2. 点焊胶粘接

点焊胶涂胶工艺过程一般是在冲压件焊接前，将胶用机械涂胶机、手动挤胶枪或刮板涂在结合处的单板上，然后将两板合拢点焊。

点焊胶涂胶相关参数如图 2-45 所示，涂胶时要有足够的翻边宽度，涂胶宽度一般为

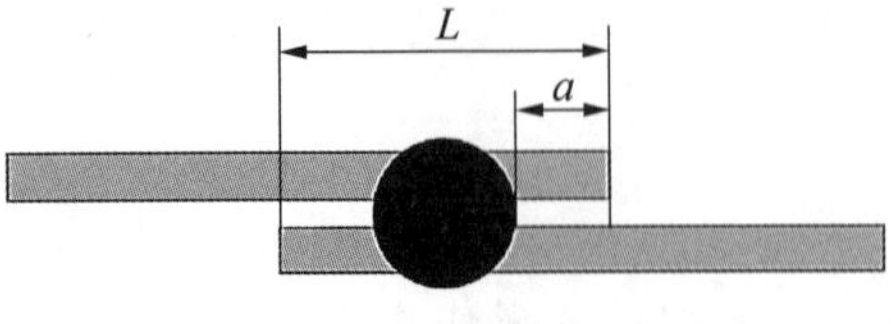

图 2-45 点焊胶涂胶相关参数

4～5 mm，对于强度要求较高的区域涂胶宽度为6～8 mm，同时胶的边缘离零件端距 a 要大于2 mm，这就要求涂胶处的焊接边宽度 L 至少12 mm；涂胶处翻边原则上不能开缺口，故不利于涂胶操作；涂胶处零件的装配结合应沿翻边垂直方向，否则侧面的滑动会把胶蹭掉，确定零件装配方向时需考虑；涂胶处 30 mm 距离内不能设置弧焊、钎焊，防止粘接剂氧化、燃烧，同时降低焊接性能。

3. 减振胶粘接

减振胶主要采用点状涂胶和线状涂胶两种涂胶形式。点状涂胶较为经济，但操作性差，人工涂胶用时较长，可采用多点涂胶机来提高效率；线状涂胶人工操作时效率较高，但耗胶多。涂胶处钣金结构通常设置凹槽，以便于胶敷着（图 2-46）；零件间隙要求小于3 mm，当间隙小于 2 mm 时，零件有干涉的可能，间隙过大时减振胶无法起到良好的连接作用；涂胶凹槽最低点离上板材的间隙要求 5～8 mm，防止在烘烤前由于振动将突出部分的胶挤出而使减振胶连接失效。

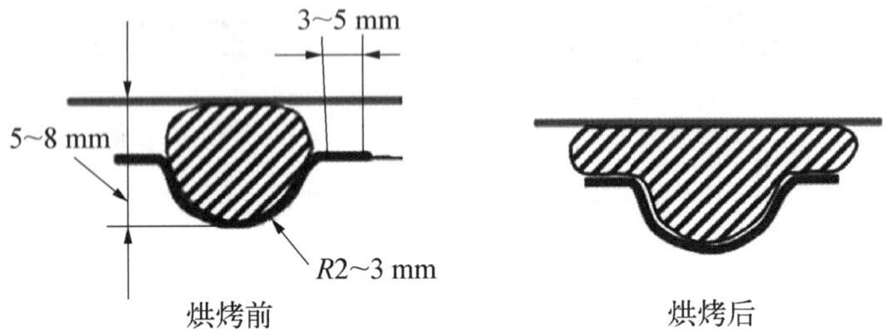

图 2-46 减振胶凹槽结构

4. 结构胶粘接

涂结构胶时要求涂胶直径为 3 mm，涂胶离钣金边缘最小 2 mm，连续均匀涂胶，若涂胶区域有漏液孔，需要避让。

2.4.4 表面处理技术

1. 金属材料的表面处理

金属材料的表面处理主要包括除油、除锈和活化。

1）金属材料表面除油

金属材料在机械加工和贮存过程中，表面通常粘附有油污（润滑油、防锈油等），虽然油脂的种类不同，但它的存在严重影响粘接强度。当油脂类在金属表面上以单分子层以上的厚度存在时，会形成薄的界面层，在粘接之前必须将它们去除。除油的方法主要有以下四种。

（1）有机溶剂除油

有机溶剂可以将金属表面的各种油污溶解，且不腐蚀金属，操作方便，应用比较多，常用的除油溶剂有汽油、丙酮、酒精、甲苯、三氯乙烯、四氯化碳等。

常用的有机溶剂除油法是用棉纱蘸有机溶剂擦洗金属表面，适用于单件生产，效率低，对人体毒性大。近年来气相溶剂除油法应用较多，该方法是在密闭容器下部放入低沸点的有机溶剂，将工件挂入容器中，加热后溶剂挥发成蒸气，在工件表面凝结成液滴并落下，使工件表面油污溶解于溶剂中。该方法可以避免操作人员与溶剂接触。有机溶剂除油有时候不能一次将油污完全去除，需要多次反复清洗。

（2）碱液除油

碱液除油具有无毒、不燃、经济的特点。其原理是借助油脂与碱的皂化和乳化作用来实现除油。使用碱液处理后必须用水反复洗涤，将工件表面的残留碱液除去，否则将大大影响粘接强度。

（3）电解除油

电解除油的原理是在碱性电解液中，由于油与碱液之间的表面张力降低，促使油膜出现裂纹；在电流的作用下，电极表面产生气泡滞留在油珠上，随着电解的进行，气泡逐渐变大；当达到足够的浮力时，气泡携带着油珠脱离金属表面，从而达到除油的目的。

（4）超声波除油

超声波除油是将工件放入超声波清洗槽中，槽中放有溶剂或含有表面活性剂的溶液，开动高频发生器，产生的能量使槽内溶液翻动对工件表面进行冲刷，从而实现工件的除油。该方法一般只适用于小型精密件的除油。

2）金属材料表面除锈

金属材料表面的锈蚀层可以采用机械或化学方法进行处理。

（1）机械除锈

机械方法是工业上常用的金属表面除锈方法之一，可以直接去除表面的污物，还能获得一定的表面粗糙度，这对粘接工艺十分有利。常用的机械方法包括用砂纸进行手工除锈、用电动砂轮进行电动除锈和喷砂除锈。其中，喷砂除锈是通过压缩空气将砂石喷射到金属表面，经强力摩擦与冲击作用来清除锈蚀。但喷砂除锈不适宜用于厚度在 1.2 mm 以下的板件和形状复杂的零件，因为高速的砂粒会使薄板变形，而复杂零件的有些部位被遮蔽，难以处理干净。

（2）化学除锈

化学除锈是将金属放置于活性溶液中进行化学腐蚀处理，不仅能使金属表面活化或钝化，还能在金属表面形成具有良好内聚强度的表面氧化层，这对形成牢固的粘接非常有利。化学除锈主要有化学浸蚀和电化学浸蚀两种。其中，化学浸蚀是用无机酸使金属氧化物变成可溶盐而清除掉；而电化学浸蚀是将金属放在电解槽中作为电极，借助金属的电化学反应析出的气泡将表面的氧化物清除。

3）金属材料表面活化

对于一般的金属材料经过除油除锈处理后即可进行粘接。如果需要进一步提高金属材料的粘接强度，减少粘接强度的分散性，可以对金属表面进行活化处理以进一步清除金属表面的惰性物质，使表面呈现高表面能状态，从而有利于粘接剂的浸湿。常见金属材料表面活化处理方法见表 2-4。

表 2-4 常见金属材料表面活化处理方法

<table>
<tr><th>材料名称</th><th>处理方法</th><th>温度(℃)</th><th>时间(min)</th><th>后处理方法</th></tr>
<tr><td>钢铁</td><td>重铬酸钠 20 份
蒸馏水 150 份
浓硫酸 50 份</td><td>70～75</td><td>10</td><td>用 5%稀盐酸清洗，再用净水冲洗干净</td></tr>
<tr><td rowspan="2">铝合金</td><td>重铬酸钠 20 份
蒸馏水 70 份
浓硝酸 50 份</td><td>60～70</td><td>5</td><td rowspan="2">净水冲洗干净</td></tr>
<tr><td>阳极氧化，重铬酸钾水溶液封闭</td><td></td><td></td></tr>
<tr><td rowspan="3">镁及镁合金</td><td>铬酸 10 份
硫酸钠 0.05 份
蒸馏水 100 份</td><td>25</td><td>3</td><td rowspan="3">净水冲洗、烘干</td></tr>
<tr><td>十二烷基磺酸钠 4 份
蒸馏水 450 份</td><td>70～90</td><td>10</td></tr>
<tr><td>偏硅酸钠 8.5 份
焦磷酸钠 4 份
氢氧化钠 4 份</td><td>25</td><td>5</td></tr>
</table>

2. 非金属材料的表面处理

1）机械处理

与金属材料表面处理方法相同，非金属材料表面处理通常也是砂纸打磨，去除表面的油污、脱模剂、增塑剂后才能涂胶粘接。

2）物理处理

物理处理法是用电场、火焰等物理手段对非金属材料进行表面处理，主要用于非极性高分子材料，其设备造价高、处理工时长，但效果较好。

(1) 火焰处理

对被粘物体表面进行瞬间灼烧，使其表面氧化，得到含碳的极性表面。

(2) 放电处理

在真空或惰性气体环境中，对非金属材料进行高压气体放电处理，使其表面氧化或交联而产生极性表面。根据不同的装置，可分为电晕、接触、电弧、辉光等放电法，尤其适用于聚烯烃材料。

(3) 等离子放电处理

等离子处理法是用无电极的高频电场连续不断地提供能量，使等离子室内的气体分子激化成带正电离子和电子的等离子体，这些等离子体以几百至几千毫升每分钟的气流速度碰撞要处理的材料表面，使其产生极性层。该方法适用范围极广，可以处理所有高分子材料，但设备造价高。

3) 化学处理

非金属材料的化学处理是用酸、强氧化剂等将其表面的一切油污杂质清除掉，或将非极性表面通过氧化作用生成一层含碳极性物质以增强粘接效果。

2.5　其他新连接工艺

2.5.1　塞铆焊

塞铆焊的工艺原理为：通过与下层板同质的实心铆钉与下层板之间的焊接把上层板“锁”在铆钉盖与下层板之间，来实现异质金属的连接。其工艺原理及其接头形貌如图 2－47 所示。该工艺可用于连接异质材料。根据焊接的方法又可分为电阻塞铆焊与电弧塞铆焊[16,17]。

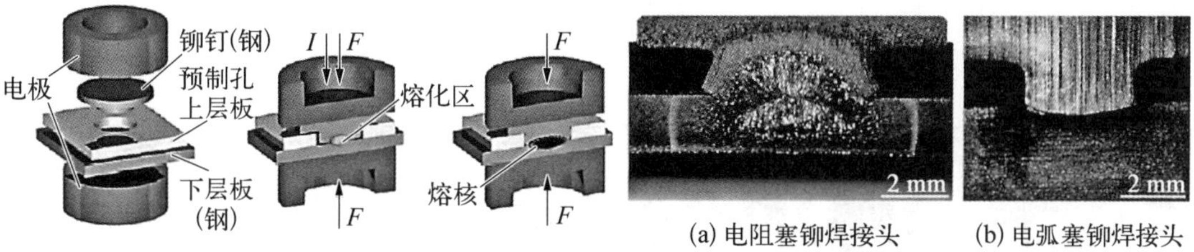

图 2－47　塞铆焊工艺原理及其接头形貌

1. 工艺特点

(1) 能够实现任意异质金属材料的连接。

(2) 电阻塞铆焊接头拉剪强度可达自冲铆接接头的 7 倍。

(3) 对被连接材料的延展性没有要求，具有广泛的应用前景。

2. 技术难点

电阻塞铆焊和电弧塞铆焊工艺从原理上能够实现任意异质金属材料的连接。但是焊接前的预制孔与放钉工序增加了整个工艺过程的复杂性，同时焊接前需要对焊接位置进行精确定位，导致工艺成本显著增加。提高工艺的自动化程度以及解决定位偏差是该工艺大批量应用的关键。

目前，大众汽车公司已经将电阻塞铆焊工艺应用于新帕萨特钢铝混合车身的制造。由于电阻塞铆焊和电弧塞铆焊工艺对被连接材料的延展性没有要求，可以用来连接强度高达 1 800 MPa 的超高强度钢与不导电的复合材料，具有广泛的应用前景。目前，电弧塞铆焊工艺已经成功实现了复合材料与高强度钢的连接。

2.5.2 摩擦塞铆焊

与预制孔塞铆焊工艺不同，摩擦塞铆焊工艺无须在上层板预先制孔，而是通过实心铆钉高速旋转穿透上层板，并与下层板形成摩擦焊连接，其工艺过程如图 2-48 所示。在摩擦焊过程中铆钉转速通常可达 10 000～20 000 r/min。

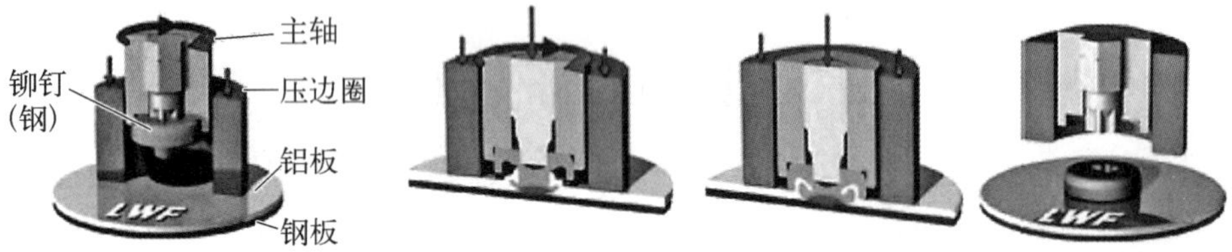

图 2-48 摩擦塞铆工艺过程示意图

英国毅结特(EJOT)公司提出了摩擦塞铆焊 EJOWELD 工艺，如图 2-49(a)所示。德国帕德博恩大学的 MESCHUT 等提出了摩擦单元塞焊(Friction Element Welding，FEW)工艺，如图 2-49(b)所示。美国 Brigham Young 大学的 MILES 等提出了摩擦塞焊(Friction Bit Joining，FBJ)工艺，如图 2-49(c)和(d)所示。

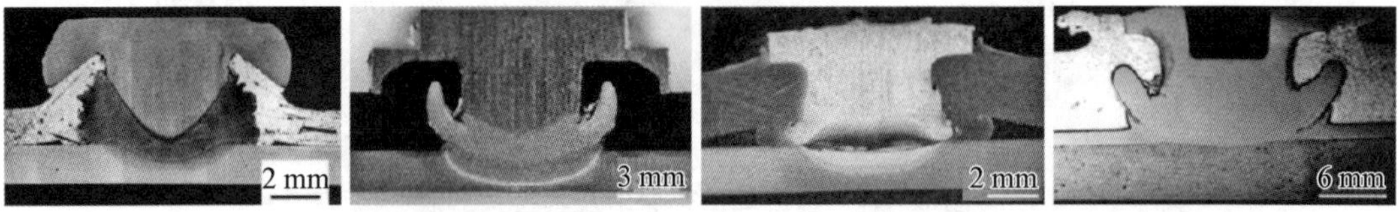

(a) EJOWELD接头　(b) FEW接头　(c) FBJ接头1　(d) FBJ接头2

图 2-49 摩擦塞铆焊

摩擦塞铆焊工艺自动化程度高，且不需要预制孔，工艺过程简单，易于实现，在异质材料连接方面具有广阔的应用前景。但是仍然存在以下缺点：摩擦塞铆焊过程中需要较多的摩擦热以保证铆钉与下层板之间产生足够的结合强度，容易使接头附近温度过高，导致接头中铝合金软化严重；摩擦塞铆过程中铆钉需要将上层的铝合金全部挤出去方能实现其与下层钢板的摩擦焊接，而挤出的铝合金将进入铝板和钢板之间，使之形成较大的间隙，接头易产生局部大变形。

2.5.3　胶接与自冲铆接的复合连接

胶接工艺与自冲铆接工艺的复合，即胶铆复合工艺，是在被连接件的连接位置涂覆结构胶，然后再进行自冲铆接。胶铆复合接头中，因为胶层、板材以及铆钉的共同作用，胶层在接头中呈非连续分布，接头外围较厚的胶层能够有效阻碍水分与空气进入接头，从而大大提高钢铝异质材料接头的抗腐蚀能力。胶铆复合接头的剪切性能显著优于纯胶接和纯铆接接头，其剪切强度是自冲铆接接头的 2 倍以上，能量吸收能力也大幅度提升，如图 2－50(a)所示。对于面外拉伸测试[图 2－50(b)]，受力方式决定了胶层首先沿周边撕裂，然后铆接接头再失效，因此缺乏组合提升效应，由于结构胶引入导致底切量轻微下降，使得胶铆复合接头的十字拉伸强度略低于纯 SPR 接头，但是仍然显著高于纯胶接接头的性能。

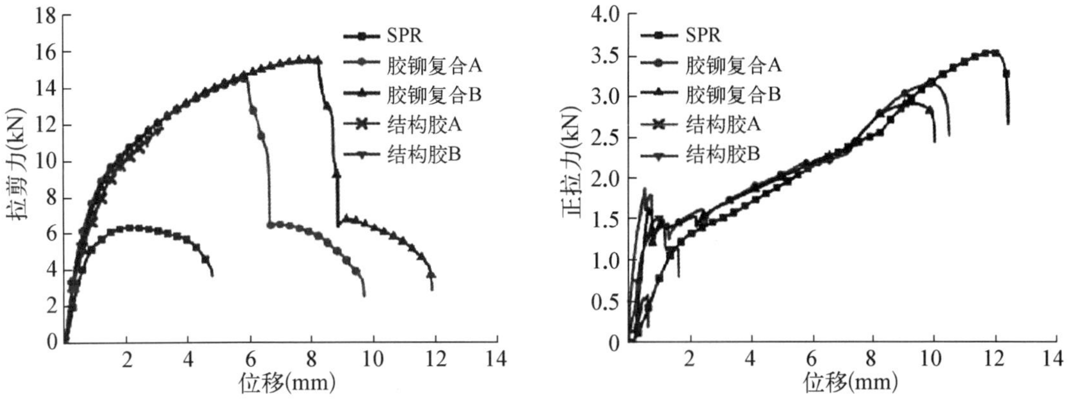

(a) 拉剪测试力-位移曲线　　(b) 正拉测试力-位移曲线

图 2－50　结构胶对自冲铆接接头力学性能的强化作用

捷豹 JaguarXJ 全铝车身、宝马 5 系和 7 系车身中普遍使用了胶铆复合连接。国产的凯迪拉克 CT6、奇瑞捷豹路虎 XFL、蔚来 ES8 等均采用了胶铆复合连接技术。

2.5.4　胶接与无铆钉连接的复合连接

胶接与无铆钉连接的复合连接是先使用粘接剂对板材进行粘接固定，再进行无铆钉连接的复合连接，如图 2－51 所示。粘接剂可有效抑制板材之间的电化学腐蚀，同时使接头具有较好的吸能特性。同传统无铆钉连接接头相比，胶接与无铆钉连接的复合接头的强度可提高 1 倍以上[18]，但接头强度也同时受胶层厚度、粘接面积、粘接剂类型等的影响。这种连接可以有效地提高铝合金和钢等金属板材连接接头的强度。

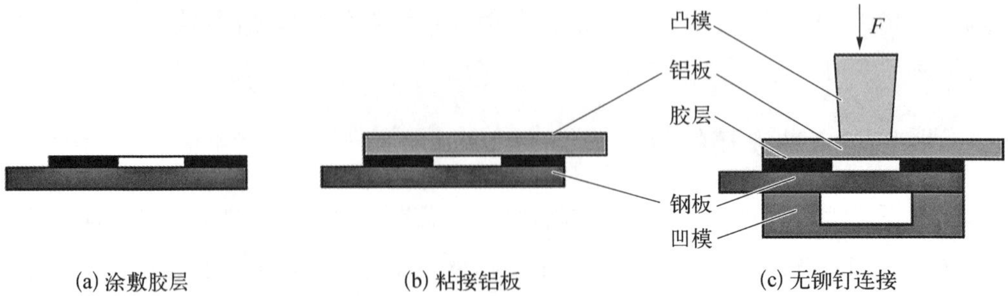

图 2－51　胶接与无铆钉连接的复合连接

2.5.5　无铆钉连接与点焊的复合连接

无铆钉连接与点焊的复合连接是先对板材进行无铆钉连接，再对成形接头进行电阻点焊的复合连接，如图 2－52 所示。接头质量受到焊接电流、焊接时间、局部刚度等工艺参数的影响[19]。Zhang 等[20]以厚度为 1.5 mm 的 5754 铝合金和厚度为 0.8 mm 的镀锌 DQSK 钢为实验对象，对点焊接头和复合接头的质量进行了对比，发现后者可承受更大的峰值载荷、具有更好的吸能能力。但是该工艺较为复杂、生产效率低，且连接过程中有热输入，在焊点处可能会存在热应力集中现象，从而影响接头强度。

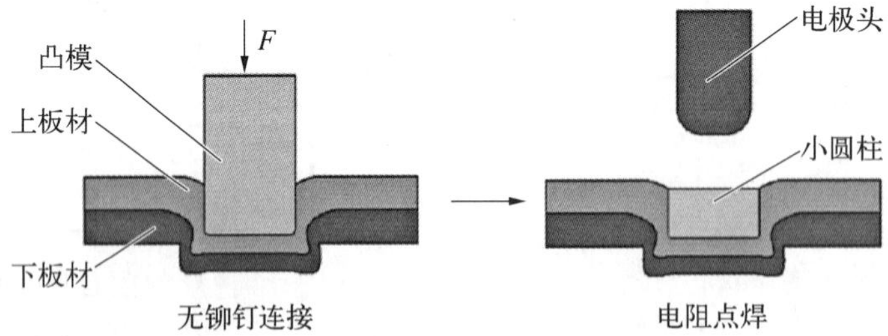

图 2－52　无铆钉连接与点焊的复合连接

2.5.6　激光－MIG 复合焊接

激光－MIG 复合焊可以结合激光焊接与 MIG 焊的优点，既能获得所需要的焊缝形貌，又能在激光焊接速度较高的前提下，充分利用电弧焊过程的稳定性。激光－MIG 复合焊所产生的电弧热的作用使所需激光焊机的功率可以相应减小，因此可用于铝合金汽车零部件的焊接，如奥迪 A8 的车门和大众辉腾的车门都采用激光－MIG 复合焊，宝马 5 系车型的铝合金隔板也采用了这种激光复合焊接技术。

激光－MIG 复合焊技术为汽车工业提供了一种全新的焊接途径。激光热源具有能量密度高、加热集中、焊接速度快、焊接变形小等特点，可实现薄板的快速连接。MIG 焊具有电弧功率大、热量集中、焊接速度快、热影响区小、生产效率相对较高等优点，可以焊接较厚的焊缝。二者结合的激光-MIG 复合焊技术优势显而易见，尤其是对于激光焊无法实现或在经济上不可行的装配间隙要求。该技术具有宽广的应用范围和高效的特性，同时可减少投资成本、缩短生产时间和提高生产效率。采用氩气保护的激光-MIG 复合焊具有更好的电弧稳定性，另外双焦点激光焊接技术在铝合金材料的焊接过程中有很好的性能，宝马公司已广泛使用激光-MIG 复合焊接工艺。

2.5.7　激光电弧焊辅助铆接(LWAR)

由于铝合金和高强度钢之间较大的热物理性能差异，传统的焊接无法实现异种材料的有效连接。铆接属于机械连接，可连接异质材料。然而，通过单一的常规铆接接头的机械性能相对较低。因此，一种结合铆接和激光电弧焊的复合连接方法应运而生[21]。

激光电弧焊辅助铆接(Laser-arc Welding Assisted Riveting，LWAR)的过程如图 2-53 所示。钢板放置在铝板的顶侧，搭接区域需预先钻孔。用钢刷抛光两块薄板，以去除氧化层，并用乙醇清洗表面。装配时，铆钉尾部自下而上依次穿过铝合金板和钢板。铆钉尾部的长度等于钢板厚度和铝合金板厚度之和。然后，用夹子将两块板和铆钉固定在一起，以确保稳定性。焊接过程开始后，激光电弧热源始终指向铆钉与钢板之间的间隙。激光和 TIG 焊形成的平面与铆钉的圆弧相切。工件随着工作台的移动以匀速做圆周运动。旋转方向由激光弧热源的顺序决定。始终保持激光在前、TIG 焊在后。焊接顺序由焊接程序控制，程序启动后焊接过程自动进行。设定焊接时间，使其与热源绕铆钉旋转一周所需的时间相匹配，以获得完整的环形焊缝。

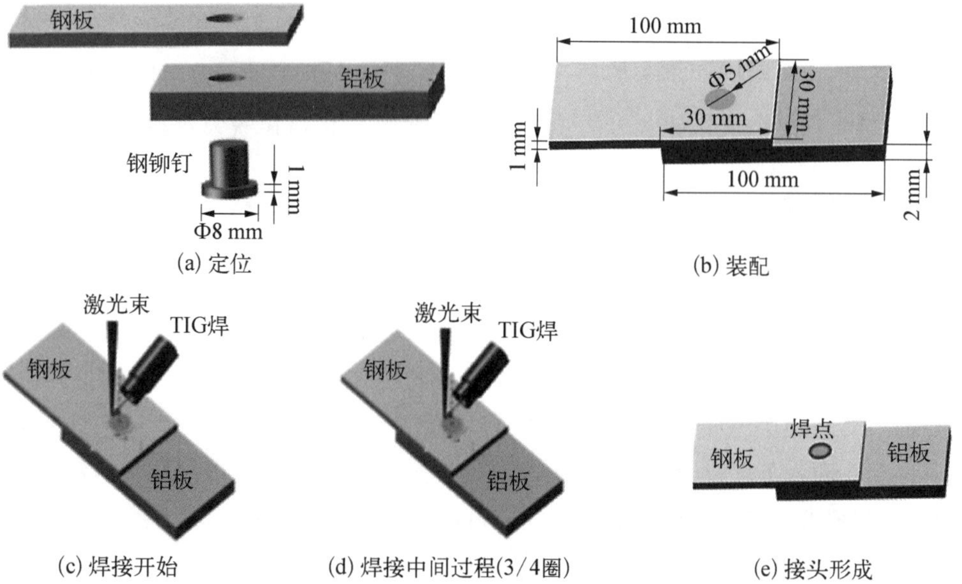

图 2-53　激光电弧焊辅助铆接过程

2.5.8 电阻铆钉焊接(RRW)

电阻铆钉焊接(Resistance Rivet Welding,RRW)是一种铆接和电阻点焊的复合连接技术,其工艺原理如图 2-54 所示。这种工艺使用类似于自冲铆接的半空心铆钉,薄板和铆钉一起放在两个电极之间。铝合金板作为上层板,钢板作为下层板。电流 I_1 与力被施加到上电极,产生电阻热,软化板材。铆钉由电极驱动压住钢板,直至铆钉尾部到达下钢板。随后电流 I_2 被施加到上电极。铆钉尾部焊接到下钢板上,同时在铆钉和下钢板之间形成球形熔化区。焊接接头形成,电极释放。

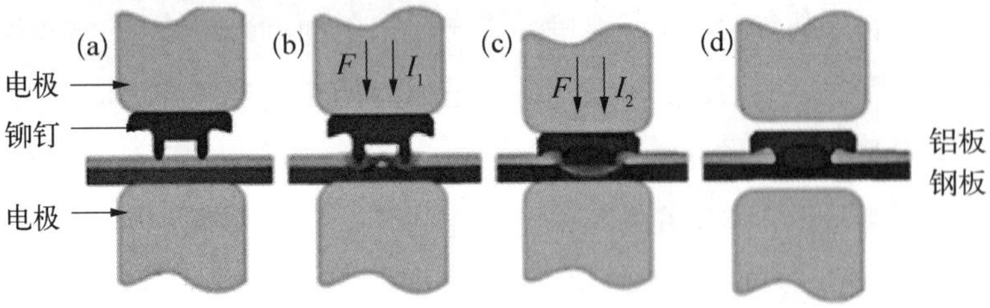

图 2-54　电阻铆钉焊接工艺原理

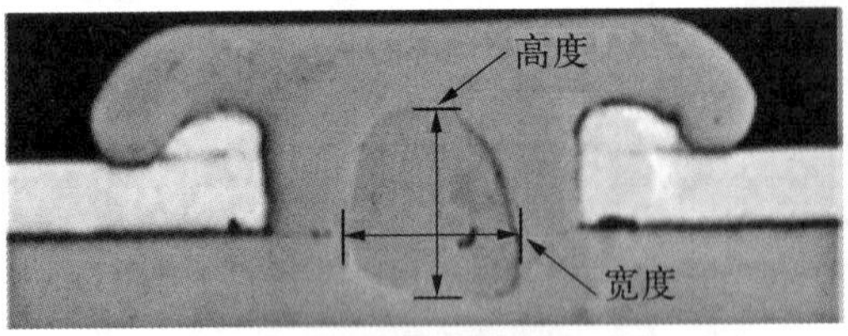

图 2-55　电阻铆钉焊接接头

Niu 等[22]利用 RRW 技术连接铝合金与热成形钢,获得如图 2-55 所示的接头。对该 RRW 接头进行拉剪强度测试,拉剪过程中主要有两种失效模式:剪切失效和铆钉拉脱失效。接头的失效模式由熔核与铝合金之间的强弱决定。当熔核较小,熔核强度低于铝合金时,接头强度取决于熔核强度,失效模式为剪切失效。当熔核变大,强度超过铝合金时,接头强度取决于铝合金的强度,失效模式转向铆钉拉脱失效。

2.5.9 摩擦铆接

随着复合材料的应用增加,复合材料与金属材料的连接需求也越来越迫切。Borba 等[23]研究了飞机结构中复合材料的摩擦铆接。摩擦铆接的连接过程[24-27]如图 2-56 所示。两个组件由夹具固定,金属铆钉放置在主轴中。铆钉开始旋转并向上部组件移动。旋转和轴向力共同作用产生的摩擦热在铆钉尾部形成一薄层熔融复合材料。金属铆钉继续向下移动并插入下层复合材料中,使得部分熔融材料被挤出。由于复合材料的低热导率,铆钉尾部附近的局部温度显著增加。铆钉停止旋转,并向铆钉施加轴向力。铆钉尾部下方的材料被压缩。铆钉尾部通过材料的反作用力锻造,形成蘑菇形状的结构。成形后,轴向力被释放,铆钉尾部周围的局部温度降低。接缝加固,牢固地连接两块薄板。

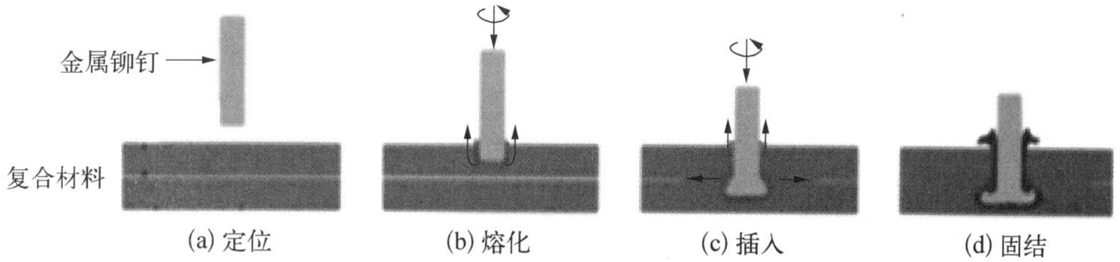

图 2-56　摩擦铆接工艺过程示意图

2.5.10　摩擦自冲铆接(F-SPR)

针对镁合金、铸铝等低延性材料自冲铆接时接头易开裂的问题，上海交通大学李永兵等提出了摩擦自冲铆接工艺[27,28]。如图 2-57 所示，驱动半空心铆钉在轴向进给的同时高速旋转，通过旋铆、原位搅拌两个阶段完成整个工艺过程。在旋铆阶段，通过铆钉高速旋转产生的摩擦热软化金属；在原位搅拌阶段，通过搅拌时间和搅拌速度的匹配精确控制异质材料接触界面上摩擦热和温度，实现铆钉与周围材料的固相连接。

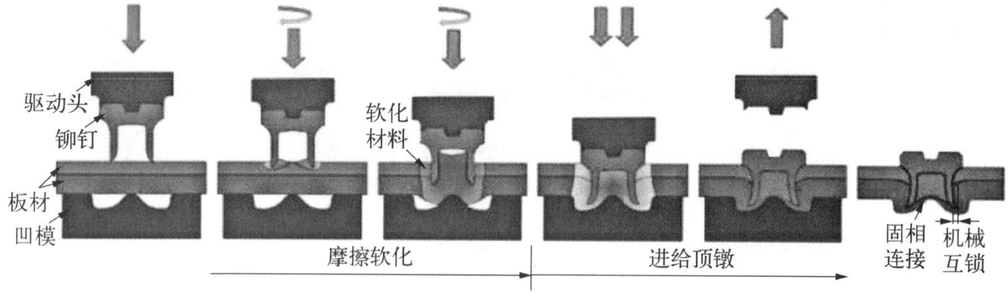

图 2-57　摩擦自冲铆接工艺原理

Ma 等[29]利用 F-SPR 连接铝合金板。研究发现，F-SPR 可以有效地降低成形载荷，摩擦热引起的材料软化可以减少裂纹的出现。如图 2-58 所示，对同样的铝合金、镁合金材料组合，采用 F-SPR 制造的接头质量得到显著改善。但是摩擦热软化也会导致

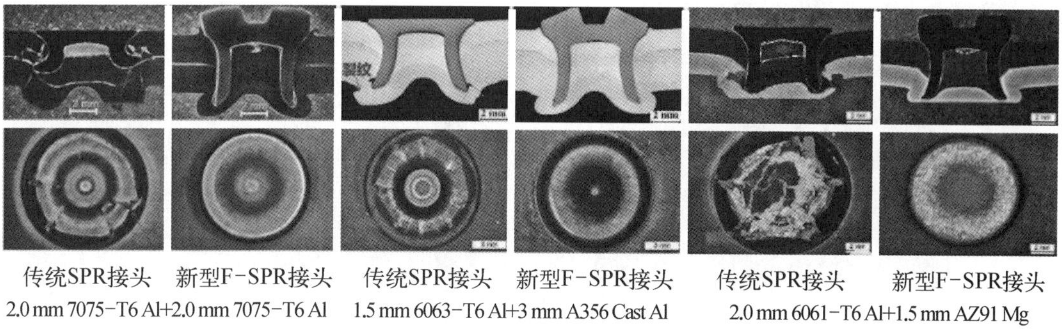

图 2-58　F-SPR 接头与常规 SPR 接头形貌

铆钉腿部张开较小，从而减少了铆钉和下部薄板之间的机械互锁量。李永兵团队[30]还研究了三种凹模结构对 F－SPR 接头性能的影响，所形成的接头如图 2－59 所示。经实验验证，得出平面凹模所加工出的 F－SPR 接头拉剪强度和断裂吸能均为最大。

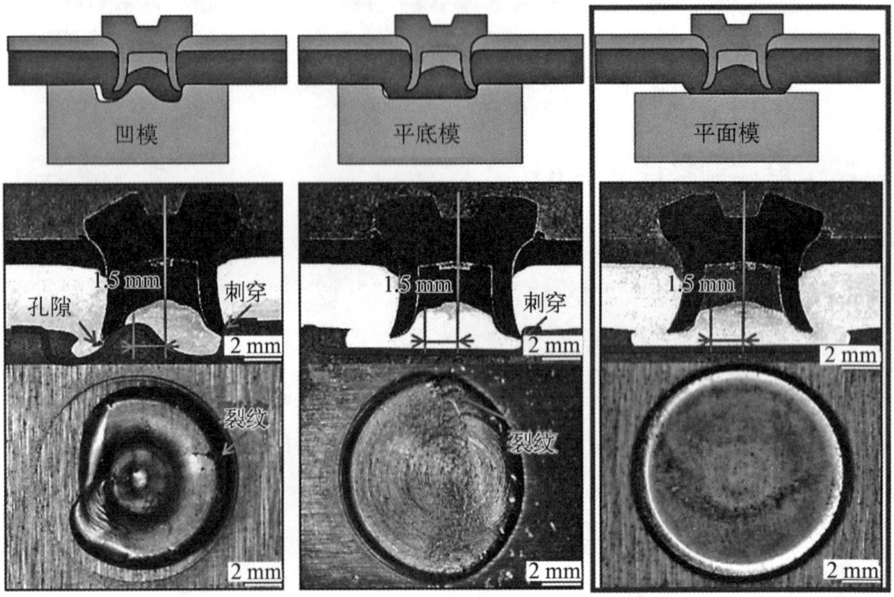

图 2－59　三种凹模结构的 F－SPR 接头

2.5.11　摩擦搅拌盲铆接

盲铆接的优点是机械性能高，能够从一侧连接板材。然而，在盲铆接工艺中需要预钻孔。预制孔会导致加工周期长，工艺复杂。此外，加工孔时产生的毛刺等多余物会降低结构的可靠性。Wang 等[31,32]发明了摩擦搅拌盲铆接，将盲铆接和搅拌摩擦铆接结合在一起。摩擦搅拌盲铆接的工艺原理如图 2－60 所示。铆钉高速旋转并向板材移动，在铆钉

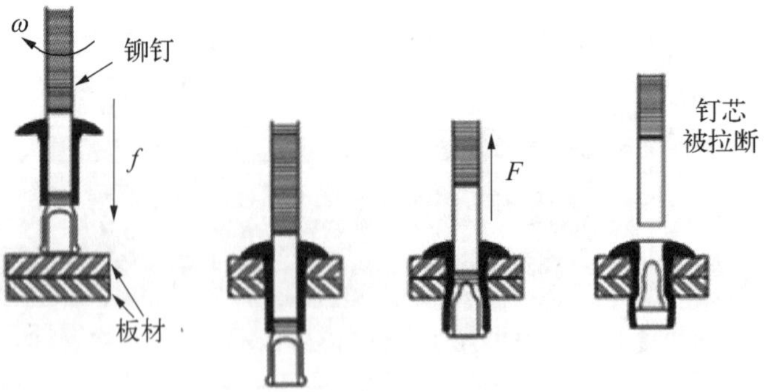

图 2－60　摩擦搅拌盲铆接工艺原理

杆的下表面到达上板的上表面之后，附加的轴向力被施加到铆钉杆上。产生的摩擦热[33]在旋转扭矩和轴向力的共同作用下，软化板材，从而减少铆钉穿透板材的力。由轴向力驱动的铆钉继续旋转并插入板材，直至铆钉头的下表面到达上板材的上表面。之后，向上拉动铆钉杆。通过拉动铆钉杆，铆钉主体被挤压和变形，从而形成机械互锁[34-36]。当载荷达到预定值时，铆钉杆在缺口处断裂，铆钉杆的下部留在铆钉体内。

参考文献

[1] 奥迪、宝马都在用的单边连接技术-阿诺德“流钻螺钉”系列产品全解析[EB/OL].网易.

[2] 陈斌，曾柳妃.Huck 铆钉在铝合金客车车身上的应用[J].客车技术与研究，2018(5)：41－43.

[3] Ghorbani-Menghari H, Babalo V, Fazli A, et al. A study on the electro-hydraulic clinching of aluminum and carbon fiber reinforced plastic sheets[J]. International Journal of Lightweight Materials and Manufacture, 2020, 3 (3): 239－249.

[4] 何玉林，党菁，宗鹏举.板材无铆钉连接技术的进展[J].锻压技术，2021，46(6)：8－15.

[5] 李志.铝合金板无铆钉连接成形规律及性能调控[D].重庆：重庆大学，2018.

[6] Abe Y, Ishihata S, Maeda T, et al. Mechanical clinching process using preforming of lower sheet for improvement of joinability[J]. Procedia Manufacturing, 2018, 15: 1360－1367.

[7] Chen C, Li Y X, Zhai Z Y, et al. Comparative investigation of three different reforming processes for clinched joint to increase joining strength [J]. Journal of Manufacturing Processes, 2019, 45: 83－91.

[8] 韩晓兰，陈超，刘辰，等.双层板材平底无铆塑性连接的抗拉强度预测模型[J].机械工程学报，2018，54(24)：61－68.

[9] Mori K-I, bay N, Fratini L, et al. Joining by plastic deformation [J]. CIRP Annals Manufacturing Technology, 2013, 62(2): 673－694.

[10] 刘朝海.车用异质板材无铆钉铆接接头成形工艺及参数优化设计[D].重庆：重庆交通大学，2020.

[11] Fuhrmeister R. Method and apparatus for riveting: United States, 4106180[P]. 1978－08－15.

[12] https://zhuanlan.zhihu.com/p/584249680.

[13] 黄志超，刘晓坤，夏令君，等.自冲铆接、无铆钉铆接与电阻点焊强度对比试验研究[J].中国机械工程，2012，23(20)：2487－2491.

[14] 李永兵，马运五，楼铭，等.轻量化薄壁结构点连接技术研究进展[J].机械工程学报，2020，56(6)：125－146.

[15] Lou Ming, Li Yongbing, Chen Guanlong. Influence of resistance heating on self-piercing riveted dissimilar joints of AA6061-T6 and galvanized DP590 [J]. Journal of Materials Processing Technology, 2014, 214(10): 2119－2126.

[16] Meschut G, Hahn O, Janzen V, et al. Innovative joining technologies for multi- material structures[J]. Welding in the World, 2013, 58(1): 65－75.

[17] The Belgian Welding Institute. INNOJOIN: development and evaluation of advanced welding technologies for multi-material design with dissimilar sheet metals[EB/OL]. [2016－06－26].

[18] 陈吉清，邱泽鑫，周云郊，等.钢铝板材压-胶复合连接性能[J].哈尔滨工业大学学报，2016，48(7)：169－175.

[19] 初明明,何晓聪,张杰.5052 铝合金压印-电阻点焊复合连接可行性研究[J].塑性工程学报,2019,26 (2): 193 - 198.

[20] Zhang Y, Wang C M, Shan H, et al. High-toughness joining of aluminum alloy 5754 and DQSK steel using hybrid clinching-welding process [J]. Journal of Materials Processing Technology, 2018, 259: 33 - 44.

[21] Wu, J., Chen, C., Ouyang, Y. et al. Recent development of the novel riveting processes[J]. Int J Adv Manuf Technol, 2021, 117, 19 - 47.

[22] Niu S, Lou M, Ma Y, et al. Resistance rivet welding of magnesium/steel dissimilar materials [J]. Mater Letter. 2021, 282: 128876.

[23] Borba NZ, Blaga L, dos Santos JF, Amancio-Filho ST. Direct-friction riveting of polymer composite laminates for aircraft applications[J]. Mater Lett., 2018, 215: 31 - 34.

[24] Altmeyer J, dos Santos JF, Amancio-Filho ST. Effect of the friction riveting process parameters on the joint formation and performance of Ti alloy/short-fibre reinforced polyether ether ketone joints[J]. Mater Des., 2014, 60: 164 - 176.

[25] Borba NZ, dos Santos JF, Amancio-Filho ST. Hydrothermal aging of friction riveted thermoplastic composite joints for aircraft applications [J]. Compos Struct., 2021, 255: 112871.

[26] Cipriano GP, de Carvalho WS, Vilaça P, et al. Thermomechanical modeling of the metallic rivet in friction riveting of amorphous thermoplastics[J]. Weld World, 2021, 65(5): 855 - 864.

[27] Gagliardi F, Conte R, Ciancio C, et al. Joining of thermoplastic structures by friction riveting: a mechanical and a microstructural investigation on pure and glass reinforced polyamide sheets [J]. Compos.Struct. 2018, 204: 268 - 275.

[28] Li Y B, Wei Z Y, Wang Z Z, et al. Friction self-piercing riveting of aluminum alloy AA6061-T6 to magnesium alloy AZ31B[J]. Journal of Manufacturing Science & Engineering, 2013, 135(6): 061007.

[29] Ma YW, Li YB, Lin ZQ. Joint formation and mechanical performance of friction self-piercing riveted aluminum alloy AA7075-T6 joints[J]. J Manuf Sci Eng, 2019, 141(4): 041005.

[30] Yang B, Ma Y, Shan H, et al. Friction self-piercing riveting (F-SPR) of aluminum alloy to magnesium alloy using a flat die[J]. Journal of Magnesium and Alloys, 2021.

[31] Li SX, Khan H, Hihara LH, et al. Marine atmospheric corrosion of Al-Mg joints by friction stir blind riveting[J]. Corros Sci., 2016, 111: 793 - 801.

[32] Min JY, Li JJ, Li YQ, et al. Friction stir blind riveting for aluminum alloy sheets[J]. J Mater Process Technol., 2015, 215: 20 - 29.

[33] Khan HA, Pei S, Chen N, et al. Evaluation of μFSBR joint performance by process-physics based quality criteria and online monitoring algorithm[J]. J Mater Process Technol., 2020, 278: 278.

[34] Min JY, Li JJ, Carlson BE, et al. Friction stir blind riveting for joining dissimilar cast Mg AM60 and Al alloy sheets[J]. J Manuf Sci E-T Asme., 2015, 137(5): 051022.

[35] Min J, Li Y, Li J, et al. Friction stir blind riveting of carbon fiber-reinforced polymer composite and aluminum alloy sheets[J]. Int J Adv Manuf Technol., 2014, 76(5 - 8): 1403 - 1410.

[36] Lathabai S, Tyagi V, Ritchie D, et al. Friction stir blind riveting: a novel joining process for automotive light alloys[J]. SAE Int J Mater Manuf, 2011, 4(1): 589 - 601.

第3章 CFRP/CFRP胶接强度及其失效机理

胶接是碳纤维复合材料零部件的主要连接方式之一,连接强度和失效机理是连接设计的主要依据。本章主要对汽车零部件接头服役中常见的剪切拉伸与正向拉伸两种典型工况,通过试验分析 CFRP 胶接接头在这两种典型工况下的承载行为与失效机理,并对胶接接头强度提升方法、粘接剂的选型进行了系统阐述;对正向拉伸所需的专用夹具设计过程进行了详细的描述,以期为 CFRP 零部件的连接设计提供参考。

3.1 CFRP层合板基本力学性能

3.1.1 试验材料

选择汽车常用的环氧树脂基 CFRP 层合板,其碳纤维原丝为台湾省台丽公司生产的 T300 3K 碳纤维丝,其中 T300 表示碳纤维丝的抗拉强度为 300 ksi,即 2 068 MPa;3K 表示单束碳纤维丝束包含 3 000 根碳纤维丝。基体采用改性热固性环氧树脂,牌号为 3252s,固化温度为 140℃,在层合板中所占体积分数约为 30%。使用模压工艺将碳纤维预浸料与树脂基体制成碳纤维复合材料。

CFRP 层合板铺层结构由外层的 0°/90°正交斜纹编织布和内部 11 层的单向预浸料组成,内部单向预浸料铺层顺序为[0°/±45°/90°/0°/90°/0°/90°/±45°/0°],层合板总厚度为 2 mm。单向预浸料的性能参数如表 3-1 所示,其中 E_1、E_2 分别为纤维方向和基体方向(与纤维方向垂直)的弹性模量,σ_1、σ_2 分别为纤维方向和基体方向的抗拉强度,G_{12} 为面内剪切模量,ν 为主泊松比,ρ 为材料密度。

表 3-1 碳纤维单向带的基本力学性能

σ_1 (MPa)	σ_2 (MPa)	E_1 (GPa)	E_2 (GPa)	G_{12} (MPa)	ν	ρ (kg/m^3)
1 920	42	128	8.9	3 200	0.28	1 540

3.1.2 基本力学性能

参照 ASTM D3039 标准[1]使用数控铣床将 CFRP 层合板加工成 25 mm×200 mm 的矩形试样，且保证 0°方向与料片长度方向一致。剪切拉伸试验在 MTS E45 型材料试验机上进行，该试验机的最大公称载荷为 100 kN。将 CFRP 层合板剪切拉伸试样置于试验机夹头钳口内夹紧，横梁拉伸速率为 1 mm/min。考虑 CFRP 层合板性能一致性低于传统金属材料，为提高数据可靠性，所有试验重复 7～10 次。

图 3-1 所示为试验所得 CFRP 层合板剪切拉伸载荷-位移曲线。由图 3-1 可知，CFRP 层合板的载荷-位移曲线呈典型的线性变化，基本没有塑性屈服阶段，说明 CFRP 层合板属于典型的脆性材料，当材料达到强度极限时载荷立即快速下降。根据 ASTM D3039 标准，可求得图 3-1 中各试样的抗拉强度平均值为 1 046.7 MPa，弹性模量平均值为 71.89 GPa。

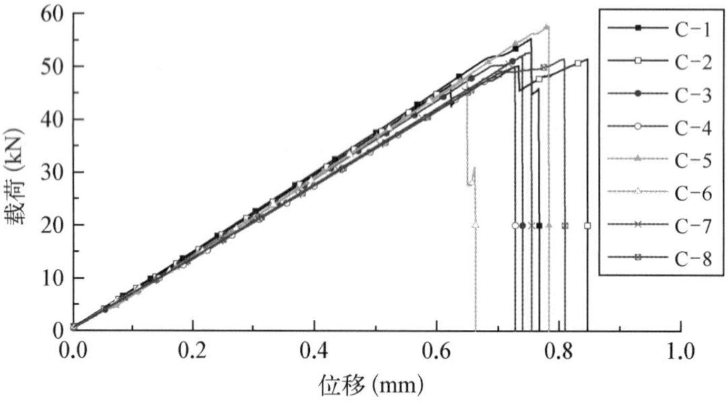

图 3-1 CFRP 层合板剪切拉伸载荷-位移曲线

需要注意的是，包含不同角度的多铺层 CFRP 层合板承受拉伸载荷时，由于不同层在拉伸载荷方向的性能有差异，各铺层并非同时断裂，而是多层分次断裂。随着载荷增大至强度极限附近时，有部分铺层先发生断裂，断裂瞬间层合板总承载能力下降，因此在曲线上有一段直线式的下降。随后，载荷在余下铺层重新分配，各铺层又继续弹性变形因而总载荷有所上升。很快会有新的铺层达到强度极限而发生断裂，这样总的载荷出现下降而后上升的现象，所以在载荷-位移曲线上出现了多个台阶式的下降。

3.2　CFRP/CFRP 胶接接头的剪切拉伸行为

汽车零部件间多采用单搭接连接，剪切拉伸是单搭接接头的一种主要载荷。单搭接接头的剪切拉伸试验是评价接头拉伸剪切强度最常用的一种试验方法。本节主要对 CFRP/CFRP 胶接接头的剪切拉伸性能进行试验研究。

3.2.1　剪切拉伸试样

剪切拉伸试样由两块完全相同的矩形 CFRP 层合板组成，每块层合板长 136 mm、宽 36 mm、厚 2 mm，搭接区面积为 36 mm×36 mm(图 3-2)。胶层越厚越有利于提升胶层的应力分配能力，减小应力集中。但是胶层太厚会使接头承载时偏心现象更加严重，而胶层太薄则对粘合面的界面状态有较高要求，因此比较理想的胶层厚度为 0.15～0.25 mm。实际试验中嵌入直径 0.2 mm 的钢丝来控制胶层厚度。

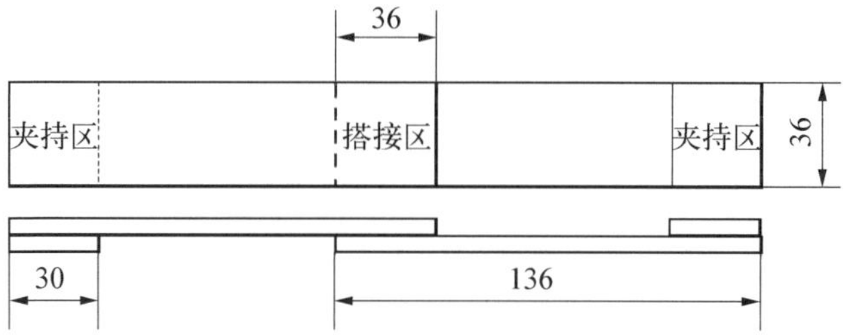

图 3-2　剪切拉伸试样尺寸

由于单搭接接头的两片母材在厚度方向上相差一个板厚，在试验过程中试样容易产生二次弯曲现象。为了避免这个问题，在试样的两端加上一块垫片，垫片厚度的确定依据是使垫片的厚度与母材厚度之和与另一端总厚度相等。根据 ASTM D3039 标准，垫片由两层组成，下层为 5052 铝合金，上层为 120# 金刚砂布，两层之间采用环氧树脂胶粘接。5052 铝合金质地较软，与试验机夹头相接触，在夹紧力的作用下可以与钳口内花纹紧密咬合。金刚砂布与打磨后的 CFRP 层合板表面接触，防止打滑。

胶接所用的粘接剂为 3M 公司的双组分环氧树脂胶 DP460，固化时间为 60 min，名义剪切强度为 25 MPa，室温下的粘度为 45 000 cps。该粘接剂具有强度高、韧性高、操作时间长、固化收缩率低等特点，适合于 CFRP 层合板间的连接。粘接前先使用 120# 金刚砂布对粘接表面进行打磨，直至原本的光亮表面变为粗糙的亚光表面。打磨后用净水冲洗涂胶区域，冲净打磨产生的粉末并晾干，过程中确保打磨表面不与其他物体直接接触，以防止污染涂胶表面，影响接头强度。再用丙酮清洗试样表面，最后采用定量胶枪涂胶，涂胶后将接头固定避免两料片发生相对运动，并在室温中放置 72 h 确保其充分固化。

3.2.2 剪切拉伸试验

由于CFRP层合板表面光滑，传统接触式的引伸计很难保证与CFRP层合板的变形同步，误差较大，为此采用了无接触式的数字图像相关(DIC)测量系统进行CFRP层合板及其各类接头的变形测量。试验使用西安新拓三维光测科技有限公司生产的DIC应变测量系统。如图3-3(a)所示，该测量系统由两台CCD工业相机、控制箱、测量软件、补光灯组成。试验前先对试样测量区域依次喷涂一层白色亚光背景和一层黑色散斑作为识别点，如图3-3(b)所示。拉伸过程中两台相机不断拍照取样，并与之前的取样进行对比，可以获得被测对象三维方向的位移与应变分布。同时DIC系统可以读取试验机的载荷数据，并将载荷数据与采集到的图像对应。该设备支持应变测量范围0.01%～1 000%，应变测量精度为0.005%，位移测量精度为0.01像素。相比传统引伸计测量方法，DIC测量精度更高且可获得更全面的数据。

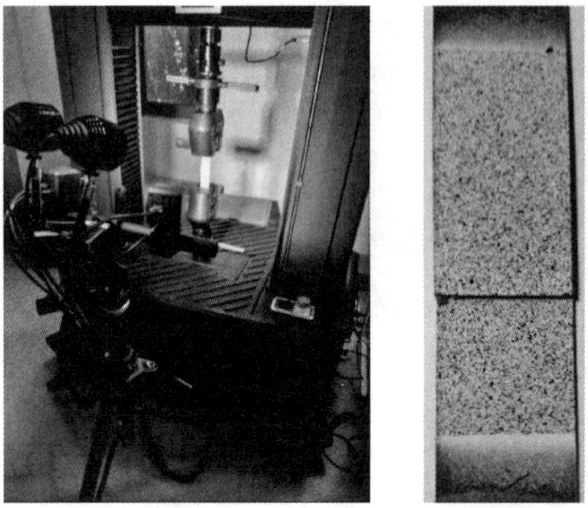

(a) DIC系统　　(b) 喷有散斑的试样

图3-3　使用DIC系统测量试样变形

将试样和摩擦式垫片置于材料试验机钳口中夹紧，由于钳口具有摩擦自锁作用，夹紧时会产生一定位移，需要微调横梁位置将载荷清零。为控制拉伸过程为准静态，需将拉伸速度尽量调小，为此试验机横梁位移速度设置为1 mm/min。DIC系统的图像采集频率设置为5 Hz，开始采集图像后立即进行拉伸，试样断裂后停止图像采集和拉伸。

3.3　CFRP/CFRP胶接接头的正向拉伸行为

3.3.1 正向拉伸试样

在工程实际中，接头还需要承担垂直于母材平面方向的载荷，如图3-4所示，也就是正向拉伸。试样制作参考金属点焊接头的实验标准ISO 14272—2016《电阻焊破坏性试验方法：电阻点焊和凸焊十字拉伸的试样尺寸和程序》[2]，由两片矩形的料片垂直交叉连接而成，相交角度为90°。正向拉伸试样由两片尺寸相同的矩形料片粘接而成，每片试样宽40 mm、长120 mm。每块母材两端有两个螺钉孔，试样通过这两个孔与夹具相连。两端加载孔直径8.4 mm，孔心距80 mm。涂胶区域为两片母材搭接重叠区域。

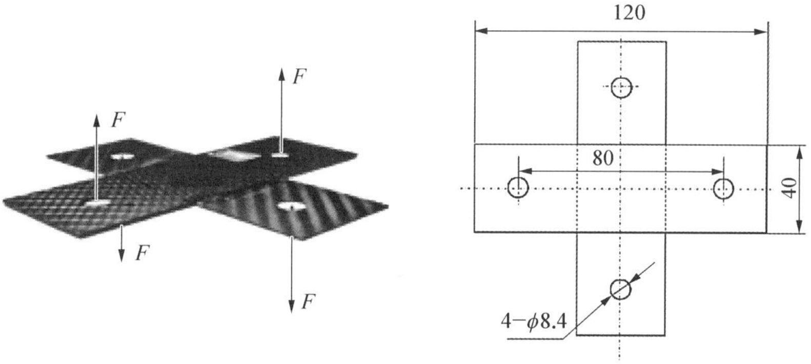

图 3-4　CFRP 接头正向拉伸试样

3.3.2　正向拉伸试验

正向拉伸试样的变形沿 CFRP 板厚方向，常规的引伸计法测量或者用拉伸机横梁位移的方法均会引入较大误差，为此采用了 DIC 系统进行正向拉伸变形过程中的全场变形量测量。由于 T 形夹具相对正向拉伸试样可当作刚体，故可通过测量 T 形夹具的相对位移来作为正向拉伸试样的变形量。为此，测试前在两 T 形夹具表面喷制可供 DIC 系统识别的散斑，如图 3-5 所示。拉伸速度为 1 mm/min，DIC 系统图像采集频率为 5 Hz。

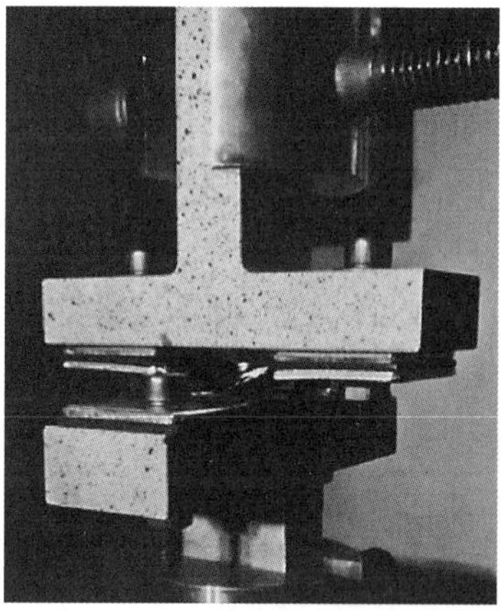

图 3-5　表面喷制散斑的 T 形夹具

3.4　CFRP/CFRP 胶接强度

根据上节获得的试验数据，对 CFRP 胶接接头在剪切拉伸和正向拉伸两种情况下的试验数据进行处理并对其强度进行分析。

3.4.1　试验数据处理方法

试验结果受多种因素影响，比如 CFRP 材料本身的性能离散性、试样尺寸的加工误差、制作试样时的操作误差、测量设备的误差等，都会引起试验结果的变动。为了更客观地评价试样性能，降低各种误差带来的影响，可以使用统计学方法对试验结果进行评价，通常使用的指标有平均值、标准差和变异系数。

平均值反映了一组数据的平均水平，一般采取重复试验的方法，对试样的某一性能参数取平均值，作为该类型试样的性能参数最终试验结果。平均值根据式(3.1)计算：

$$\bar{x}=\frac{x_1+x_2+\cdots+x_N}{N} \tag{3.1}$$

式中，$\bar{x}$ 为数据的平均值，x_1，x_2，…，x_N 为 N 个数据，N 为数据个数。标准差反映的是所有数据点的离散程度。当平均值相同时，标准差越大，说明数据的离散程度越大。标准差的公式如下：

$$S_N=\sqrt{\frac{1}{N}\sum_{i=1}^{N}(x_i-\bar{x})^2} \tag{3.2}$$

式中，S_N 为标准差；x_i 为第 i 个数据值。变异系数是标准差与平均值的比值，该指标反映的也是数据点的离散程度。当两组数据的平均值不同或单位不同或数值大小相差悬殊时，使用标准差无法直观进行比较两组数据的离散程度，此时使用变异系数对数据的离散性进行评价更合理，变异系数的计算公式为

$$C.V=\frac{S_N}{\bar{x}}\times 100\% \tag{3.3}$$

本试验中，取 15%作为上限，当数据的变异系数 $C.V$ 超过 15%时，考虑是否存在试验方法不当或试样工艺不合格等原因，排除不合格的试样并进行补充试验，重新计算平均值，直至满足 $C.V$ 值小于 15%的测试数据作为最终的试验结果。

3.4.2 CFRP/CFRP 胶接强度

图 3－6 所示为 CFRP 胶接接头在剪切拉伸和正向拉伸过程中所承受的最大载荷，其中剪切拉伸数据的变异系数 $C.V=8.23\%$，低于 15%，重复性满足要求，可得 CFRP 胶接接头在剪切拉伸工况下的接头强度平均值为 18.90 kN。CFRP 胶接接头在正向拉伸情况下最大载荷数据的变异系数 $C.V=10.05\%$，低于 15%，重复性也满足要求，可得 CFRP 胶接接头在正向拉伸工况下的接头强度平均值为 2.40 kN。

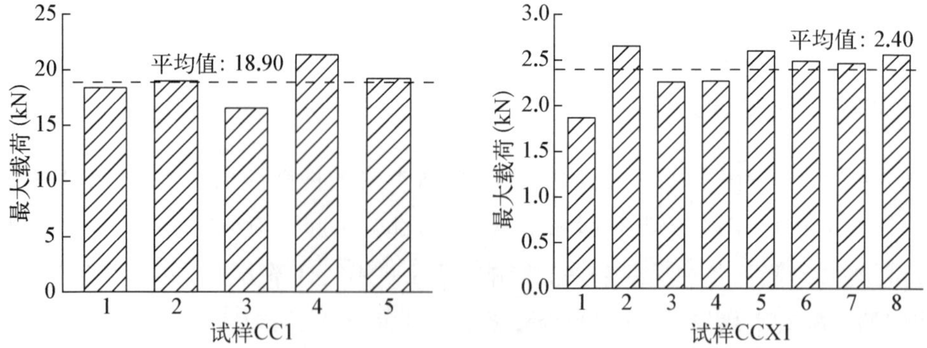

(a) 剪切拉伸过程中最大载荷　　(b) 正向拉伸过程中最大载荷

图 3－6　CFRP 胶接接头承载能力

3.5　CFRP/CFRP 胶接失效模式

3.5.1　常见失效模式

胶接是通过粘接剂固化后与被粘件之间形成化学键分子力来将零件连接在一起的连接方式。固化后的胶层的性能、胶层与母材的界面结合强度是决定连接强度的关键因素。胶接接头承载时，胶层所承受载荷的类型有五种[3]：正向拉伸、正向压缩、面内剪切、劈裂以及剥离。与之对应的应力状态分别为拉伸应力、压缩应力、剪切应力、劈裂应力以及剥离应力。

粘接剂固化后可承受的剪切强度和压缩强度高于正向拉伸强度，因此胶接接头承受面外压缩及面内剪切载荷时强度最大，承受正向拉伸载荷下强度较小，承受劈裂及剥离载荷强度最差。劈裂载荷以及剥离载荷下，胶层边缘有较大的拉伸应力，应力集中使该区域先发生破坏。

通常，在胶接接头设计时，应尽量避免承受劈裂和剥离载荷。工程实际中，面内剪切和正向拉伸为两种最常见的工况，本研究中设计的单搭接胶接试样以及正向拉伸试样，承载时其胶层受载状态则分别属于面内剪切以及正向拉伸，试验结果也说明了面内剪切强度最大、正向拉伸强度较小。

如图 3 - 7 所示，CFRP 的胶接接头失效模式按照失效位置区分可以分为母材失效、胶层失效和界面失效。

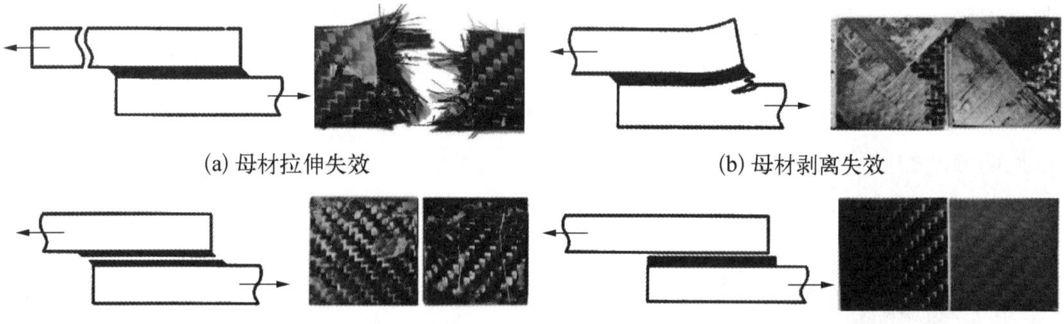

(a) 母材拉伸失效　(b) 母材剥离失效

(c) 胶层失效　(d) 界面失效

图 3 - 7　CFRP 胶接接头失效模式

1. 母材失效

母材失效包含两种失效模式，如图 3 - 7 所示的母材拉伸失效与母材剥离失效。通常情况下 CFRP 材料的铺层沿碳纤维丝长度方向的拉伸强度远高于层间强度，故只有厚度特别小的 CFRP 胶接接头才会发生母材拉伸失效。碳纤维复合材料由多层单向铺层组成，层间强度低于单向铺层的拉伸强度，承载时易出现层间剥离，发生母材剥离失效。发生该失效模式说明胶接区域的强度高于母材强度，可视为该接头设计为合理设计。

2. 胶层失效

如图 3-7(c)所示，失效发生在固化后的胶层内部，被连接的两母材上均有部分粘接剂残留，断面形貌不规则。由于胶层是靠固化后的分子内聚力承担载荷的，故胶层失效也称为内聚失效。胶层失效是由胶层承受应力超过其强度极限而断裂导致的，其应力可以是拉伸应力、压缩应力和剪切应力。胶层厚度大于 0.1 mm 时，此失效模式在接头承受各种载荷时均可能发生。胶层失效时接头整体强度通常较高，故该失效模式是 CFRP 胶接设计时可接受的失效模式。

3. 界面失效

如图 3-7(d)所示，失效发生在母材与胶层的结合面处，此类失效断面较为光滑平整，胶层与母材均没有损伤。发生此种失效模式的原因是胶层固化后，粘接剂分子没有与母材建立稳固的分子力，承载时直接从界面断开。胶接界面的强度往往与母材的表面状态有直接关系，母材表面有异物、油污或是过于光滑，均可能发生界面失效。另外，当胶层厚度过小，由于在厚度方向缺少足够的粘接剂进行应力分配，容易产生应力集中，也会发生界面失效。通常，在胶层承受面内剪切与正向拉伸载荷时可能发生此失效模式，而且发生此种失效时接头强度很低。接头设计过程中应避免此类失效模式大范围发生。

为进一步了解 CFRP 胶接接头失效的机理，使用 Quanta FEG 250 型扫描电子显微镜对胶接接头断面进行观察。图 3-8 所示为三种失效模式断面的 SEM 图。图 3-8(a)所示为胶层失效断面，断面呈不规则海浪状，没有出现纤维结构，说明失效发生在胶层本身。图 3-8(b)所示为母材剥离失效断面，因为断面上可见完整的碳纤维丝束，纤维之间有少量基体颗粒残留，说明失效由母材层间分离导致。图 3-8(c)所示为界面失效断面，可见部分断裂的纤维丝以及海浪状粘接剂残留，说明失效位置发生在 CFRP 与胶层间的界面处，失效时部分纤维结构被破坏，同时也有部分粘接剂残留于母材表面。

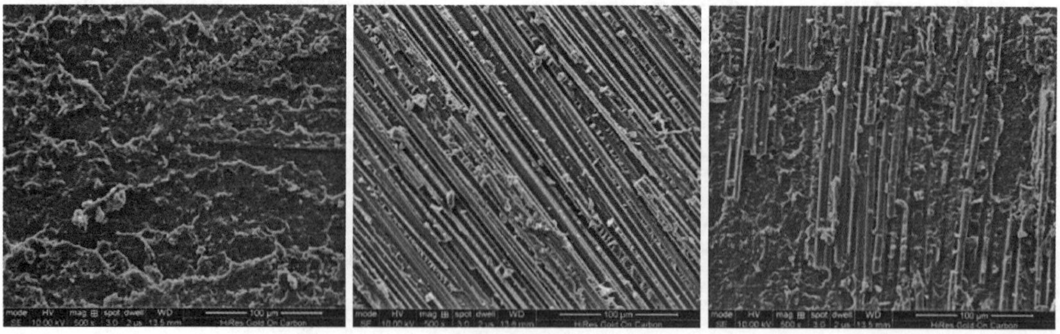

(a) 胶层失效　(b) 母材剥离失效　(c) 界面失效

图 3-8　胶接失效断面 SEM 图

3.5.2　剪切拉伸失效

图 3－9 所示为 CFRP 单搭接胶接接头承受剪切载荷时的典型载荷-位移曲线。可见，该载荷-位移曲线可以分为两个线性阶段。

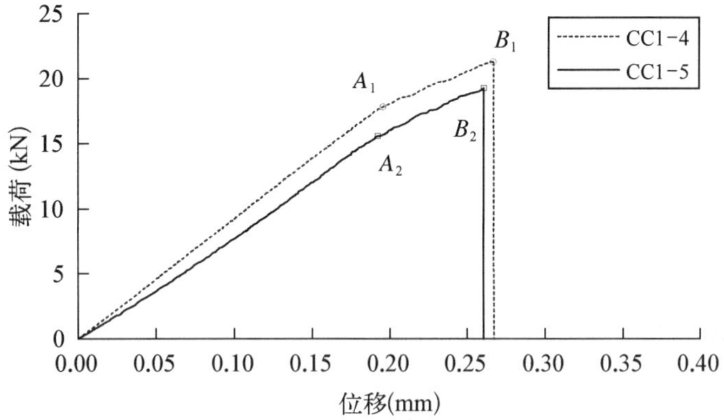

图 3－9　CFRP 胶接接头的剪切拉伸载荷-位移曲线

第一阶段，线弹性阶段。该阶段对应图 3－9 中原点至 A_1、A_2 点之间的部分。从初始状态开始加载，随着位移增加载荷呈线性上升，当到达 A_1、A_2 点时，载荷开始出现轻微波动，此时胶层或 CFRP 母材发生初次失效。若在该阶段内卸载，接头将恢复至加载前的状态。

第二阶段，初始失效阶段。该阶段对应图 3－9 中 A_1B_1、A_2B_2 部分。CFRP 胶接接头所承受的载荷达到图中 A_1、A_2 点时，计算此时的 CFRP 层合板内的应力约为 270 MPa，远小于其抗拉强度 1 046.7 MPa，说明层合板没有损伤，曲线效率下降是由于胶层与母材的部分界面发生了失效。继续拉伸，失效区域继续扩展，载荷随位移增加而上升，但是增加的速率下降，也就是图中 A_1B_1 的斜率显著低于 OA_1 的斜率，这说明了试样的刚度出现下降，这是由于有效搭接区域在逐步减小。当载荷达到 B_1、B_2 点，胶层完全失效，载荷直线下降至 0，组成接头的两母材完全分开。

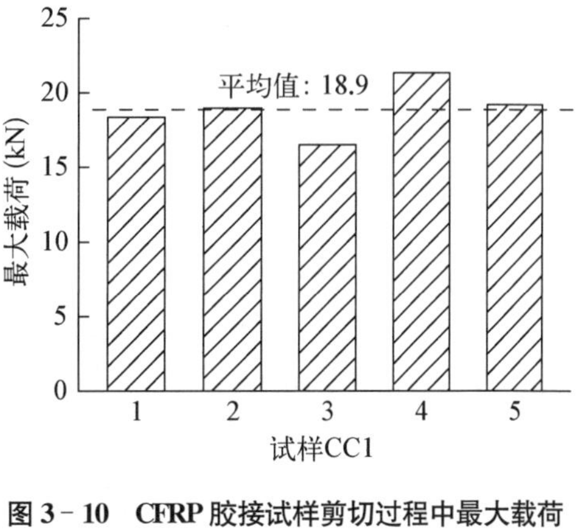

图 3－10　CFRP 胶接试样剪切过程中最大载荷

图 3－10 所示为 CFRP 胶接试样承受剪切载荷时的最大载荷，平均值为 18.9 kN，胶层所受最大剪切应力为 14.6 MPa。图 3－11 所示为 CFRP 胶接剪切试样的断面形貌，其中 CC1－1、CC1－2、CC1－5 试样失效后胶层分别处于两片母材上，断裂表面比较不规则，说明发生了胶

层失效；CC1－3胶层大面积处于一块母材上，且断面很平整光滑，说明发生了界面失效，从图3－10可知该试样的强度也最低；CC1－4母材有一定的撕裂，一部分母材表面铺层断裂后附着于另一片母材表面，说明主要失效模式为母材剥离失效，其试样强度最高。

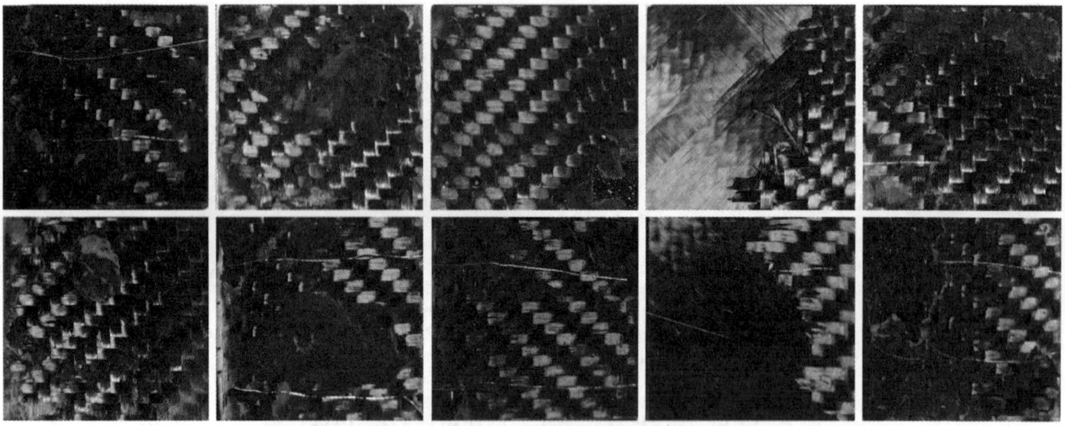

(a) CC1−1　(b) CC1−2　(c) CC1−3　(d) CC1−4　(e) CC1−5

图3－11　CFRP胶接剪切试样断面形貌

由上述分析不难得出，CFRP胶接接头承受剪切载荷时，接头强度与失效模式有直接联系，胶接接头强度与其失效模式的关系为：失效模式为母材失效的接头强度＞失效模式为胶层失效的接头强度＞失效模式为界面失效的接头强度。同种失效模式的接头强度差距不大，当接头强度出现较大差异时，通常为失效模式不同导致。

3.5.3　正向拉伸失效

图3－12(a)所示为CFRP胶接接头承受正向拉伸载荷时的典型载荷-位移曲线。CFRP胶接接头承受正向拉伸载荷时，载荷-位移曲线可以分为三个阶段：弹性阶段、初始失效阶段和完全失效阶段。弹性阶段载荷与位移呈线性关系，初始失效阶段为以较小斜率波动上升，完全失效阶段为“阶梯状”下降。

第一阶段为弹性阶段。该阶段对应图3－12(a)中从原点至A_1、A_2点之间的部分。从初始状态开始加载，载荷随位移增加而近似线性增加，直至A_1、A_2点载荷出现小幅下降为止，如图3－12(b)所示。由于试样承受与母材平面法向载荷，所以该阶段内试样的变形主要由母材的弯曲变形和胶层的弹性变形组成。

第二阶段为初始失效阶段。该阶段对应图3－12(a)中A_1、A_2点与B_1、B_2点之间的部分。胶层在A_1、A_2点处发生了初始失效，因此载荷突然小幅下降。A_1、A_2点之后，随着变形增加，载荷依旧上升，但接头整体的刚度有所下降，低于弹性阶段，直至图3－12(b)

中的 B_1、B_2 点载荷大幅下降为止，这说明胶层与层合板的界面处已经开始失效。尤其是胶层边缘承受的应力最大，因此胶层与层合板的界面初始失效也发生在胶层边缘。

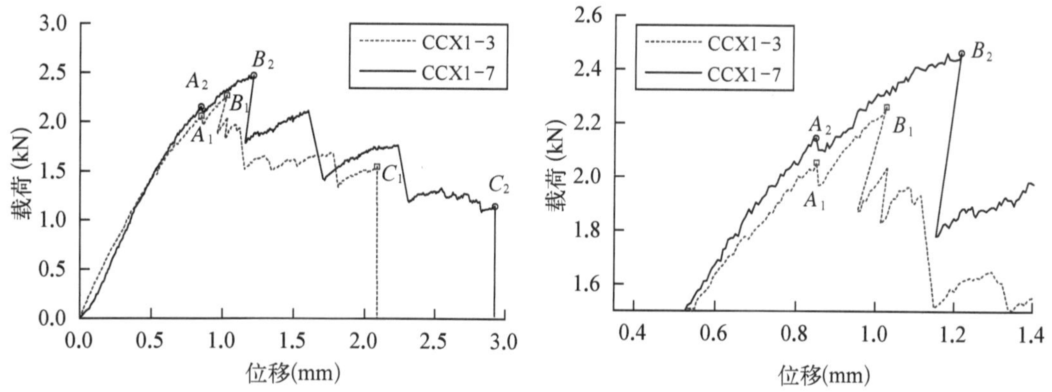

(a) 完整曲线　　(b) A点局部放大

图 3-12　CFRP 胶接正向拉伸试样典型载荷-位移曲线

第三阶段为完全失效阶段。该阶段对应图 3-12(a)中 B_1、B_2 点之后的部分。试样在 B_1、B_2 点处开始发生大范围失效，由于胶层失效发生前没有明显的刚度退化，且失效区域的胶层立刻丧失所有承载能力，因此失效发生后载荷呈"断崖式"下降。由于母材在法向拉伸载荷作用下发生弯曲变形，胶层边缘承受的应力高于胶层内部，胶层将从边缘开始逐步失效，每一处胶层失效则载荷发生一次"断崖式"下降，之后母材的弯曲变形有所缓解，继续加载母材弯曲变形重新增加，同时载荷也重新上升，直至下一区域胶层发生断裂，载荷也再一次"断崖式"下降。胶层多次失效导致载荷多次"断崖式"下降后，最终未失效的胶层只剩试样中心区域，继续加载，试样变形持续增加，直至图 3-12(a)中 C_1、C_2 点处，中心区域的胶层也发生失效，两母材分开，载荷下降至 0，试样丧失所有承载能力完全失效。

CFRP 胶接接头在正向拉伸过程中理想的胶层断裂顺序如图 3-13 所示，方框内为胶层区域，初始失效发生在正方形搭接区域的边缘，即图中方框四条边所在位置。完全失效阶段内，胶层裂纹从四周向中心蔓延，即方框逐渐缩小，图中方框内四个箭头的方向，但方框中心点不变。随着裂纹扩展，胶层的有效区域逐渐减小，直至裂纹扩展至中心区域，此时试样完全失效。理想情况下胶层将按照上述顺序发生逐次失效，但由于胶层厚度较小，且固化后的环氧树脂胶层表现较强的脆性，又由于变形过程中还掺杂有 CFRP 母材的失效，因此实际胶层断面不会产生正方形的断裂痕迹，但是其失效顺序仍然是从边

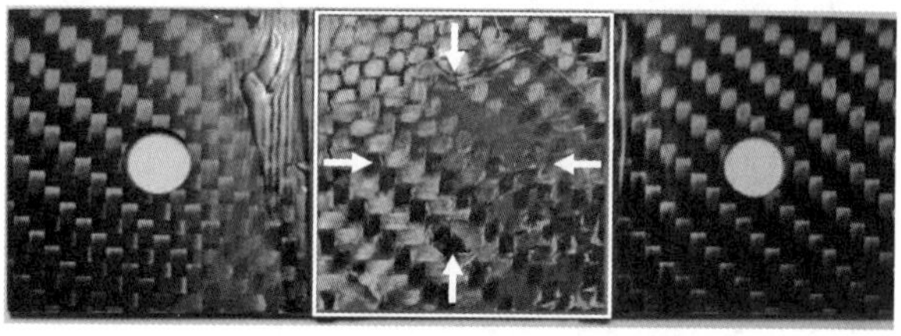

图 3-13　CFRP 胶接试样正向拉伸过程胶层断裂顺序示意图

缘至中心，这也与图 3－12(a)的载荷-位移曲线表现的多次“断崖式”下降的规律一致。

CFRP 胶接接头承受正向拉伸载荷时的失效断裂形貌如图 3－14 所示。其中 CCX1－1、CCX1－3、CCX1－4 试样的主要失效模式为界面失效，其次是胶层失效，尤其 CCX1－1 整个胶层附着于一片母材表面，且断面很平整光滑，导致该试样在八个试样中强度最低。CCX1－2 所示主要为胶层失效，在搭接区域边缘有少量 CFRP 铺层被撕裂，为母材剥离失效，该混合失效模式比单纯的胶层失效强度高，因此 CCX1－2 的强度在八个试样中最高。其余的四个试样，主要失效模式为胶层失效和小部分的界面失效，试样强度在八个试样中接近平均水平。

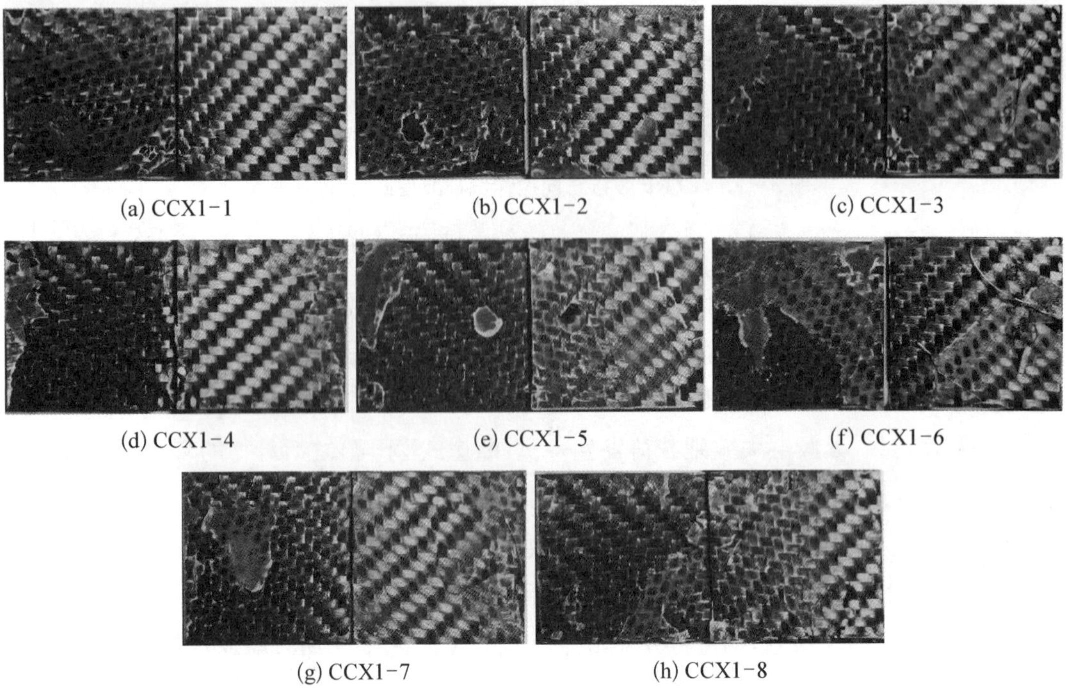

图 3－14　CFRP 胶接试样正向拉伸断裂形貌

由上述分析可以得出，CFRP 胶接接头承受正向拉伸载荷时，不同失效模式接头的强度从大到小依次为：失效模式为母材失效的接头强度＞失效模式为胶层失效接头的强度＞失效模式为界面失效接头的强度。有多种失效模式的接头，其强度取决于主要的失效模式。

3.6　CFRP/CFRP 胶接强度提升方法

通过 3.5 节的分析可以得出，CFRP 胶接强度依赖于失效模式，要保证接头性能的稳定性，首先需确保失效模式的一致，减少界面失效的发生。另外，胶层作为胶接接头中连接两母材进行载荷传递的重要部分，有必要进一步研究如何提升胶层强度。本节研究改变 CFRP 胶接接头的结构、工艺以及胶的类型对接头强度的影响，为 CFRP 胶接设计提供参考。

3.6.1　增加胶瘤

单搭接接头的两片母材分别处于两个互相平行的平面内，两平面间距离等于一个板厚加胶层的厚度，因此在剪切试验中，两母材端部承受的拉伸载荷不共线，即单搭接接头承受偏心载荷。在偏心载荷作用下，接头搭接部分将承受弯矩而旋转一个角度，造成母材发生弯曲，此现象称为单搭接接头的“二次弯曲”现象，如图 3 - 15 所示。通常情况下胶层越厚或母材越厚，受载偏心作用越严重，产生的二次弯曲现象也越严重。

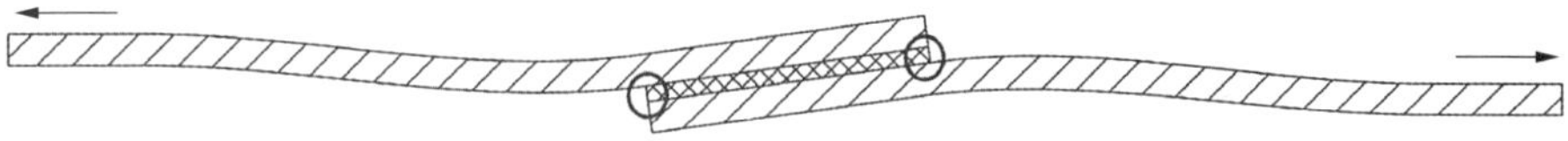

图 3 - 15　单搭接接头的二次弯曲

当单搭接试样发生图 3 - 15 所示的二次弯曲时，胶层将不仅承受面内剪切载荷，还会承受一定的正向拉伸载荷，且正向拉伸载荷会在图中圆圈所示的胶层边缘处形成应力集中，依据 3.4 节的分析，正向拉伸载荷下胶层强度远小于面内剪切载荷下的强度，因此二次弯曲现象将导致胶层边缘处过早发生失效。为减小二次弯曲对胶层边缘带来的应力集中，可以增加胶水量使其在边缘能形成一定的堆积，也即胶瘤，如图 3 - 16(b)所示。

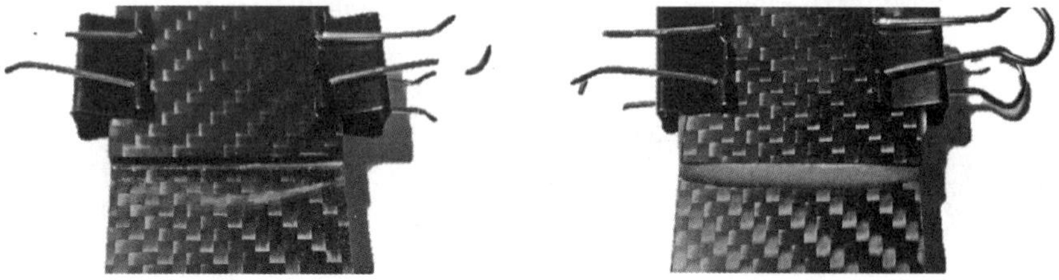

(a) 无胶瘤　　(b) 有胶瘤

图 3 - 16　单搭接接头的有无胶瘤对比

为了验证胶瘤对 CFRP 胶接接头强度的影响，对有胶瘤的胶接接头试样进行了剪切拉伸对比试验。图 3 - 17(a)展示了有无胶瘤的两种试样承受的剪切拉伸最大载荷的平均值，可得有胶瘤的 CFRP 胶接接头试样相比无胶瘤的试样，其承受剪切载荷时的强度高 10.3%。选择两条代表曲线进行对比，如图 3 - 17(b)所示，可以发现有无胶瘤的胶接接头在失效前所历经的位移差别较大，有胶瘤的接头发生的总变形量比无胶瘤的接头高出约 48%。而且有胶瘤接头的曲线在后续阶段呈现典型的非线性特征。由 3.1.2 小节可知，CFRP 层合板剪切拉伸断裂过程中没有塑性变形的发生，由此可推断此非线性变形来自接头的胶层，说明有胶瘤的接头中的胶层发生了塑性变形，而无胶瘤接头的胶层塑性变形很小。因此，胶瘤的存在一方面增加了接头强度，另一方面也增加了接头的韧性。

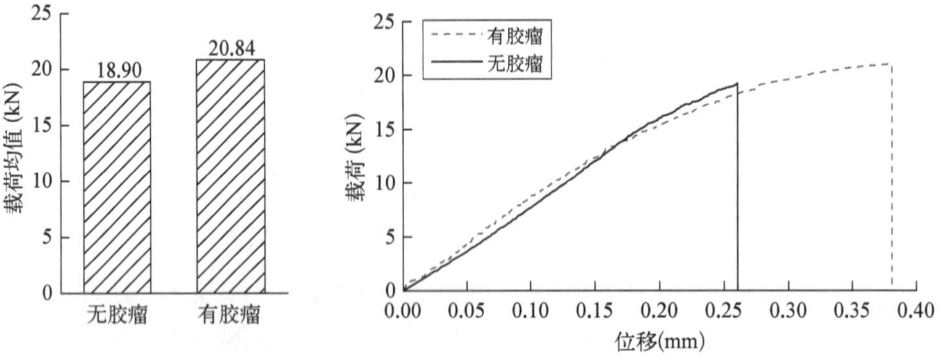

(a) 剪切强度均值对比

(b) 载荷-位移曲线对比

图 3-17　有无胶瘤 CFRP 胶接试样剪切性能对比

关于单搭接接头在剪切拉伸过程中所产生的二次弯曲情况，可以通过其沿母材厚度方向的位移来评价。通过 DIC 系统可以准确测量拉伸过程中特定时刻下试样的面外位移，图 3-18(a)和(b)所示分别为有无胶瘤的试样在失效前瞬间的面外位移(沿板厚方向的位移)，可以发现有胶瘤的试样在失效前瞬间可达到的面外变形量大于无胶瘤试样，这说明有胶瘤接头可容许的二次弯曲变形程度大于无胶瘤的接头；图 3-18(b)和(c)所示为有胶瘤接头试样在载荷几乎相同情况下接头的面外变形小于无胶瘤的接头。由此可得，胶瘤的存在有利于降低接头的二次弯曲程度，同时有胶瘤的接头可允许二次弯曲变形量高于无胶瘤的接头。

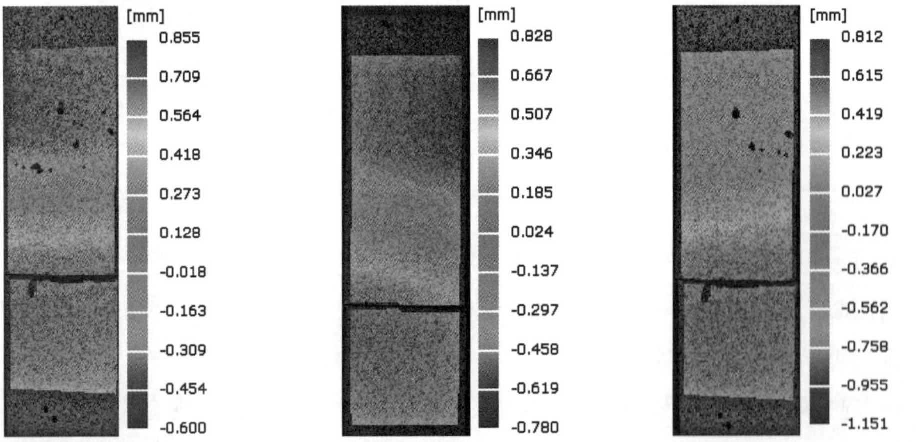

(a) 有胶瘤接头失效时的位移(F=21.01 kN)

(b) 无胶瘤接头失效时的位移(F=19.24 kN)

(c) 有胶瘤接头在F=19.28 kN 时刻的位移

图 3-18　有无胶瘤的接头在失效前的面外变形

如图 3-19 所示，从力的传递角度来讲，胶瘤的存在相当于增加了母材的粘接面积，减小了胶层承受的平均应力。同时也说明胶瘤增加接头的弯曲刚度从而减小二次弯曲，因此可以同时允许试样发生更大的变形而推迟失效的发生。

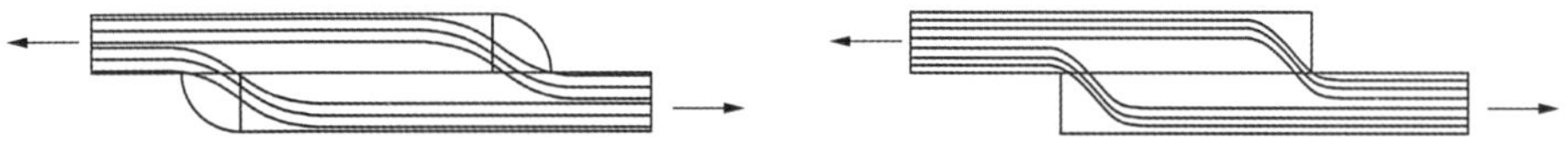

(a) 有胶瘤　　(b) 无胶瘤

图 3-19　有无胶瘤单搭接试样载荷传递路径

根据上述分析可得，有胶瘤的 CFRP 胶接接头比无胶瘤的接头具有更高的剪切强度、更高的韧性，可容许的二次弯曲变形量更大。因此，对于承载要求较高的 CFRP 胶接接头，适度增加接头端部的胶瘤是一种提高胶接强度的有效方法。

3.6.2　表面处理

为研究母材表面状态对 CFRP 胶接接头性能的影响，本小节研究工程常用的砂纸打磨处理对胶接接头的影响。对比试样分别使用 120# 金刚砂布打磨与使用未打磨的 CFRP 层合板母材制作，除搭接区域表面状态不同外，其他材料与几何参数均完全相同。未经打磨处理试样的最大拉伸载荷如图 3-20(a)所示，平均值为 3.57 kN，变异系数 $C.V$ 为 29.3%，可见其重复性较差。与图 3-20(b)相比，两种表面处理方式下，连接强度差别大，表面经过打磨的 CFRP 胶接试样承受剪切载荷时最大载荷的均值为 18.90 kN，表面未经打磨的试样为 3.57 kN，未经打磨的试样强度仅为打磨后试样的 18.9%。另外，两种表面处理方式下的接头拉伸载荷数据的重复性也差异很大。也就是说，没有打磨处理的胶接接头的连接强度极其不稳定，性能波动更大。可见，对搭接区域进行适当的打磨处理对于提高 CFRP 层合板胶接强度的效果非常显著，工程设计中需要重视对搭接区域的表面处理。

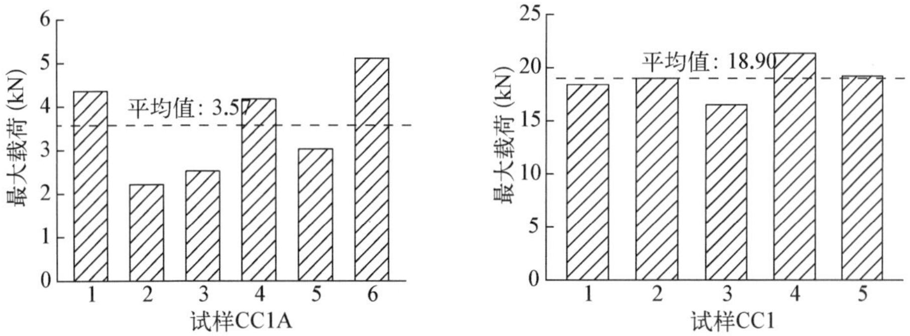

(a) 未经打磨处理　　(b) 经打磨处理

图 3-20　是否采用打磨处理的胶接接头在剪切拉伸变形中所能承受的最大载荷

根据 3.5.1 小节的分析，失效模式对 CFRP 胶接接头的强度影响很大。胶接接头是否采用打磨处理，其强度相差较大的根本原因在于失效模式发生了变化。图 3－21 所示为未经打磨处理的 CFRP 胶接接头在剪切拉伸失效后的断裂形貌，六个试样中胶层通常大块附着于其中一片母材表面，且胶层断面非常光滑平整，而 CFRP 母材表面也没有任何失效，这说明六个试样的失效模式均为界面失效。

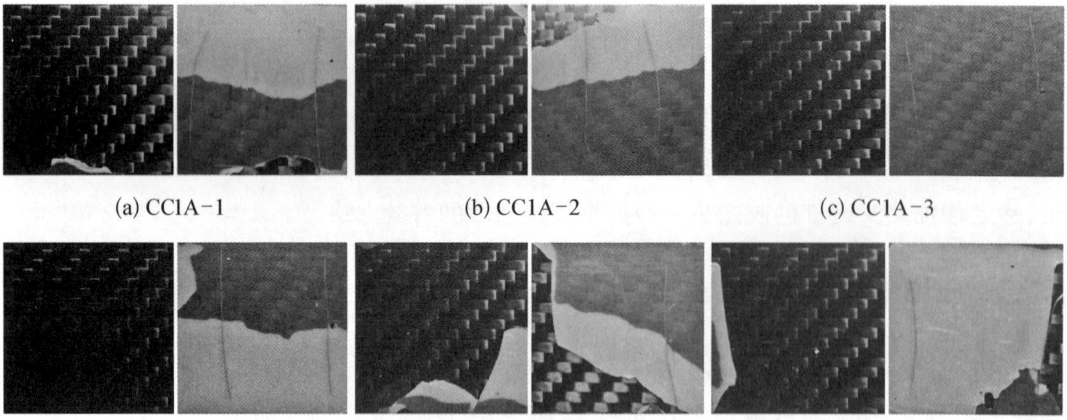

(a) CC1A－1　(b) CC1A－2　(c) CC1A－3

(d) CC1A－4　(e) CC1A－5　(f) CC1A－6

图 3－21　未经打磨处理的 CFRP 胶接试样断裂形貌

从胶接原理角度看，胶接接头未经打磨处理，粘接剂与母材表面的接触面积较小，固化后粘接剂与母材间无法形成足够的分子力，从而对接头强度造成影响。从失效模式来看，完全的界面失效导致了未经打磨处理的胶接接头强度很低而且离散性很大，这也证明了之前的分析，界面失效为强度最低的失效模式。涂胶区域的母材表面状态影响了失效模式，从而影响了强度。由上述结论可以得出，对于 CFRP 胶接接头，在涂胶前对表面进行适当的处理是很有必要的。

3.6.3　粘接剂的选择

胶层是胶接接头传递载荷的关键部分，胶层性能也对 CFRP 胶接接头起决定性作用。本小节将重点分析粘接剂类型对 CFRP 胶接接头强度的影响，为连接设计中粘接剂的选择提供参考。

本小节选择了汽车制造中常用的三种类型的双组分胶：环氧树脂胶、聚氨酯胶和丙烯酸酯胶。其中，环氧树脂粘接剂通常由环氧树脂和固化剂两种成分组成，经过改性的环氧树脂粘接剂可以在保留环氧树脂原本的高强度优点外，同时具有较高的韧性，十分适合 CFRP 的胶接。聚氨酯和丙烯酸酯粘接剂虽然在 CFRP 材料中应用不多，但其在金属等材料的粘接中有广泛的应用。

依据《胶粘剂单搭接拉伸剪切强度试验方法(复合材料对复合材料)》(GB/T 33334—2016)[4]制作 CFRP 胶接接头剪切拉伸试样,试样尺寸如图 3-22 所示。由于试验目的是评估不同粘接剂种类与 CFRP 母材的兼容性,所以标准中规定的搭接区域非常小,这样设计的试样结构有利于减少 CFRP 母材变形的影响。试验所使用的三种粘接剂的基本参数如表 3-2 所示。

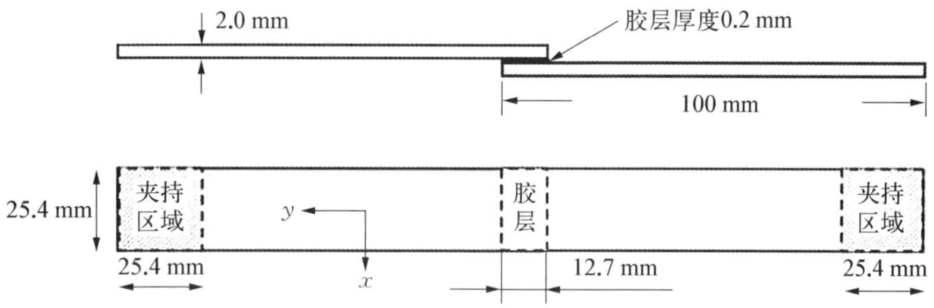

图 3-22　胶的选型试验试样尺寸

表 3-2　三种粘接剂的基本参数

参　　数	DP460	DP6330	DP8410NS
有效成分	环氧树脂	聚氨酯	丙烯酸酯
混合比(体积比,B∶A)	2∶1	1∶1	10∶1
操作时间(23℃)(min)	60	30	10
达到操作强度所需时间(23℃)(h)	2～4	2	0.5
完全固化时间(23℃)(h)	24	24	24
粘度近似值(23℃)(CPS)	45 000	140 000	60 000
剥离强度(23℃,T 型剥离)(N/mm)	10.5	3.5	10.5
(铝/铝)重叠剪切强度(23℃)(MPa)	31	24.8	26.9

每种粘接剂进行重复试验六次,根据前面的研究结论,失效模式对强度影响很大,因此在比较三种粘接剂的性能时,需要对试样的失效模式进行控制。图 3-23 所示为三种胶接试样的失效形貌,经过显微镜观察,三种胶接试样的失效模式均为胶层失效,基本不存在界面失效和母材失效,因此可以使用这三组试样的结果对三种粘接剂的性能进行评价。

(a) 环氧树脂胶接试样　　(b) 聚氨酯胶接试样　　(c) 丙烯酸酯胶接试样

图 3-23　三种胶接试样剪切失效后断裂形貌

由于胶接试样搭接面积较小，直接比较剪切过程中的载荷意义不大，可以将载荷除以搭接面积，求得各自的剪切强度进行对比。如图 3-24(a)所示，环氧树脂 CFRP 胶接接头的平均剪切强度为 22.58 MPa，丙烯酸酯 CFRP 胶接接头的剪切强度均值为 21.11 MPa，聚氨酯 CFRP 胶接接头的剪切强度均值为 9.54 MPa。若将环氧树脂接头的强度作为 100%，则丙烯酸酯接头强度为 95%，聚氨酯接头强度为 42%。从强度角度来讲，环氧树脂粘接剂与丙烯酸酯粘接剂均适合 CFRP 间的胶接，聚氨酯粘接剂与 CFRP 材料连接强度较低，不适用于 CFRP 间的胶接。

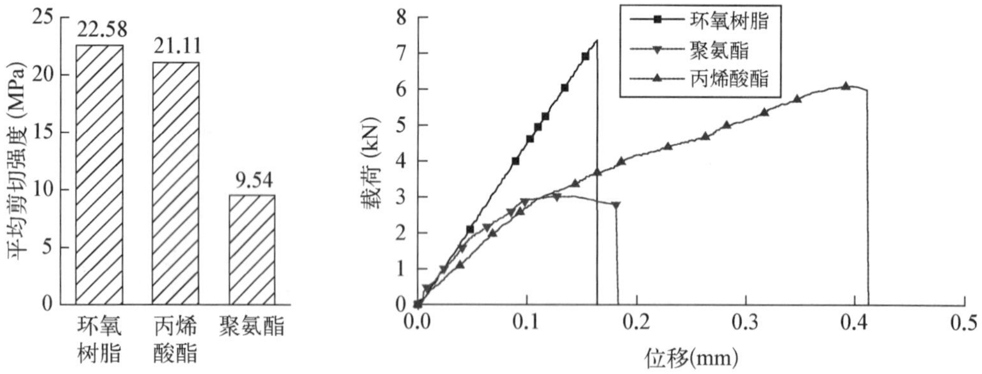

(a) 平均强度对比　　(b) 载荷-位移曲线对比

图 3-24　三种胶接试样性能对比

图 3-24(b)将三种胶接试样的载荷-位移曲线进行对比，图中曲线为各自试样中强度与其平均值较为接近的曲线。三种胶接接头从初始状态开始承受剪切载荷，均表现出近似线弹性。丙烯酸酯胶接接头的刚度最小，环氧树脂与聚氨酯胶接接头刚度较大，且二者比较接近。载荷继续增加，环氧树脂胶接接头曲线斜率在失效前没有明显的变化，这是由于其试样搭接长度较短，塑性阶段不明显。聚氨酯与丙烯酸酯胶接接头的曲线在失效前均表现出了明显的刚度退化。接头发生失效时，丙烯酸酯胶接接头的位移远大于环氧树脂与聚氨酯接头。

综合以上分析，环氧树脂粘接的 CFRP 胶接接头特点为强度高、刚度大，但韧性相对较低，适合对强度和刚度要求较高的情况。丙烯酸酯粘接的 CFRP 胶接接头承受剪切载荷时，强度较高、韧性好，但刚度较低，适合对强度和断裂韧性有一定要求，但是对刚度要求不高的情况。聚氨酯 CFRP 胶接接头的强度较低，不适合用于 CFRP 层合板的连接。

参考文献

[1] ASTM. ASTM D3039/D3039M－17. Standard Test Method for Tensile Properties of Polymer Matrix Composite Materials. West Conshohocken：ASTM International，2017.

[2] ISO 14272：2016. Resistance welding-Destructive testing of welds-Specimen dimensions and procedure for cross tension testing of resistance spot and embossed projection welds.

[3] 谢鸣九.复合材料连接技术[M].上海：上海交通大学出版社，2011：46－47.

[4] GB/T 33334－2016. 胶粘剂单搭接拉伸剪切强度试验方法(复合材料对复合材料)[S].

第 4 章 CFRP 铆接及胶铆复合连接强度与失效机理

本章将通过 CFRP 层合板铆接接头的剪切拉伸和正向拉伸试验，研究 CFRP 铆接强度、失效机理及连接强度提升方法。考虑 CFRP 层合板力学性能对材料缺陷的敏感性，本章还对 CFRP 层合板的孔加工方法进行了深入分析。同时对 CFRP 层合板与钢质零件连接强度及其接头设计中的材料匹配方法进行了研究，以期为 CFRP 汽车零部件的连接设计提供理论依据。

4.1 CFRP 单搭接铆接接头的设计

根据文献[1]，对于复合材料的螺栓连接或铆接，接头主要几何参数有母材宽度 W、母材长度 L、厚度 t、连接孔直径 D、连接孔的边距 e 和 W_s，如图 4-1 所示。

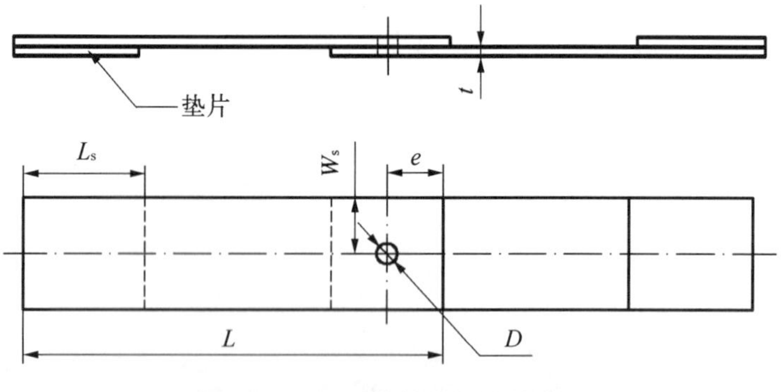

图 4-1 CFRP 铆接剪切拉伸试样

根据《开口型平圆头抽芯铆钉　51 级》(GB/T 12618.4—2006)[2] 选择铆钉直径为 6.4 mm，两片母材厚度之和为 4 mm，据此选择铆钉的公称长度为 13 mm，选择牌号为

6.4×13 的开口不锈钢抽芯铆钉。

单搭接接头的两片母材在厚度方向上相差一个板厚，而材料试验机的钳口在厚度方向上相互平齐，因此需要在接头两端增加厚度与板厚相等的垫片，以防止试验机夹头夹紧后试样出现二次弯曲，同时保证拉伸过程中载荷沿两片母材界面且穿过铆钉，最大程度减小载荷偏心。垫片形式可以通过粘接或摩擦片的方式与试样表面接触，为简化试验步骤，采用摩擦式垫片。

如图 4-2(a)和(b)所示，垫片由两层组成，下层为 5052 铝合金，上层为 120# 金刚砂布，两层之间通过 3M 公司生产的 DP460 环氧树脂胶粘接。5052 铝合金质地较软，在试验机钳口的压力下可以与钳口内花纹紧密咬合，金刚砂布与打磨后的 CFRP 表面接触防止打滑，将摩擦力从钳口通过垫片传递给试样表面，打磨后的试样表面如图 4-2(c)所示。

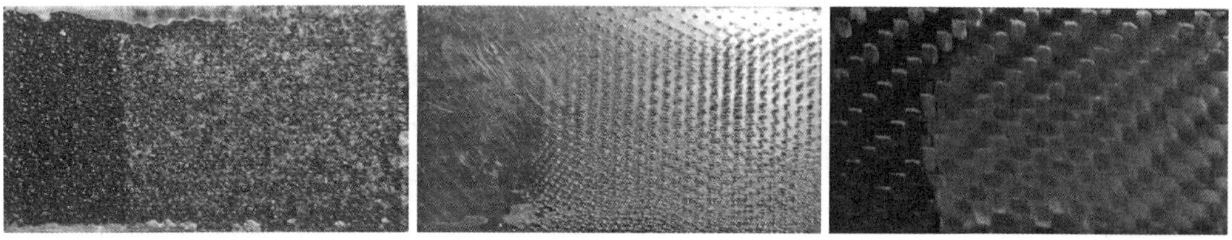

(a) 垫片金刚砂布层　(b) 垫片铝合金层　(c) 打磨后的CFRP表面

图 4-2　摩擦式垫片与打磨后的试样表面

使用数控铣床加工出 136 mm×36 mm 的试样单片，按上述几何参数制孔并打磨，最后施铆，所制备的 CFRP 单搭接铆接接头如图 4-3 所示。

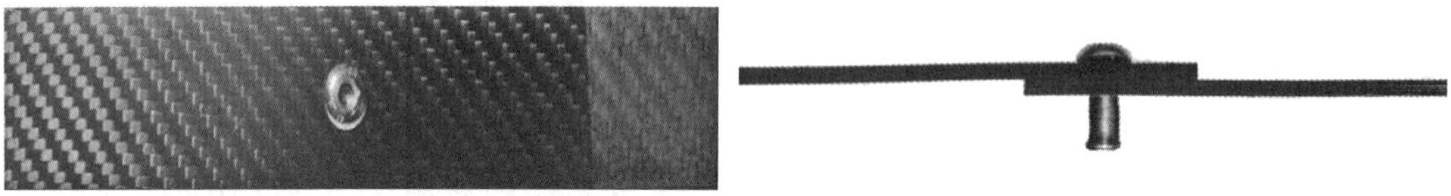

(a) 正视　(b) 侧视

图 4-3　CFRP 铆接剪切拉伸试样

4.2　CFRP/CFRP 铆接强度

本节将对 CFRP 单搭接铆接接头的剪切拉伸强度和正向拉伸强度进行分析，其中剪切拉伸接头和正向拉伸接头的几何尺寸与第 3 章 3.2 节和 3.3 节胶接接头的剪切拉伸和正向拉伸接头试样相同，只是用铆接代替了胶接，搭接区域尺寸也相同。图 4-4 所示分别为七个铆接接头在剪切拉伸和正向拉伸过程中的最大载荷，平均值分别为 3.29 kN 和 1.59 kN。

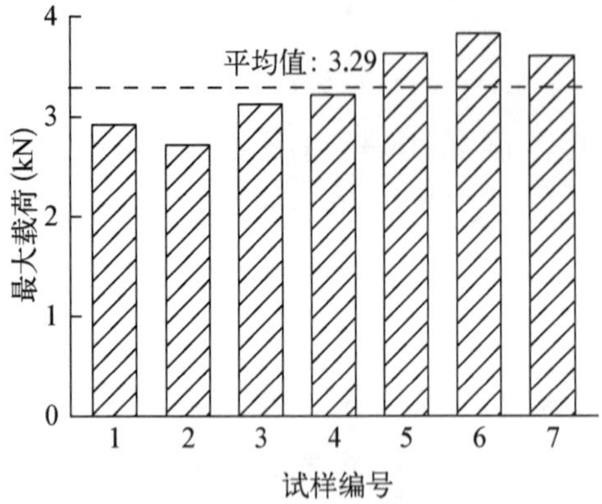

(a) 剪切拉伸过程中最大载荷

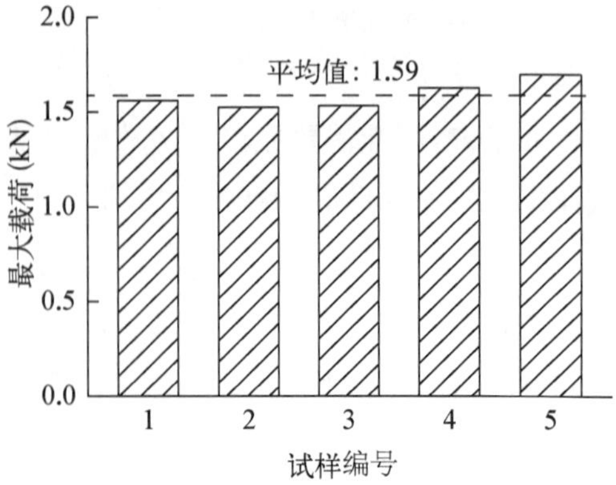

(b) 正向拉伸过程中最大载荷

图 4-4 CFRP 铆接接头在剪切拉伸与正向拉伸工况下的最大载荷

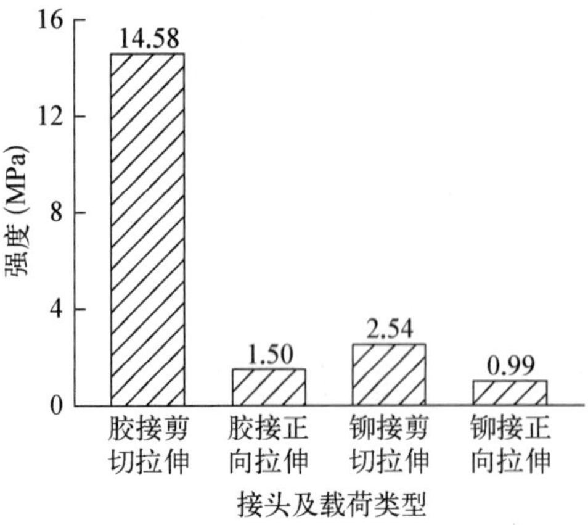

图 4-5 CFRP 接头承载能力对比

为方便比较不同连接接头的强度，将胶接与铆接接头在剪切拉伸、正向拉伸过程中的最大载荷平均值除以搭接面积，计算得出的单位面积强度，如图 4-5 所示。可以得出，同种连接方式承受不同方向载荷时的强度有很大差异，铆接的单搭接剪切拉伸强度约为正向拉伸强度的 2.6 倍，胶接的单搭接剪切拉伸强度约为正向拉伸强度的 9.7 倍。不同连接方式在承受相同方向载荷时强度也有所不同：承受剪切拉伸载荷时，胶接接头强度约为铆接接头的 5.7 倍；承受正向拉伸载荷时，胶接接头强度约为铆接接头的 1.5 倍。综上可得：CFRP 铆接与胶接接头的剪切拉伸强度均远大于其正向拉伸强度；相同载荷工况下，胶接接头强度大于铆接接头强度。

为评价连接方式的承载性能，除了连接强度，还须观察其载荷-位移曲线。可以选择拉伸过程中最大载荷与各试样平均载荷最为接近的试样曲线作为比较对象。图 4-6 所示为 CFRP 胶接和铆接接头在剪切拉伸和正向拉伸过程中的载荷-位移曲线。

从图 4-6(a)可以得出，CFRP 胶接接头在承受剪切拉伸载荷时刚度很大，而且近似为线弹性，达到最大载荷后立即失效，接头失去承载能力；而 CFRP 铆接接头在达到最大载荷前刚度约为胶接接头的 50%，且达到最大载荷后承载能力没有发生明显下降，而是维持在一定水平下继续承载，直至失效。从图 4-6(b)可以得出，CFRP 胶接接头在承受正向拉伸载荷时，在发生失效前载荷-位移曲线为近似线性，失效发生后承载能力随位移增大呈“阶梯状、断崖式”下降；而 CFRP 铆接接头在承受正向拉伸载荷时，初始刚度同样约为胶接接头的 50%，载荷随位移增加近似线性上升至第一个峰值后，出现第一次“断崖式”下降至接近 0，而后重新上升且刚度与初始刚度相近，载荷到达第二峰值后发生第二次“断崖式”下降，整体载荷-位移曲线为一近似斜体字母“M”形。

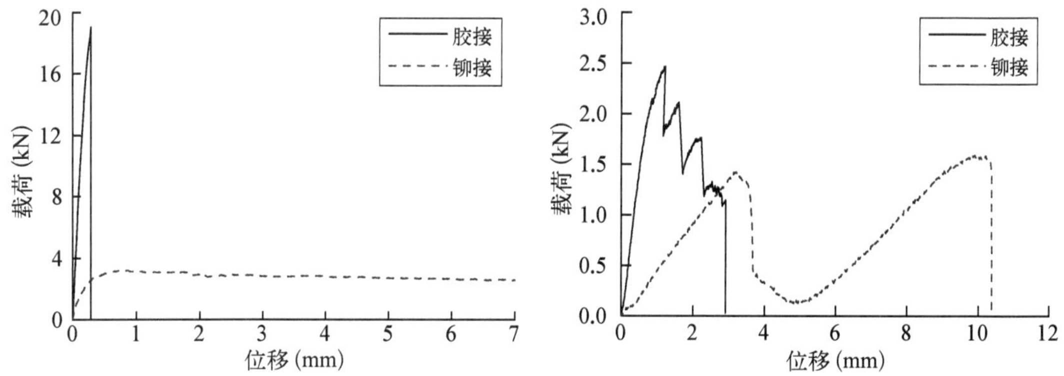

(a) 承受剪切拉伸载荷　(b) 承受正向拉伸载荷

图 4-6　CFRP 胶接和铆接接头在剪切拉伸和正向拉伸过程中的载荷-位移曲线

综合上述分析可得：刚度方面，CFRP 胶接接头在剪切拉伸和正向拉伸载荷下，其初始刚度约为铆接接头的 2 倍；失效表现方面，胶接接头的失效多为脆性、瞬间的“断崖式”失效，而铆接接头则表现出一定的“塑性”，失效相对胶接较为“柔和”，失效前有明显的刚度退化；最终破坏后位移方面，剪切拉伸载荷下铆接接头断裂位移约为胶接接头的 20～30 倍，正向拉伸载荷下铆接接头断裂位移约为胶接接头的 2～4 倍。铆接与胶接两种连接方式，应用至 CFRP 连接中时，各有优缺点，胶接在强度方面明显优于铆接，而铆接在断裂伸长及吸能方面则明显优于胶接。

4.3　CFRP/CFRP 铆接的失效机理

4.3.1　失效模式

影响 CFRP 连接失效模式的因素主要有两个：一是接头承受的载荷形式；二是接头本身的材料性能及制造工艺。

铆接接头与胶接接头的不同点在于：铆接接头由铆钉传递载荷，铆钉与母材作用区域主要是铆钉周围；胶接接头由胶层传递载荷，胶层分布于整个搭接面积。因此，胶接中的剥离载荷与劈裂载荷导致胶层应力集中的现象在铆接中不存在。相比胶接接头，引起铆接接头失效的载荷形式主要为面外拉伸与面内剪切。

CFRP 的铆接失效模式可以分为五种情况：拉伸失效、剪切失效、挤压失效、拉脱失效和铆钉失效(图 4-7)。

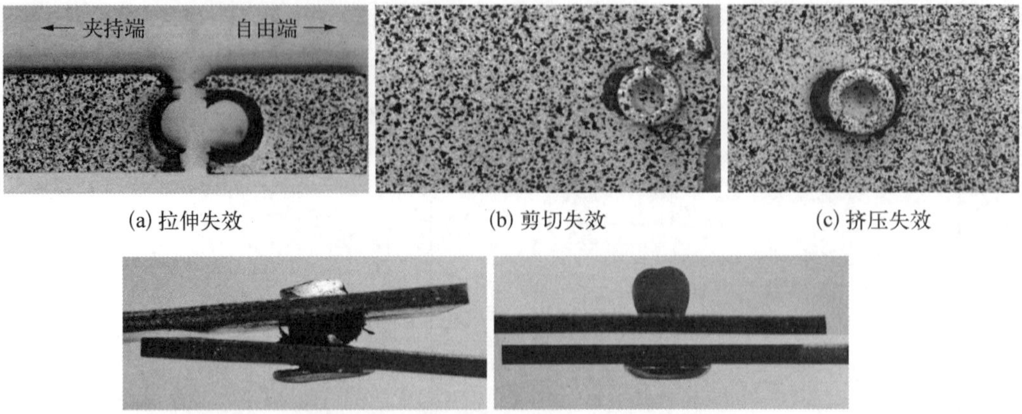

(a) 拉伸失效　(b) 剪切失效　(c) 挤压失效

(d) 拉脱失效　(e) 铆钉失效

图 4－7　CFRP 铆接接头在剪切拉伸变形中的失效模式

1. 拉伸失效

如图 4－7(a)所示,失效发生在 CFRP 母材铆钉孔中心截面处,此处承载面积最小,属于危险截面。当接头承受长度方向的拉伸载荷时,孔中心截面处拉应力最大,当应力超过母材的拉伸强度时在此处首先发生失效。通常,CFRP 母材宽度较小或多钉接头的列距过小时,容易发生此种失效模式。

2. 剪切失效

如图 4－7(b)所示,失效发生在 CFRP 母材中铆钉孔至自由端的剪切危险截面处,铆钉孔至端部的材料整块从端部剪出。产生该失效现象的原因为接头承受面内剪切载荷时,母材铆钉孔与端部之间存在应力集中,当应力超过母材的剪切强度时此危险截面发生失效。通常,母材端距较小时,容易发生剪切失效模式。

3. 挤压失效

如图 4－7(c)所示,失效发生在母材铆钉孔周靠近自由端方向。该失效原因为接头承受面内剪切载荷时,母材铆钉孔内壁与铆钉接触部分承受挤压载荷,挤压应力超过母材挤压强度时发生失效。通常,母材厚度较小或钉孔加工质量较差时,容易发生挤压失效。

4. 拉脱失效

如图 4－7(d)所示,失效发生在母材铆钉孔四周。该失效原因主要有两方面:① 接头承受面外拉伸载荷或在面内剪切载荷下发生二次弯曲时,铆钉与母材有沿板厚方向相对运动的趋势,母材孔周部分承受板厚方向作用力,厚度方向载荷易导致 CFRP 层合板的分层;② 铆钉孔周材料在孔加工过程中纤维已被切断,导致铆钉孔周的纤维丝很容易从基体中分离出来。上述两方面的作用使铆钉孔周极易发生分层失效和纤维丝的分离,从而使铆钉孔被拉长变成椭圆形,铆钉从中脱出。通常,母材厚度较小或钉孔内壁加工质量较差时,容易发生拉脱失效。

5. 铆钉失效

如图 4-7(e)所示，失效发生在铆钉体处。该失效原因为铆钉承受的应力超过铆钉的强度极限，导致铆钉被剪断。当铆钉强度过低时，容易发生此种失效模式。

以上五种失效模式中，铆钉失效为紧固件失效，其余四种为母材失效。在连接设计中，一般需满足紧固件强度超过母材强度以发挥母材最大性能，也即紧固件失效是需要避免的。母材失效的四种失效模式中，拉伸失效与剪切失效过程很短，迅速使接头承载能力完全丧失，一旦发生失效将造成“灾难性”后果，而且如果几何结构参数设计不合理，则不能发挥母材的最大性能，故拉伸失效与剪切失效是需要尽量避免的。另外两种失效模式——挤压失效与拉脱失效，其失效过程较长，完全失效前有明显的初期失效表现，此时采取适当措施进行补救，不会造成“灾难性”的后果，而且此种失效模式强度较高。因此，在 CFRP 铆接接头设计中，需要尽可能避免拉伸失效和剪切失效模式的发生。

4.3.2　剪切失效

图 4-8(a)所示为 CFRP 单搭接铆接接头在剪切拉伸过程中的载荷-位移曲线，位移初始标距为 60 mm。CFRP 铆接接头承受剪切载荷时，载荷-位移曲线可以分为三个阶段：弹性阶段、初始失效阶段和完全失效阶段。

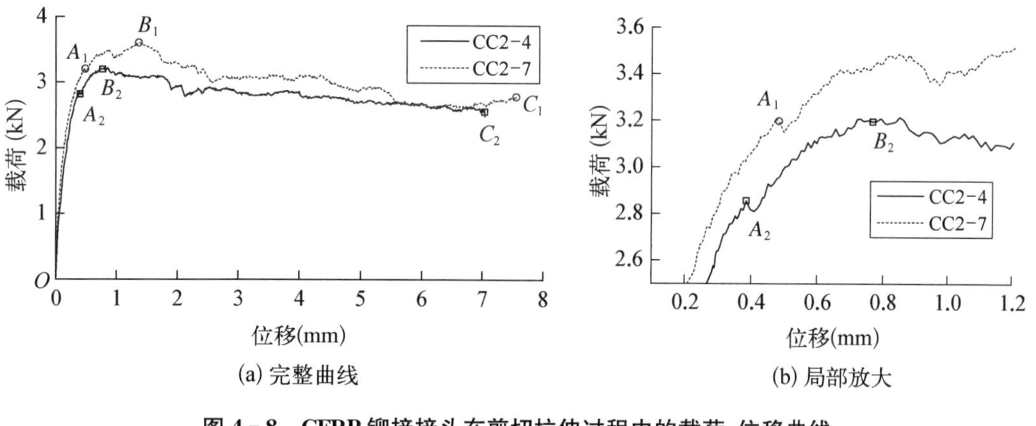

图 4-8　CFRP 铆接接头在剪切拉伸过程中的载荷-位移曲线

第一阶段，弹性变形阶段。该阶段对应图 4-8(a)中 OA_1、OA_2 部分。从初始状态开始加载，载荷随位移增加呈近似线性上升，此阶段铆钉及钉孔发生弹性变形。铆钉一方面承受径向的挤压与剪切载荷，另一方面由于单搭接接头的不对称性而承受弯矩，加之 CFRP 铆钉孔的弹性变形，发生近似线性的弹性变形。

第二阶段，初始失效阶段。此阶段对应图 4-8(a)中 A_1B_1、A_2B_2 部分。载荷上升至 A_1 点时，CFRP 铆钉孔周出现初始微裂纹，导致载荷小幅下降，之后载荷继续波动上升，波动原因来自初始失效的积累，包括铆钉的塑性变形及 CFRP 孔周裂纹数量增加、裂纹长度变长，直至载荷上升至最大值，即图中 B_1 点处。

第三阶段，完全失效阶段。此阶段对应图 4-8(a)中 B_1C_1、B_2C_2 部分。该阶段铆钉塑性变形达到最大，CFRP 孔周纤维及基体大面积断裂，导致载荷下降。但是由于 CFRP 的复合材料基体的韧性，孔周部分失效后仍存在剩余强度，所以载荷并没有直接下降至 0，由其周围未失效部分继续承载，只有当失效积累至足够的程度时，如图中 C_1、C_2 点，CFRP 孔周失效面积过大，无法保持结构的稳定性。在单搭接接头的不对称性影响下，母材发生二次弯曲，铆钉与孔脱离，接头最终失效。在该阶段 CFRP 孔周材料失效将使载荷下降，而未失效部分重新承载时载荷会有小幅上升，如此循环造成载荷-位移曲线的上下波动，如图 4-8(b)所示。

图 4-9 所示为两个试样的失效形貌。对比发现，二者失效模式相同，均为挤压-拉脱混合失效，具体表现为铆钉发生倾斜并从孔中脱离，而且铆钉孔周有大范围的碳纤维丝断裂与分层。

(a) 试样1侧视　　(b) 试样2侧视

图 4-9　剪切拉伸试验中 CFRP 铆接接头的失效形貌

根据 4.3.1 小节的分析，拉脱失效是铆钉与母材沿板厚方向发生相对运动，铆钉从钉孔中脱出的失效模式，该失效模式建立在钉孔周发生失效的基础上。因此，对于挤压-拉脱混合失效模式，一定是挤压失效发生后铆钉孔变大，而后铆钉由于受载偏心而转动，进而发生拉脱趋势。因此，CFRP 铆接接头强度很大程度上取决于母材铆钉孔的失效，三个阶段的划分皆与铆钉孔的状态有直接关系。

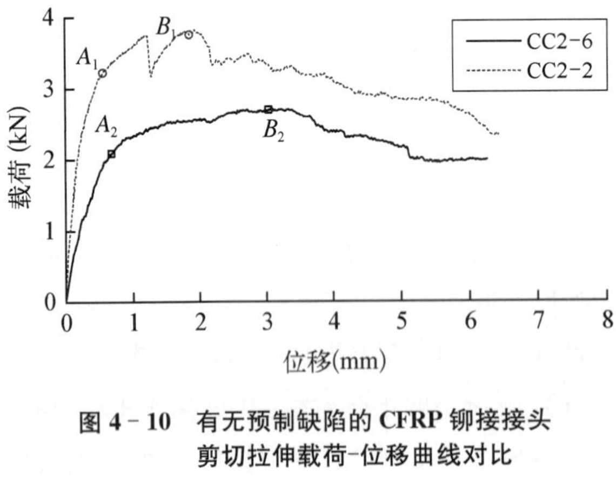

图 4-10　有无预制缺陷的 CFRP 铆接接头剪切拉伸载荷-位移曲线对比

图 4-10 所示为两个 CFRP 铆接接头试样在剪切拉伸过程中的载荷-位移曲线，其中 CC2-2 试样是正常合格的试样，而 CC2-6 试样在孔加工过程中引入了微裂纹。由图可见，CC2-2 的曲线符合弹性阶段线性上升、初始失效阶段较缓慢上升、完全失效阶段逐渐下降的规律；而 CC2-6 的弹性阶段刚度较小，A_2 点之后的初始失效阶段，载荷上升十分缓慢，经过很大变形量才到

达最大强度 B_2 点，且 B_2 点之后没有明显下降，与 CC2－2 的曲线规律不同。这说明有铆钉孔周微裂纹的存在，导致接头弹性阶段刚度降低，强度降低。因此，提高铆钉孔的加工质量对提高 CFRP 层合板铆接强度非常关键。

4.3.3　正向拉伸失效

图 4－11 所示为 CFRP 铆接接头正向拉伸过程中的载荷-位移曲线。该载荷-位移曲线可以分为三个阶段：第一承载阶段、滑动阶段和第二承载阶段。载荷与位移整体曲线近似斜体大写字母“M”形。为方便图 4－11 曲线特点的说明，图 4－12 显示了铆接接头在承受正向拉伸载荷过程中母材与铆钉的相对运动关系。

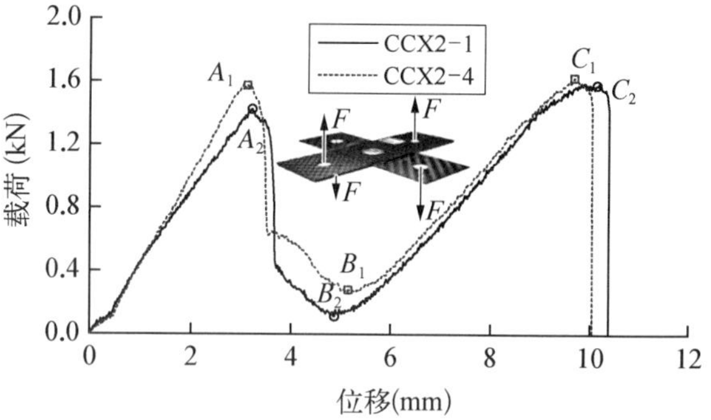

图 4－11　CFRP 铆接接头正向拉伸过程中的载荷-位移曲线

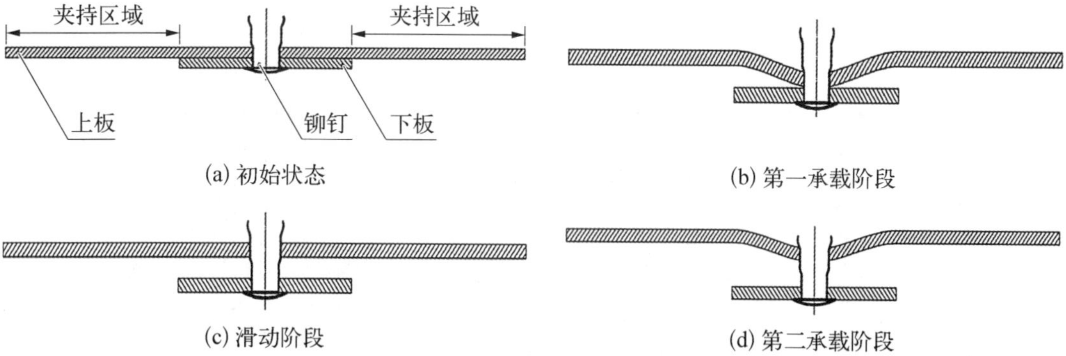

图 4－12　CFRP 铆接接头正向拉伸失效过程示意图

第一承载阶段，此阶段对应图 4－11 中 O 点至 A_1 点之间的部分。如图 4－12(a)所示，初始状态时两母材无变形且完全紧贴。承载后两母材有相互分离的趋势，钉孔与铆钉壁之间产生摩擦力，且铆钉尾部直径大于铆钉孔直径，阻止母材分开，在正向拉伸载荷下，两母材发生弯曲，如图 4－12(b)。随着母材弯曲程度的增加，试样承受载荷也近似线性增加，直至图 4－11 中 A_1、A_2 点处为止。此阶段试样整体变形来自两母材的弯曲变形。

滑动阶段，此阶段对应图 4－11 中 A_1、A_2 点与 B_1、B_2 点之间的部分。当试样承受一定载荷后，母材呈现较大弯曲变形，铆钉孔周应力超过容许值而失效。铆钉孔周失效发生后，钉孔直径变大，铆钉与钉孔壁之间摩擦力减小，不足以维持两母材互相贴合，进而母材与铆钉之间发生相对滑动，两母材的弯曲变形也得到大幅缓解，此阶段铆钉与母材的相对位置如图 4-12(c)所示。该阶段试样承载能力一直降低，直至图 4-11 中的 B_1、B_2 点为止。此阶段试样整体形变来自母材与铆钉间的相对滑动。

第二承载阶段，此阶段对应图 4-11 中 B_1、B_2 点之后的部分。当铆钉孔与铆钉发生足够大小的相对滑动后，钉孔与铆钉尾部直径最大处开始接触，由于铆钉孔直径小于钉尾最大直径，摩擦力将阻止两者发生进一步相对滑动。继续增大载荷，如图 4-12(d)所示，两母材将再次发生弯曲。此阶段承载原理与第一承载阶段相似，因此其载荷曲线也与第一承载阶段类似，为近似线性，如图 4-11 所示曲线 B_1、B_2 与 C_1、C_2 之间的部分。此阶段与第一承载阶段相同，试样整体的形变来自两母材弯曲形变。在该阶段终点，试样承受足够载荷时，铆钉孔周应力超过母材强度极限而发生失效，铆钉孔直径进一步变大且超过铆钉尾部的最大直径，铆钉与母材上板拉脱，试样完全失效，丧失所有承载能力，如图 4-11 中 C_1、C_2 点，载荷下降至 O 点。

图 4-13 所示为五个 CFRP 铆接接头正向拉伸试样的失效形貌，从中可以看出钉帽一侧的母材基本没有发生失效，钉尾端母材铆钉孔周发生失效，所有试样的失效模式均为拉脱失效。失效模式相同，因此其强度重复性也较好，其变异系数 $C.V$ 值仅为 4.09%。

(a) CCX2-1　(b) CCX2-2　(c) CCX2-3　(d) CCX2-4　(e) CCX2-5

图 4-13　CFRP 铆接接头正向拉伸失效形貌

上述 CFRP 铆接接头正向拉伸试验结果再次证明了对于碳纤维铆接接头，铆钉与铆钉孔的相互作用是铆接接头性能的主要影响因素，铆接接头失效的根本机理就是铆钉与铆钉孔变形的不协调导致碳纤维层合板孔周产生较严重的应力集中，由此引起孔周碳纤维的分层和碳纤维丝的断裂。因此，要提高 CFRP 的铆接强度可以从铆钉孔与铆钉两个方面进行，改善铆钉与钉孔的接触状态，或者提升母材铆钉孔周的强度。

4.4　CFRP/CFRP 铆接强度提升方法

通过 4.3 节的失效机理分析可以得出，CFRP 铆接接头主要通过铆钉与铆钉孔间的相互作用来传递载荷，因此可以从铆钉与铆钉孔两个角度入手，改善铆接接头的性能。本节研究改变铆钉类型、铆钉孔局部加强对提升 CFRP 铆接强度的效果，为 CFRP 铆接设计提供参考。

4.4.1　铆钉类型的选择

铆钉是铆接接头承载的关键部分，铆钉的结构和材料性能是决定铆接接头强度的关键因素。本节以工程中常用的三种抽芯铆钉来制作 CFRP 层合板铆接接头，通过剪切拉伸试验来评价铆钉类型对于 CFRP 铆接接头性能的影响。

抽芯铆钉是拉铆的一种，由钉芯和钉体两部分组成，施铆时将铆钉体插入预先制好的铆钉孔内，使用拉铆枪拉动钉芯，钉芯与钉体产生相对运动，钉芯胀大的端部将钉体尾部扩张；继续拉动钉芯，直至钉尾扩张至钉孔，钉芯断裂，铆接完成。整个铆接过程只需在母材单侧作业，故抽芯铆钉也称为盲铆钉，可以应用于内部空间狭小只能单侧作业的情况，相比传统的压铆及新兴的自冲铆等，其适用范围更加广泛。抽芯铆钉具有铆接效率高、强度高、工艺简单等优点，广泛应用在汽车、船舶、航空等领域。

图 4－14 所示为试验使用的三种抽芯铆钉的结构以及铆接后的试样侧视图。不锈钢铆钉钉体材料为 304 不锈钢，其抗剪切强度及抗拉伸强度较高，多应用于金属结构件之间的连接；铝合金铆钉钉体材料为 5052 铝合金，由于铝合金的硬度相对较低，铆接过程对 CFRP 铆钉孔壁造成的损伤较小；单鼓结构铆钉钉体材质为 304 不锈钢，由于特殊的钉体结构，铆接后钉尾将形成盘状钉鼓，且部分钉芯将断裂在钉体内，增加钉体的抗剪强度，广泛应用于需要承载极大载荷的关键部位，如汽车纵梁等。

不锈钢铆钉的剪切拉伸强度在 4.3 节中分析过，图 4－15 所示为铝合金铆钉与单鼓结构铆钉的 CFRP 铆接试样的剪切拉伸强度。铝合金铆钉铆接试样的剪切拉伸载荷变异系数 $C.V$ 为 1.4%，小于 15%，一致性非常好。该类接头在剪切拉伸变形中所承受的最大载荷均值为 2.44 kN。单鼓结构铆钉铆接试样的剪切拉伸载荷变异系数 $C.V$ 为 10.3%，小于 15%，符合重复性要求。该类接头在剪切拉伸过程中所承受的最大载荷均值为 6.17 kN，是铝合金铆钉连接的 CFRP 铆接接头的 2.5 倍，是不锈钢铆钉连接强度的 1.9 倍。可见，对相同的 CFRP 层合板，采用单鼓结构铆钉可以提高 CFRP 铆接接头的强度。

(a) 不锈钢铆钉　(b) 铝合金铆钉　(c) 单鼓结构铆钉

图 4-14　三种铆钉外形及施铆后侧视图

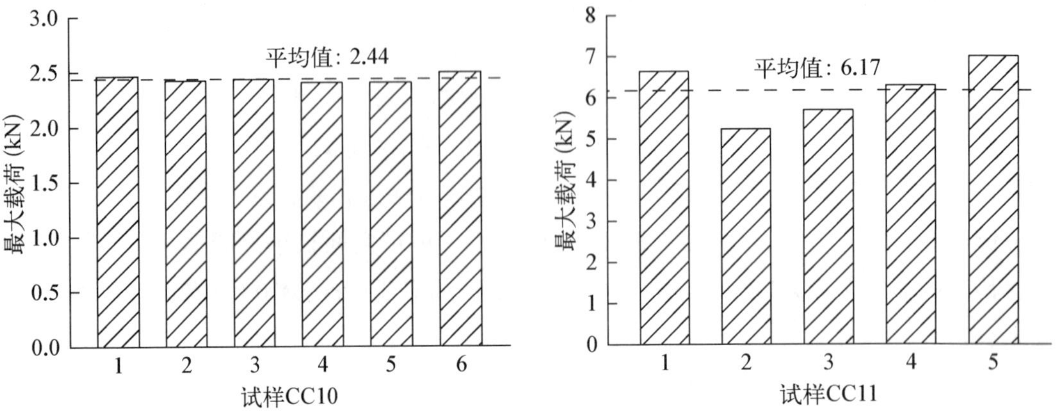

(a) 铝合金铆钉　(b) 单鼓结构铆钉

图 4-15　CFRP 铆接试样在剪切拉伸过程中所承受的最大载荷

图 4-16(a)和(b)所示为铝合金铆钉铆接接头剪切失效形貌，失效模式为铆钉失效，铆钉从两片母材的界面处剪断，而铆钉孔附近的母材基本没有损伤。根据 4.3.1 小节的分析，此种类型的失效模式不能完全发挥母材的性能，因此铝合金铆钉不适用于连接 CFRP 零部件。

图 4-16(c)和(d)所示为单鼓结构铆钉铆接接头剪切失效形貌，失效模式为挤压-拉脱混合失效，这与不锈钢铆钉的失效模式相似。钉孔受载首先发生挤压失效，而后铆钉受载偏心产生偏转，钉帽与钉尾处的钉鼓对钉孔周围母材产生挤压，导致钉孔进一步扩大至失效，最终钉体偏转一定角度后，钉鼓从铆钉孔脱出，接头完全失效。与不锈钢铆钉铆接接头的拉脱失效不同的是，单鼓结构铆钉铆接接头发生拉脱失效时所需的钉孔破坏程度更大，甚至钉帽一侧也发生了严重的失效。

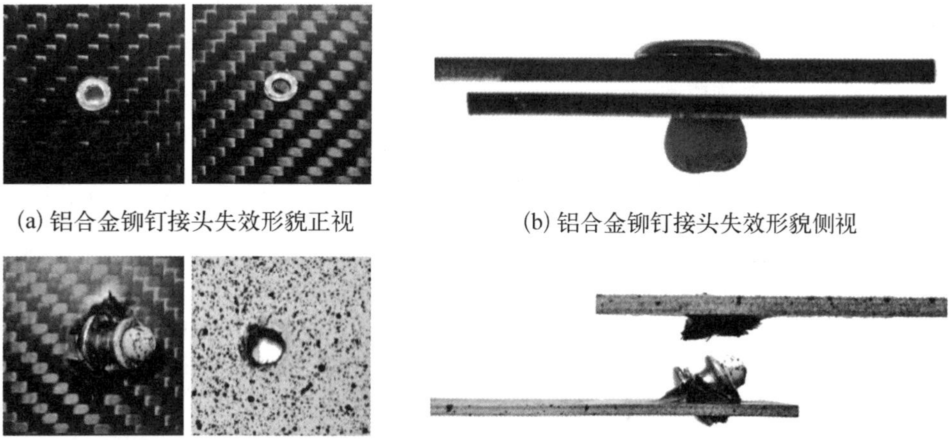

(a) 铝合金铆钉接头失效形貌正视　(b) 铝合金铆钉接头失效形貌侧视

(c) 单鼓结构铆钉接头失效形貌正视　(d) 单鼓结构铆钉接头失效形貌侧视

图 4-16　不同铆钉连接的 CFRP 铆接试样在拉剪变形中的失效形貌

从强度角度将三种铆钉铆接接头进行对比，如图 4-17(a)所示，以不锈钢铆钉铆接接头的剪切强度作为基准，铝合金铆钉接头的强度为不锈钢铆钉接头的 74%，而单鼓结构铆钉接头的剪切强度则达 188%。单鼓结构铆钉的高强度也印证了上文对于失效模式的分析，其发生拉脱失效时需要母材发生更严重的失效，因此其连接强度更高。

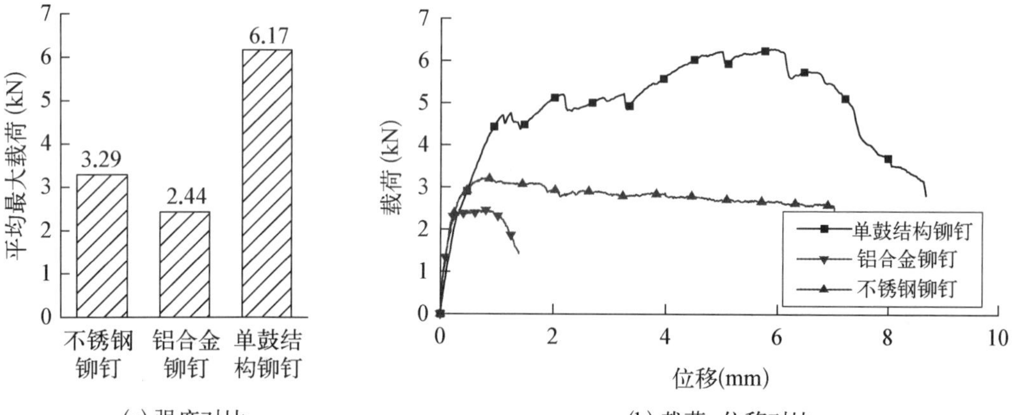

(a) 强度对比　(b) 载荷-位移对比

图 4-17　三种铆钉连接的 CFRP/CFRP 铆接接头的强度对比

图 4-17(b)所示为三种铆钉连接接头的剪切拉伸载荷-位移曲线，图中位移对应的试样标距均为 60 mm。从初始状态开始承载，试样的初始变形为近似线弹性，此阶段三种接头的刚度较为一致。载荷继续上升，当达到铝合金铆钉的剪切强度时开始屈服，试样刚度大幅下降，直到铆钉被剪断，试样失效。铝合金铆钉发生屈服后，不锈钢铆钉仍处于弹性

变形阶段继续承载，直到钉孔发生初始挤压失效，接头刚度下降，至最大载荷时铆钉开始出现拉脱趋势，之后载荷缓慢下降，最终发生拉脱失效。单鼓结构铆钉在施铆过程中的拉力较大，导致其钉体的镦粗效果更强，从而使钉孔与钉体的配合更加紧密。另外，由于钉鼓增大了接触区域，减小了应力，从而使铆接接头的弹性段更长。由于钉鼓的作用，单鼓结构铆钉拉脱时需要母材发生更严重的破坏，更充分地发挥了母材的性能，因此无论是最大载荷或是失效时的试样位移，均高于另外两种铆钉。

综上所述，铝合金铆钉不适合用于 CFRP 结构件的铆接，使用单鼓结构铆钉的试样，其剪切拉伸强度相比普通不锈钢铆钉可以提高约 90%。但是单鼓结构铆钉的成本约为不锈钢铆钉的 2 倍，由于钉芯施铆后有较长部分保留在钉体内，其最终质量也较大，虽然可以提升铆接强度，但是存在质量较大、成本较高的弊端。

4.4.2 增加垫圈

不锈钢铆钉铆接接头的失效模式主要为挤压-拉脱混合失效，两种失效模式的成因均为铆钉与钉孔之间应力过大，表现为钉孔的部分或全部材料发生破坏。因此，可以考虑从缓解铆钉对钉孔的挤压角度减小钉孔的破坏，延缓挤压失效与拉脱失效两种失效模式的发生，进而提升铆接接头的性能。

根据抽芯铆钉的铆接原理，施铆后钉尾逐渐胀大，铆钉外壁主要与钉尾一侧的钉孔接触，因此考虑使用金属平垫圈限制钉尾胀大部分对铆钉孔的挤压作用，同时又可以增大钉尾与铆钉孔周的接触面积，有效防止拉脱失效的发生。欲限制钉尾的胀大作用对钉孔的挤压，需要垫圈内径介于铆钉孔的内径与施铆前的铆钉外径之间，即 6.4 mm$<d<$6.6 mm，根据《平垫圈　A 级》(GB 97.1—2002)[3] 选择强度等级 8.8 级 M6 平垫圈。如图 4-18 所示为加垫圈后的 CFRP/CFRP 铆接接头。

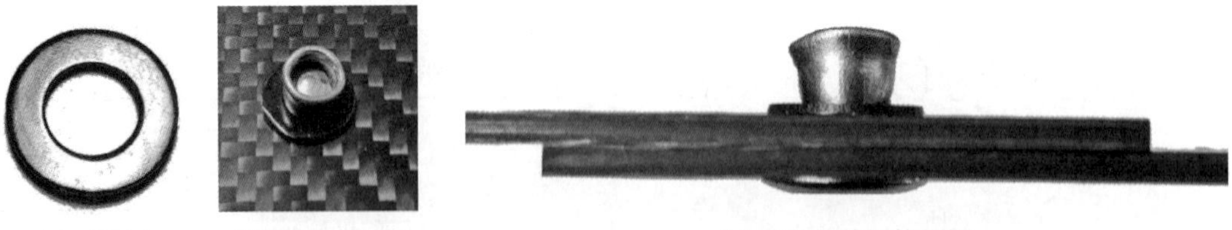

(a) 平垫圈　(b) 铆接与垫圈　(c) 带垫圈的铆接侧视

图 4-18　带垫圈的 CFRP/CFRP 铆接接头

参照 4.1 节的铆接接头参数，制作带有垫圈的 CFRP 铆接接头剪切拉伸试样。图 4-19 所示为接头所承受的最大剪切拉伸载荷，其数据变异系数 *C.V* 为 2.8%，小于 15%，数据重复性很好。剪切拉伸过程中的最大载荷平均值为 5.72 kN，比不带垫圈的同种铆钉连接的接头强度 3.29 kN 高出 74%，强度提升效果非常明显。

图 4－20 所示为带垫圈的 CFRP 铆接接头承受剪切拉伸载荷时的失效形貌，可见失效模式主要为钉孔的挤压失效，铆钉扭转角度较小，没有发生拉脱失效。垫圈增加了铆钉与钉孔间的接触面积，可有效预防拉脱失效的发生。这说明带垫圈的 CFRP 铆接接头在失效前已完全发挥了 CFRP 的性能，在此种失效模式下欲提升接头性能，需考虑提高铆钉孔周的强度和制造质量。

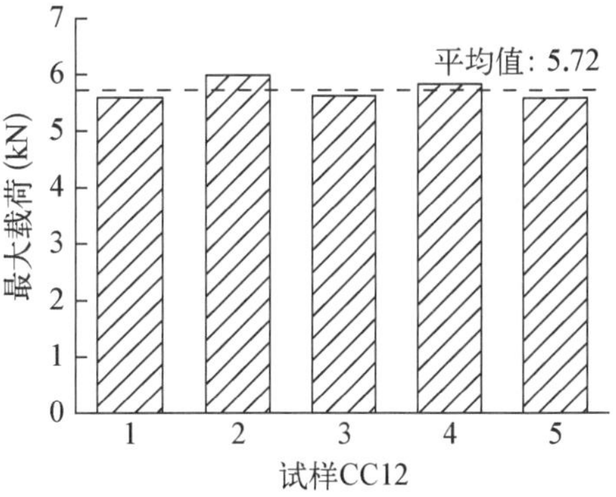

图 4－19 带垫圈的铆接试样剪切拉伸过程中的最大载荷

(a) 正视

(b) 侧视

图 4－20 带垫圈的 CFRP 铆接接头承受剪切拉伸载荷作用下的失效形貌

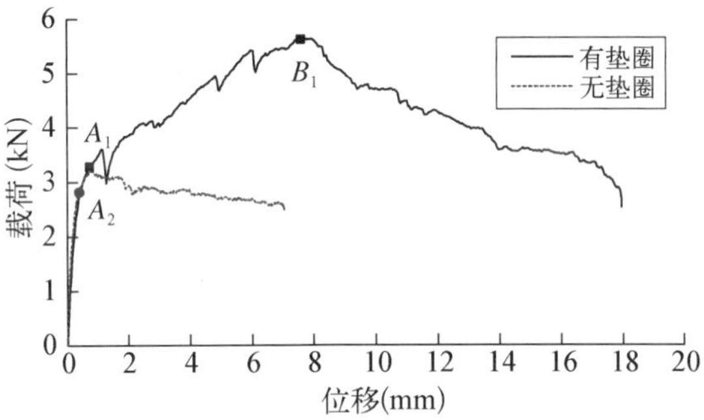

图 4－21 有无垫圈的 CFRP 铆接性能对比

图 4－21 将增加垫圈前后的 CFRP 铆接接头的剪切拉伸载荷-位移曲线进行了对比，除了强度上增加之外，两种接头的曲线变化规律与失效前的最大位移有较大差异。有垫圈与无垫圈的接头在弹性阶段二者刚度基本一致，垫圈稍稍延缓了初始失效的发生，即曲线上的 A_1、A_2 点；之后，无垫圈的铆接接头的承载能力小幅上升后即开始下降，而有垫圈的铆接接头由于垫圈限制了铆钉的拉脱，仅仅发生挤压失效不足以对接头承载能力造成严重影响，载荷随着位移的增加继续上升直到最大载荷 B_1 点。铆钉孔周在 B_1 点处发生严重的挤压失效，随着位移的增加，直到挤压失效区域扩展至试样端部，接头完全失效。由此可得：在钉尾端增加平垫片，可以有效防止铆接接头发生拉脱失效，将失效模式限制为挤压失效，从而大幅提升接头强度，同时也大幅增加了失效后的位移，提升了结构失效时的能量吸收能力。

综上所述，在铆出侧增加垫圈可以显著提高 CFRP 铆接接头的剪切拉伸强度（70％以上），主要原因在于垫圈可有效抑制拉脱失效，将失效模式限制为挤压失效。

4.4.3　孔周涂胶

上一节使用平垫圈有效改善了铆钉孔周的应力分布状态，与不加垫圈的同种铆钉连接相比连接强度提高了 74%。本节将研究在钉孔内壁涂抹粘接剂对 CFRP 铆接强度的改善效果。粘接剂使用 3M 公司生产的 DP460 环氧树脂粘接剂，施铆前在铆钉孔周涂抹均匀，施铆后放置 24 h 待粘接剂完全固化。图 4 - 22 所示为孔壁涂胶后的 CFRP 铆接试样钉尾侧。

孔壁涂胶的 CFRP 铆接试样的剪切拉伸最大载荷如图 4 - 23 所示，剪切拉伸过程中各试样最大载荷的平均值为 4.20 kN，数据变异系数 $C.V$ 为 5.3%，小于 15%，一致性较好。

图 4 - 22　孔壁涂胶后的 CFRP 铆接试样

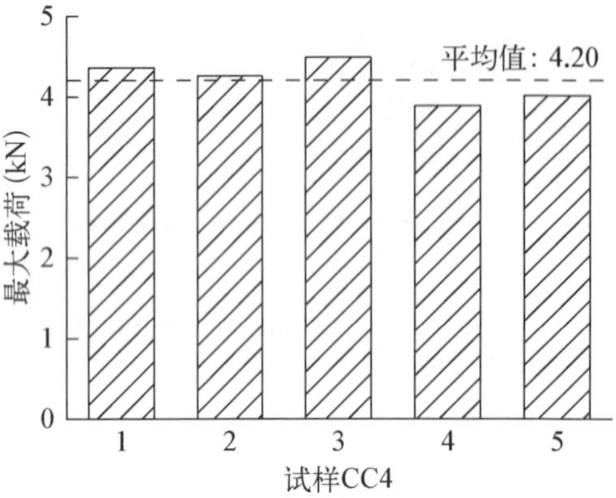

图 4 - 23　孔壁涂胶的 CFRP 铆接接头剪切拉伸过程中最大载荷

图 4 - 24 所示为孔壁涂胶的 CFRP 铆接接头承受剪切拉伸载荷时的失效形貌，可见涂胶没有改变铆接接头的失效模式，依旧为挤压-拉脱混合失效。稍有区别的是，涂胶后钉孔处的失效呈块状断裂，不会有纤维丝束从孔周分裂而出，这是因为粘接剂固化后限制了 CFRP 材料丝束之间的分裂，可以保证载荷更均匀地在铆钉与钉孔之间传递。

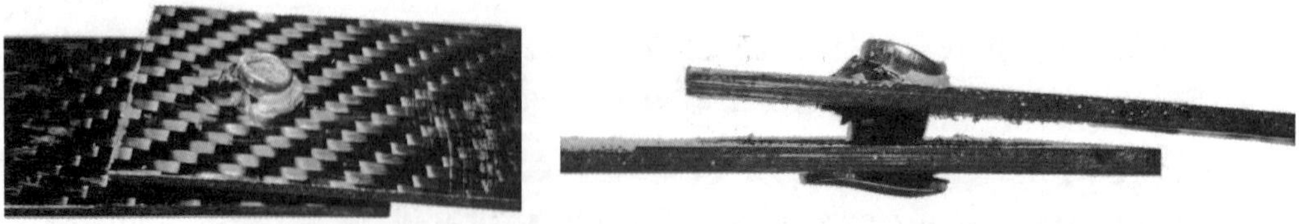

(a) 正视　　(b) 侧视

图 4 - 24　孔壁涂胶 CFRP 铆接接头在剪切拉伸变形中的失效形貌

图 4 - 25(a)和(b)将孔壁涂胶前后的 CFRP 铆接接头剪切拉伸强度以及载荷-位移曲线进行了对比，可以得出孔壁涂胶后剪切拉伸强度提高约 28%。孔壁涂胶后，铆接接头

承受剪切拉伸载荷后的弹性阶段刚度明显大于涂胶前，这是由于粘接剂固化后填补了铆钉与钉孔之间的间隙，同时两母材之间也难免被部分溢胶粘合，表现出与胶接接头类似的性质。载荷继续上升至图中 A 点，粘接剂发生初始失效，两母材发生相对位移，载荷也出现小幅下降。之后，载荷完全由铆钉承载，载荷继续上升至 B 点，铆钉孔周产生明显挤压失效，载荷再次出现小幅下降，直至 C 点达到接头的最大强度，孔周发生彻底的挤压失效，在二次弯曲的作用下铆钉开始偏转进而拉脱，载荷也开始呈现下降趋势。从整体来看，孔壁涂胶的铆接接头承受剪切载荷时的载荷-位移曲线相当于在未涂胶的曲线基础上增加了一段刚度很高的胶接接头曲线，而且其曲线均处于不涂胶的曲线上方，说明其整体的强度要高于不涂胶的接头。

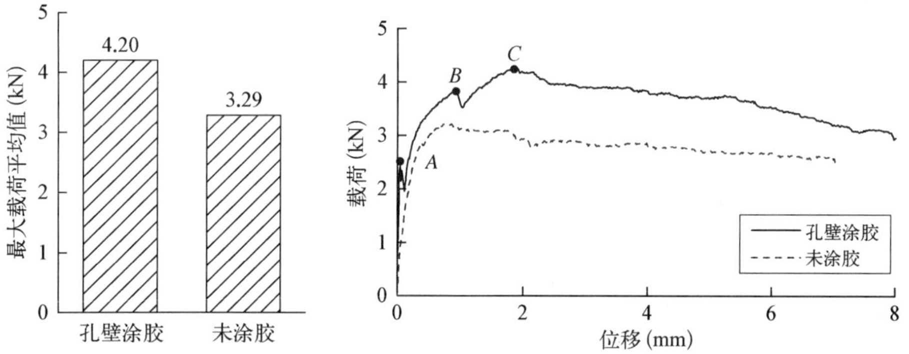

(a) 载荷最大值对比　　(b) 载荷-位移对比

图 4-25　孔壁涂胶与否的铆接性能对比

综上所述，在 CFRP 铆接工艺中增加孔周涂胶，可以有效缓解孔周的应力集中，延缓挤压失效和拉脱失效的发生，进而有效提升 CFRP 铆接接头的强度。另外，孔周涂胶还可以提高接头在承载初期的刚度。

4.5　CFRP/CFRP 胶铆复合连接强度及失效机理

通过前述的 CFRP 胶接与铆接接头的分析可知，CFRP 胶接接头具有强度高的特点，但是其连接强度受制于胶层的力学性能以及胶层与 CFRP 母材粘接界面的状态，强度分散性较大，且属于突变式失效；CFRP 铆接接头强度相对胶接接头较低，但是由于铆钉的塑性变形可以容许接头有较大的位移，也即失效前接头可产生的变形量较大，这为失效的识别和应急处理提供了机会。因此，对于重要承载结构，需要将胶接与铆接结合起来进行 CFRP 结构件的连接，从而确保连接的强度与安全性。为此，本节通过剪切拉伸试验和正向拉伸试验，研究 CFRP 胶铆复合连接的承载行为，总结其失效规律，为 CFRP 零部件的连接设计提供参考。

4.5.1 胶铆复合连接试验

CFRP 胶铆复合连接接头的制作过程为：采用数控铣削在 CFRP 层合板中加工铆钉孔，对搭接区域进行必要的打磨与清洗，然后在接头搭接区域涂胶，再进行铆接。注意铆接必须在涂胶之后立即进行，主要原因有两方面：第一，因为此时粘接剂尚未固化，粘接剂在板材挤压作用下可以对铆钉与钉孔间的间隙进行填充，这样可以充分利用胶接的优势提高接头的强度；第二，由于此时粘接层尚未固化，被连接板材的随动性好，铆接过程中产生的板材相对运动不会对胶层产生影响，否则粘接剂固化后形成的胶层非常脆，被连接板材的微小相对运动均会导致胶层的断裂。

接头尺寸与铆接接头相同，胶铆复合连接接头中所用的粘接剂为 3M 公司生产的双组分环氧树脂胶 DP420，其固化时间为 20 min，名义剪切强度为 25 MPa，室温下的粘度为 45 000 cps。连接所用的铆钉为不锈钢拉铆铆钉，铆钉直径 6.4 mm，长度 12.5 mm，承受的最大剪切力为 12 500 N，最大抗拉载荷为 8 300 N。

4.5.2 剪切拉伸强度与失效机理

按照上述试验方法，对 CFRP 胶接、铆接及胶铆复合连接三类接头进行剪切拉伸试验，每个接头均进行了七个重复试验，除掉最大和最小值，余下的五个接头的最大载荷如图 4 - 26 所示，由此可求得胶接接头、铆接接头、胶铆复合连接接头最大载荷平均值分别为 21.60 kN、3.29 kN、15.45 kN。可见，同样的母材，胶接接头强度最高，胶铆复合连接接头次之，铆接接头强度最低。其中，胶接接头强度数据分散性相对较大一点，胶铆复合连接接头与铆接接头的数据分散性较小，其原因是胶接工艺对胶层缺陷、胶层与母材界面状态特别敏感，这也是目前 CFRP 工程应用中的一个难题。

图 4 - 27 所示为两个胶铆复合连接接头代表试样的载荷-位移曲线。由图可见，这两条曲线的变化趋势完全相同，均可以分为三个阶段：胶接承载阶段、胶接失效阶段和铆接承载阶段。

第一阶段，胶接承载阶段。此阶段对应图 4 - 27 中原点与 A_1、A_2 点之间的部分。根据前面的分析，胶接接头的刚度高于铆接接头，因此初期主要由胶层承载，载荷-位移曲线近似线性上升，达到强度极限 A_1、A_2 点处发生失效。

第二阶段，胶接失效阶段。此阶段对应图 4 - 27 中 A_1、A_2 点与 B_1、B_2 点之间的部分。复合连接中的胶接部分失效后，试样整体强度发生突变，导致载荷发生“断崖式”下降，同时试样的位移也不断增加，直到 B_1、B_2 点处为止。

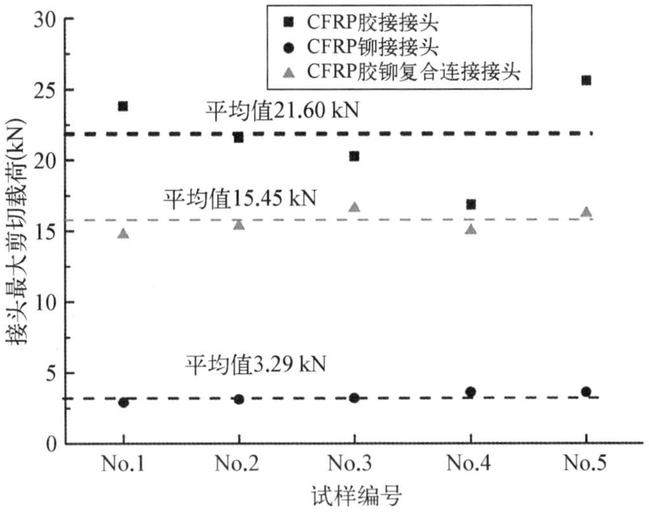

图 4－26　CFRP 胶接、铆接和胶铆复合连接接头的剪切拉伸强度

第三阶段，铆接承载阶段。此阶段对应图 4－27 中 B_1、B_2 点之后的部分。胶接部分发生失效后，随着位移的增加，至 B_1、B_2 点处铆接部分开始承载，载荷停止“断崖式”下降，之后接头将随着位移的增加逐渐失效，载荷也随之缓慢下降，此过程完全由铆接部分承载。

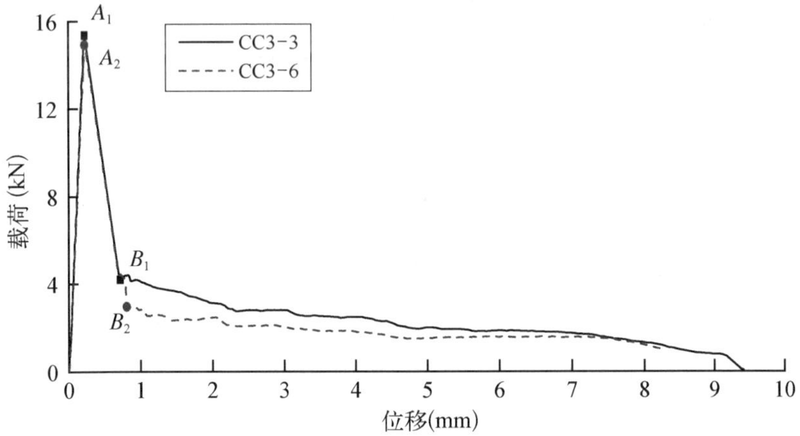

图 4－27　CFRP 胶铆复合连接剪切拉伸载荷-位移曲线

同样的 CFRP 层合板，胶铆复合连接接头反而小于胶接接头的强度，但是远大于铆接接头强度。这说明胶铆接头虽然是胶接与铆接的复合，但是其强度并不是二者的叠加，而且强度还低于单一胶接接头的强度。主要原因有两个方面：一是在胶铆复合连接中工艺顺序是先粘接后铆接，铆接过程会引起两块板产生相对移动，从而使部分粘接

区域产生了气孔等缺陷，固化过程中这些缺陷留在胶层中，最终影响接头强度；二是铆钉孔的存在减小了粘接面积，根据铆钉孔的直径计算这部分的影响只会降低 2.5%的强度。因此，使胶铆复合连接强度低于单一胶接强度的主要因素还是铆接过程对胶层产生的影响。

图 4-28 所示为六个 CFRP 胶铆复合连接接头在剪切拉伸载荷作用下的失效形貌。图 4-28(a)字母 A 所标记之处可看出被连接两块母材上均有胶层，这说明胶层发生了剪切断裂，而不是胶层与母材的界面失效。同时可看到铆钉孔边缘(字母 B 所标记之处)发生了明显的纤维丝断裂，且铆钉孔由圆形变为椭圆形，也就是铆钉孔开裂失效，图 4-28(b)～(f)也出现了同样的失效形貌特征。图 4-28(b)、(c)和(e)中还可看到部分碳纤维铺层被撕裂，如字母 C 所示区域，这说明连接区域的 CFRP 层合板发生了分层失效。所有试样所示的铆钉的轴线均发生了倾斜，铆钉被 CFRP 层合板从铆钉孔中拔出，说明发生了拉脱失效。

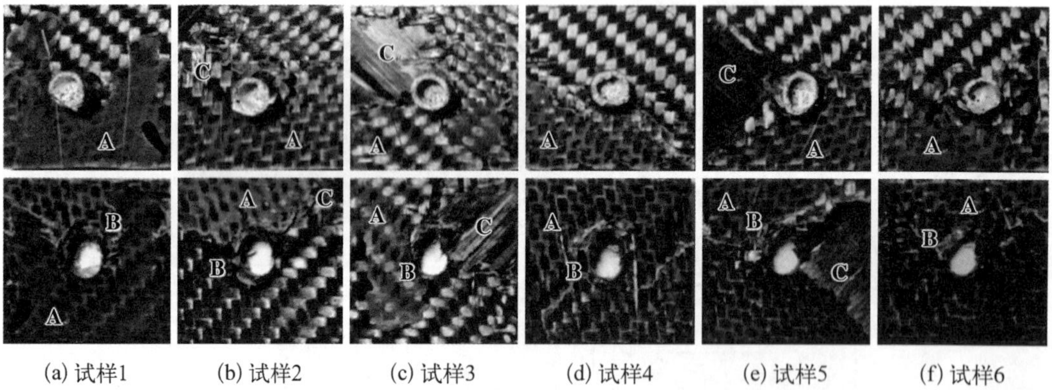

A—胶层失效；B—铆钉孔开裂；C—母材分层；D—铆钉拉脱

图 4-28 CFRP 胶铆复合连接剪切拉伸失效形貌

胶铆复合连接中的铆接部分失效模式为挤压-拉脱失效，这与纯铆接接头失效模式一致。不同的是复合连接其孔周的挤压失效的纤维丝束脱出较少，多是呈块状断裂。这是因为在粘接剂固化前施铆，粘接剂可以对铆钉与孔周的间隙进行填补，减小了孔周的应力集中，同时粘接剂固化后也增加了铆钉孔周碳纤维丝束间的强度，最终改变了挤压失效的形貌。

综上所述，CFRP 胶铆复合连接接头的强度比纯胶接强度低，但远高于铆接强度，同时铆钉通过自身的变形使接头在失效过程中避免胶铆接头的瞬间完全断裂，增加了接头失效前的最大位移。从失效机理上，粘接剂的存在改变了铆钉孔周的失效模式，从而提升了铆接部分的强度。胶铆复合连接接头中胶接与铆接是有益的互补，胶铆复合连接的方式可有效提高重要承载结构的安全性。

4.5.3　正向拉伸强度与失效机理

图 4-29 所示为各胶铆复合连接试样在正向拉伸过程中的最大载荷，最大载荷平均值为 2.53 kN，变异系数 $C.V$ 为 7.8%，小于 15%，符合重复性要求。图 4-30 所示为两个代表试样的载荷-位移曲线，该曲线可以分为三个阶段：胶接承载阶段、胶铆共同承载阶段和铆接承载阶段。

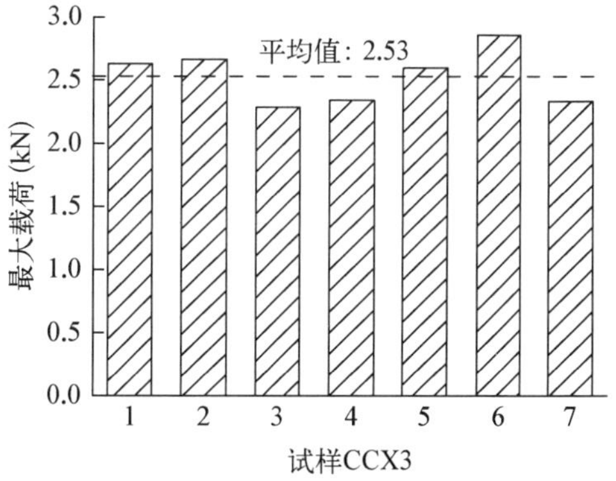

图 4-29　CFRP 胶铆复合连接正向拉伸过程最大载荷

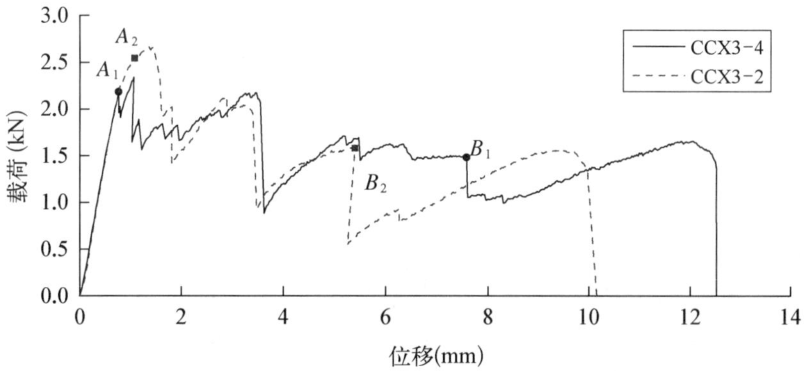

图 4-30　CFRP 胶铆复合连接正向拉伸载荷-位移曲线

第一阶段，胶接承载阶段。此阶段对应图 4-30 中原点至 A_1、A_2 点之间的部分。胶接接头在正向拉伸载荷作用下，其刚度高于铆接接头，因此胶铆复合连接承载初期，载荷主要由胶接部分承担，复合连接接头表现出与纯胶接类似的性质，即载荷随着位移的增加而近似线性增加，至 A_1、A_2 点处胶接部分发生初始失效。

第二阶段，胶铆共同承载阶段。此阶段对应图 4-30 中 A_1、A_2 点与 B_1、B_2 点之间的部分。该阶段内，部分胶层发生初始失效后试样强度发生下降，随着位移的增加铆接部分也开始参与承载。在本书 3.5.3 小节的分析中，胶接试样承受正向拉伸载荷的第三阶段，也即完全失效阶段，胶层裂纹每向胶层中心蔓延一次，其载荷-位移曲线则表现为一次“断崖式”下降，在复合连接试样载荷曲线 A_1、A_2 点与 B_1、B_2 点之间的多次“断崖式”下降也是由此引起。同时可看出，纯胶接试样最终失效时的位移为 4 mm 左右，而复合连接试样的载荷在 6～8 mm 左右才停止多次“断崖式”下降的特征，因此可以得出铆接部分同时参与了承载，胶层裂纹越靠近试样中心，距离铆钉越近，铆接承载的载荷比例则越大，此阶段铆接部分的承载过程，对应 4.3.3 小节中 CFRP 铆接接头正向拉伸试样失效过程中的第一承载阶段。直到曲线中 B_1、B_2 点处，胶层裂纹已经扩展至铆钉附近，铆接部分也到达其第一承载阶段的峰值载荷。

第三阶段，铆接承载阶段。此阶段对应图 4-30 中 B_1、B_2 点之后的部分。载荷曲线在 B_1、B_2 点处发生“断崖式”下降，对应 4.3.3 小节中铆接试样的滑动阶段和 3.5.3 小节中胶接试样完全失效时的“断崖式”下降。铆钉孔周母材失效，铆钉孔直径扩大，铆钉与钉孔发生相对滑动，同时胶层裂纹扩展至中心，胶接部分完全失效。之后的胶铆复合连接完全由铆接部分承载，因此载荷曲线也与纯铆接试样承受正向拉伸载荷时的第二承载阶段一致。

图 4-31 所示为 CFRP 胶铆复合连接接头承受正向拉伸载荷时的失效形貌。胶接部分的失效模式为胶层失效和母材剥离失效。与纯胶接试样相比，胶铆试样多了剥离失效，这是由于铆钉参与承载，接头可以承受更大的载荷，母材也发生了更严重的弯曲，在胶层边缘产生了更高的剥离应力，容易导致母材的剥离失效。铆接部分的失效模式为拉脱失效，这与纯铆试样的失效模式相同。图 4-32 将胶铆复合连接与纯铆接孔周的失效形貌进行对比，可见胶铆试样孔周的损伤更小，这是由于粘接剂在固化时加强了孔周的强度，使孔周母材更不容易发生裂纹的扩展，进而也提升了铆接部分的强度。

图 4-31 CFRP 胶铆复合连接正向拉伸失效形貌

(a) 胶铆复合连接　　(b) 纯铆接

图 4-32 CFRP 胶铆复合连接与纯铆接正向拉伸孔周失效对比

综上所述，CFRP 胶铆复合连接承受正向拉伸载荷时，胶接部分与铆接部分互相增强，都获得了更大的正向拉伸强度。

4.6　CFRP/钢的胶铆连接强度与失效机理

多种轻质材料的混合使用是目前汽车轻量化的主要技术路线之一，从成本、轻量化效果与性能三个角度，碳纤维复合材料与钢板的混合使用是汽车轻量化的一个重要技术途径。因此，碳纤维复合材料汽车零部件与钢质零件的连接技术也成为多材料车身开发的关键共性技术。本节将对汽车常用的几种高强度钢板与 CFRP 层合板的胶接接头与铆接接头的承载行为及失效机理进行研究，以期为 CFRP 汽车零部件的开发提供参考。

4.6.1　胶接强度

试验所用钢板包括 DC05、HC260Y、DP590、DP780、DP1180、PHS1500，其中 PHS1500 为经热成形淬火处理后的钢板，各钢板的厚度和抗拉强度如表 4-1 所示。试验所用 CFRP 层合板的抗拉强度为 673 MPa。CFRP/钢胶接接头试样的制备与前述的 CFRP/CFRP 胶接接头制备方法完全相同，试样的搭接区域尺寸也相同，胶层厚度 0.2 mm。

表 4-1　试验用板材的力学性能参数

材　料	厚度(mm)	抗拉强度(MPa)
CFRP	2.0	673
DC05	0.7	330
HC260Y	0.8	380
DP590	1.2	450
DP780	1.2	780
DP1180	1.2	1 180
PHS1500	1.6	1 430

图 4-33 所示为 CFRP 与 CFRP、DC05、HC260Y、DP1180、PHS1500 五种板材组成的单搭接胶接接头的剪切拉伸载荷-位移曲线，为了对比说明还增加了以相变诱发塑性高强度钢 TRIP780 为母材的单搭接胶接接头。图中六条曲线可分为两大类。

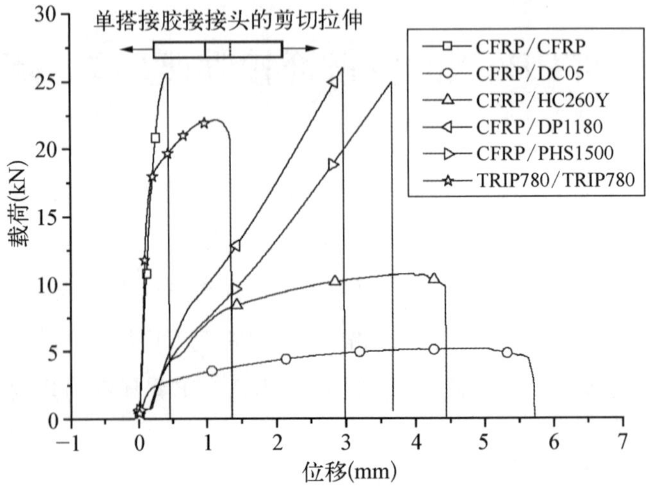

图 4-33 CFRP/钢胶接接头的剪切拉伸载荷-位移曲线

第一类是 CFRP/DP1180、CFRP/PHS1500、CFRP/CFRP 接头的曲线，该类曲线均由两段组成。第一段是近似直线的线性段，反映了接头的弹性变形。载荷达到峰值点后急剧下降，这说明接头发生了脆性断裂，而且是胶层的剪切断裂。也就是说胶层应力达到了胶层的剪切断裂极限，因此虽然是不同材料组成的接头，但是其最大载荷仍然相同。

第二类是 CFRP/DC05、CFRP/HC260Y 与 TRIP780/TRIP780 接头的曲线，该类曲线大致由三段组成。第一段是线弹性变形阶段，主要是钢板的弹性变形。第二段曲线呈现典型的低碳钢塑性变形曲线，这说明接头中的 DC05、HC260Y 与 TRIP780 钢板发生了塑性变形。第三段是下降段，胶层界面失效，应力急剧下降。

CFRP/DC05 与 CFRP/HC260Y 胶接接头中，DC05 与 HC260Y 的强度和厚度均比 CFRP 层合板小，因此拉伸过程中变形主要集中在较弱的钢板侧，当钢板的纵向拉伸变形增大，刚度变小就诱发了板平面法向的变形，引起金属板与胶层的界面失效，而不是胶层的剪切断裂。而 TRIP780/TRIP780 胶接接头中被连接的两母材性能与厚度完全相同，也即两母材的强度与刚度完全相同，当母材强度低于胶层剪切强度时两母材同时发生塑性变形，于是产生了图中的塑性变形段。从接头强度而言，上述六个胶接接头中，CFRP/CFRP、CFRP/DP1180、CFRP/PHS1500 接头的强度基本相同，也是六个接头中最高的，TRIP780/TRIP780 次之，CFRP/HC260Y 和 CFRP/DC05 接头的强度较低。由此可见，虽然采用了同样的粘接剂，但是母材不同的胶接接头强度差异很大。因此，接头设计不仅要选择合适的粘接剂，还需要对被连接的母材进行合理匹配，否则会产生意外的失效。

4.6.2 铆接强度

图 4-34(a)所示为六个铆接接头的剪切拉伸载荷-位移曲线。图中的六条曲线按峰

值载荷可分为三类。第一类就是 CFRP/DP1180 与 CFRP/PHS1500 铆接接头的曲线，这两条曲线的形状也基本相同。由于这两个接头的主要失效形式为 CFRP 层合板铆钉孔周的开裂失效，其最大承载能力决定于 CFRP 层合板铆钉孔的强度，因此它们的抗拉强度接近。第二类就是 CFRP/CFRP、CFRP/HC260Y 以及 CFRP/DC05 铆接接头，这三个铆接接头在单向拉伸中峰值载荷分别为 3.62 kN、3.9 kN、2.5 kN。其中 CFRP/DC05 与 CFRP/HC260Y 铆接接头的主要失效形式是钢板的翘曲变形过大引起铆钉孔的大变形，试验所用 DC05 与 HC260Y 钢板的强度均低于 CFRP 层合板，因此接头的承载能力低于 CFRP/DP1180 与 CFRP/PHS1500 接头。由此说明了 CFRP/钢铆接接头的强度决定于较弱一侧母材中孔周的强度。第三类曲线就是图中 TRIP780/TRIP780 铆接接头的曲线，其与另外五个铆接接头的载荷-位移曲线均不相同，峰值载荷与 CFRP/DP1180 及 CFRP/PHS1500 铆接接头接近，但是具有典型的塑性变形阶段，这与 CFRP/DC05 及 CFRP/HC260Y 铆接接头相类似。这是由于 TRIP780 的强度比所用的不锈钢铆钉的抗剪强度大，因此在拉伸过程中主要失效为铆钉的变形，但是在铆钉失效之前母材先发生了塑性变形，因而出现了图中的塑性硬化阶段。这再次说明了，铆接接头的强度不仅取决于铆钉与母材的强度，还与母材与铆钉的相对强弱密切相关。

图 4-34(b)所示为五个接头的正向拉伸载荷-位移曲线，这五条曲线中 CFRP/DP1180、CFRP/PHS1500 接头的曲线变化趋势及形状基本相同，载荷峰值也接近。这是由于两个接头的主要失效形式均为 CFRP 层合板的弯裂，接头强度均决定于 CFRP 层合板的层间强度，因而接头强度相同。另外，这两个接头的载荷-位移曲线中还出现了 2～3 个转折段，如图中 CFRP/DP1180 接头曲线中的 *AB*、*CD*、*EF* 段，这是由于该接头在承受法向拉伸载荷时，金属板材有沿着铆钉轴线方向发生相对位移的趋势，而铆钉在铆接后发

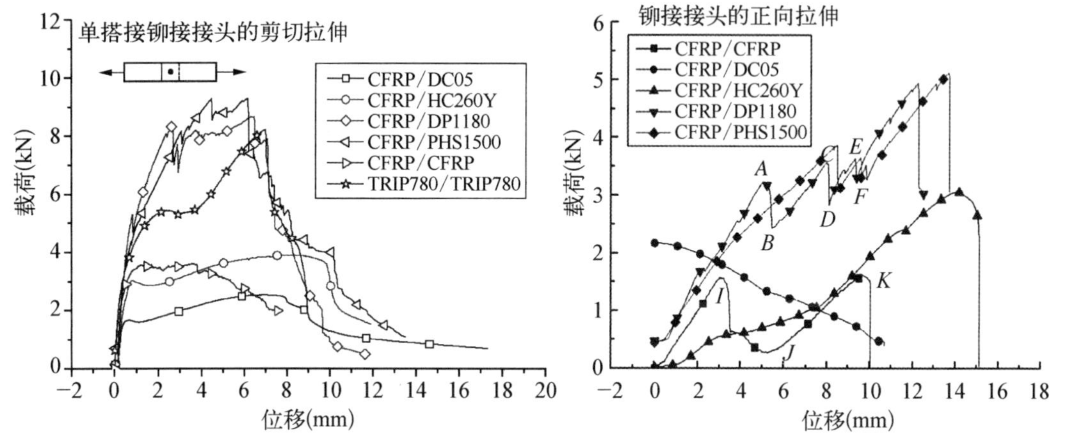

(a) 剪切拉伸　　(b) 正向拉伸

图 4-34　CFRP/钢铆接接头的剪切拉伸和正向拉伸载荷-位移曲线

生了不同程度的镦粗变形，而且变形量沿铆钉轴线方向不同，自钉帽向钉尾端铆钉直径呈现“小—大—小—大”的规律，因此钢板在正向拉伸载荷作用下沿着铆钉轴线方向运动，铆钉孔随着铆钉直径的改变而发生不同程度的变形，由此引起接头整体载荷的减小尔后又增加，然后又减小、增大的变化现象。

图 4-34(b)中 CFRP/CFRP 铆接接头的载荷-位移曲线呈斜体字母“M”形，该曲线明显区别于其他三条曲线，主要原因在于：CFRP/CFRP 铆接接头两母材的强度与刚度理论上完全相同，在正向拉伸过程中主要变形集中在铆钉孔周。铆钉孔的弹性变形增大了铆钉与铆钉孔的间隙，使得 CFRP 层合板相对铆钉产生相对滑动，所以接头载荷得到下降，如图 4-34(b)中的 *IJ* 段。下滑了一定距离后，CFRP 层合板遇到铆钉直径增大的区域，这时 CFRP 层合板铆钉孔表面与铆钉紧密接触，因此接头的载荷逐渐增加，如图 4-34(b)中的 *JK* 段。CFRP 层合板是由碳纤维丝与树脂基体组成，加工铆钉孔时碳纤维丝被切断，当 CFRP 层合板被拉至铆钉尾端铆钉孔被膨胀，由此引起切断的碳纤维丝从基体中被拔出，产生铆钉孔周的开裂，接头完全失效，承载能力急剧下降。与 CFRP/CFRP 接头相比，CFRP/HC260Y 接头中两母材的强度与刚度均低于 CFRP 层合板，因此接头在承载过程中变形主要集中在钢板侧，而钢板又属于韧性好的材料，钢板铆钉孔周可以容许的变形量远大于 CFRP 层合板，因此 CFRP/钢的铆接接头最大正向拉伸载荷均大于 CFRP/CFRP 铆接接头，且可达到的位移也大很多。

图 4-34(b)中 CFRP/DC05 铆接接头的曲线与其他四条曲线差异很大，这条曲线一直呈递减的趋势，这是因为从强度上和刚度上 CFRP 层合板均比 DC05 钢板高出很多，正向拉伸过程中变形集中在 DC05 钢板铆钉孔区域，由此 DC05 铆钉孔周发生了大的塑性变形，铆钉孔由圆形变成了椭圆形，且 DC05 钢板的弯曲变形非常严重，DC05 钢板铆钉孔很快就产生了开裂，接头失去承载功能，铆钉及 CFRP 层合板的承载能力都没有得到发挥就发生了失效。因此，对于有承载要求的结构，应避免这种强弱差异很大的母材作为相邻结构的材料。

4.6.3 胶铆复合连接强度

图 4-35 所示为五个胶铆接头的剪切拉伸载荷-位移曲线。由图可见，CFRP/CFRP、CFRP/DP1180、CFRP/PHS1500 三个接头的载荷-位移曲线呈现三段式。以 CFRP/DP1180 接头的曲线为例，第一段为 *AB* 段，该段呈现线性变化，主要是 CFRP 层合板、钢板以及胶层的弹性变形，到达 *B* 点时载荷急剧下降，这是由于胶层发生了剪切断裂失效。第二段是 *BC* 段，胶层失效后接头的承载能力急剧下降，下降到 *C* 点时铆钉开始承载。第三段是 *CD* 段，该区间内铆钉通过自身的弹塑性变形来承载，因此最大载荷随着铆钉的塑性变形增加然后又下降。CFRP/DC05 与 CFRP/HC260Y 接头的曲线并没有 CFRP/

DP1180 接头曲线中的急剧下降段，这说明该接头在剪切拉伸变形中胶层开裂之前钢板已发生了失效。

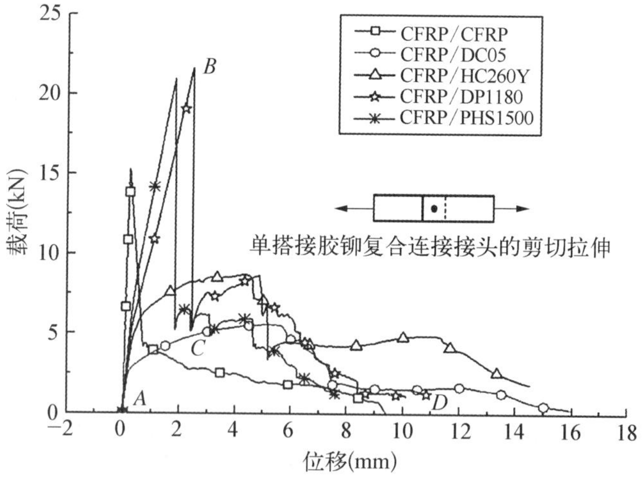

图 4-35　CFRP/钢胶铆复合连接接头的剪切拉伸载荷-位移曲线

图 4-36(a)和(b)所示数据为 CFRP 与 CFRP 及四种钢板组成的胶接、铆接及胶铆复合连接接头的剪切拉伸和正向拉伸最大载荷，每个数据点均取五个重复试验数据的平均值。对单搭接接头而言，胶接接头与胶铆复合连接接头的平均剪切拉伸强度远高于铆接接头；而铆接接头与胶铆复合连接接头的平均正向拉伸强度高于胶接接头。这说明胶接接头有较高的剪切拉伸强度，但是其正向拉伸强度较差。在不同材料组成的接头中，CFRP/DP1180 和 CFRP/PHS1500 两类接头比 CFRP/DC05 及 CFRP/HC260Y 具有更高的剪切拉伸强度与正向拉伸强度，因此 CFRP 零部件设计中应选择与 CFRP 层合板强度与刚度接近的材料进行连接。

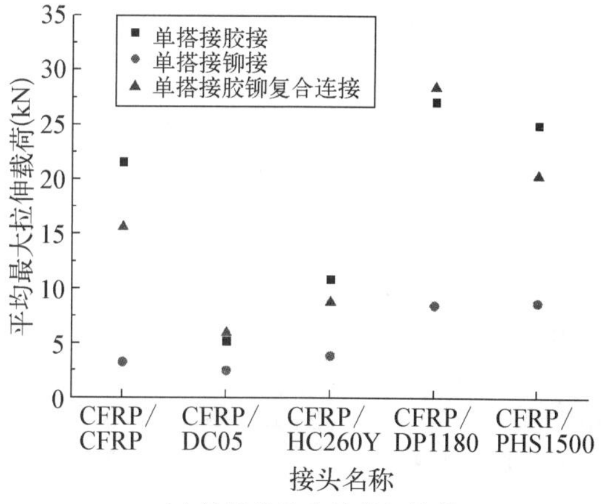

(a) 单搭接接头的剪切拉伸

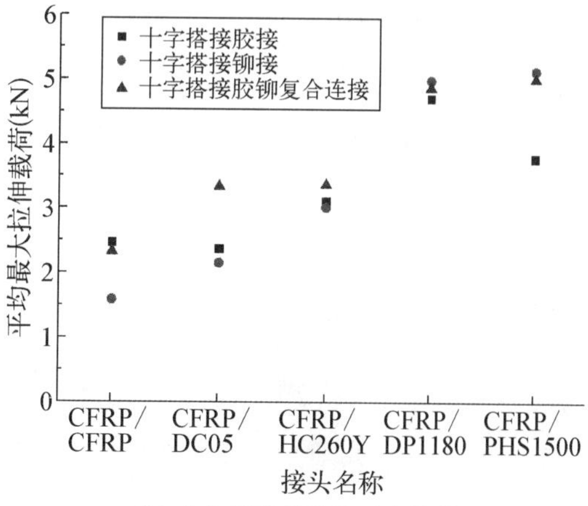

(b) 十字搭接接头的正向拉伸

图 4-36　CFRP/钢胶接、铆接及胶铆复合连接接头的剪切拉伸和正向拉伸强度

4.6.4 失效机理

图 4-37(a)～(d)所示为 CFRP 与 DC05、HC260Y、DP1180、PHS1500 四种钢板的单搭接胶接接头在剪切拉伸载荷作用下的失效形貌，图中试样搭接区域表面黑白色颗粒是拉伸试验前喷在试样表面的黑白散斑，DIC 系统通过捕捉这些散斑的相对距离来测量变形。由图 4-37(a)和(b)可见，钢板的搭接区没有胶层的痕迹，露出了被打磨的表面，这说明发生了钢板与胶层的界面失效。图 4-37(c)所示钢板搭接区和 CFRP 搭接区均可看到胶层，这说明发生了胶层失效。图 4-37(d)所示 CFRP 搭接区有碳纤维丝断裂和分层，而且钢板搭接区还有碳纤维层，这说明发生了 CFRP 层合板胶层失效。

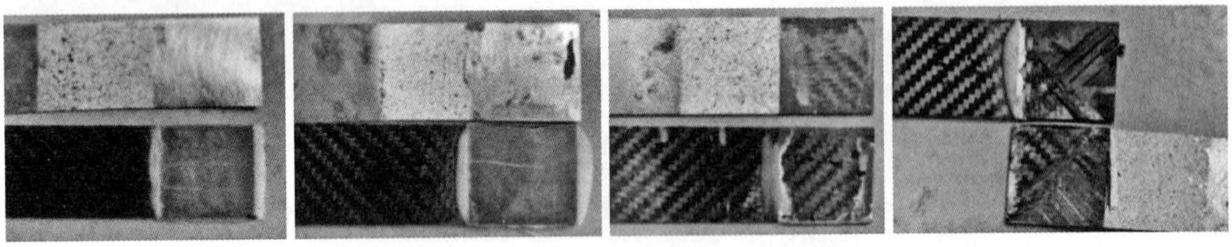

(a) CFRP/DC05　(b) CFRP/HC260Y　(c) CFRP/DP1180　(d) CFRP/PHS1500

图 4-37　单搭接胶接接头的剪切拉伸失效形貌

图 4-38(a)～(d)所示为 CFRP 与 DC05、HC260Y、DP1180、PHS1500 钢板十字搭接接头在正向拉伸载荷作用下的失效形貌。为方便观察，图中的两块母材已被旋转到同一个方向，以下同。图 4-38(a)与(b)中钢板搭接区域露出了表面，这说明接头发生了钢板与胶层的界面失效。同时可看到钢板两端向加载方向翘起，也即钢板发生了翘曲变形，这是由于 CFRP 层合板厚度为 2 mm，DC05 钢板与 HC260Y 钢板的厚度分别为 0.7 mm 和 0.8 mm，两母材厚度差异较大。十字搭接接头在正向拉伸载荷和连接区域粘接力的作用下，呈现三点弯曲的受力状态。对平板件而言，厚度直接影响弯曲刚度。刚度从物理内涵上就是材料所受载荷 F 与该载荷所引起的变形 δ 的比值，也即 F/δ。而 δ 与截面的厚度 t 成反比关系，因而较薄的 DC05 和 HC260Y 钢板侧发生了较大的弯曲变形。该弯曲变形的逐渐加大使其厚度方向应力增大，最终导致钢板与胶层界面发生失效。

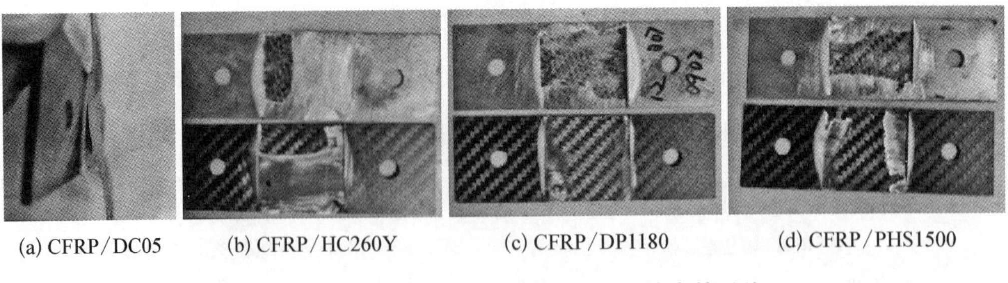

(a) CFRP/DC05　(b) CFRP/HC260Y　(c) CFRP/DP1180　(d) CFRP/PHS1500

图 4-38　十字搭接胶接接头的正向拉伸失效形貌

图 4-38(c)与(d)所示被拉开的两块母材基本看不出有明显的弯曲变形。一方面 CFRP 层合板与 DP1180 与 PHS 钢板的厚度差较小，另一方面这两块母材的抗拉强度远高于 CFRP 层合板，而前述的 DC05 与 HC260Y 不仅厚度小而且材料的抗拉强度也很小，这是导致 CFRP/DC05、CFRP/HC260Y 与 CFRP/DP1180、CFRP/PHS1500 十字搭接胶接接头失效形式差异的根本原因。因此，组成接头的两块母材不仅刚度要相当，其强度也不能差异过大，否则就会导致较弱侧材料发生过大的变形引起失效。

图 4-39 所示为单搭接 CFRP/钢铆接接头在剪切拉伸载荷作用下的失效形貌。由图 4-39(a)和(b)可见钢板侧发生了明显的翘曲，同时铆钉孔处发生了大变形，而 CFRP 层合板没有明显的变形与失效。相反，图 4-39(c)和(d)中 CFRP 层合板侧铆钉孔发生了开裂，可看到碳纤维丝散落出来，这说明 CFRP/DP1180 与 CFRP/PHS1500 铆接接头中 CFRP 层合板先于相应钢板发生失效，失效形式均为层合板中的铆钉孔发生断裂。

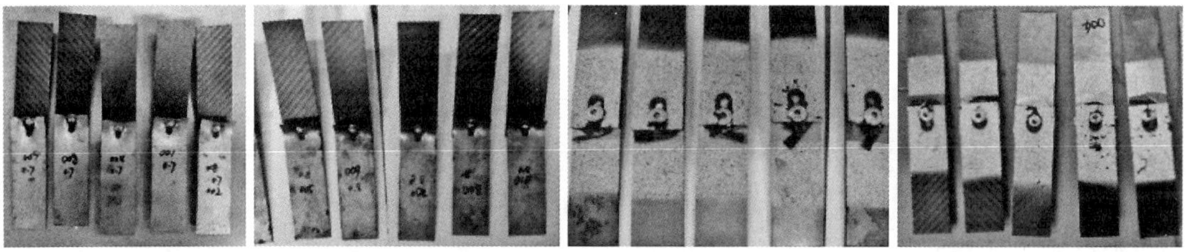

(a) CFRP/DC05　(b) CFRP/HC260Y　(c) CFRP/DP1180　(d) CFRP/PHS1500

图 4-39　单搭接铆接接头的剪切拉伸失效形貌

图 4-40 所示为十字搭接 CFRP/钢铆接接头在正向拉伸载荷作用下的失效形貌。图 4-40(a)和(b)中 CFRP/DC05 与 CFRP/HC260Y 铆接接头的主要失效原因是钢板发生了较大的弯曲变形，最终将钢板从铆钉中拉脱。而 CFRP/DP1180 与 CFRP/PHS1500 铆接接头中钢板基本没有发生弯曲变形，反而是 CFRP 层合板发生了弯曲变形，产生弯裂，CFRP 层合板铆钉孔周也出现开裂。

图 4-41 所示为单搭接 CFRP/钢胶铆复合连接接头在剪切拉伸载荷作用下的失效形貌，可见 CFRP/DC05 与 CFRP/HC260Y 胶铆复合连接接头由于钢板 DC05 与 HC260Y 均发生了显著的翘曲变形，使得钢板与胶层的界面发生了开裂，且钢板侧铆钉孔发生了较大的变形。而图 4-41(c)和(d)所示的接头中弯曲变形不明显，主要失效形式是胶层的开裂，图 4-41(d)中出现了 CFRP 层合板的分层失效，这说明在 CFRP/DP1180 与 CFRP/PHS1500 胶铆复合连接接头在剪切拉伸变形中仍然存在翘曲变形，只不过由于两接头中钢板的强度较大，使得弯曲变形主要发生在 CFRP 层合板中，而 CFRP 层合板的分层临界应力较小，由此导致了母材失效。

(a) CFRP/DC05　(b) CFRP/HC260Y　(c) CFRP/DP1180　(d) CFRP/PHS1500

图 4-40　十字搭接铆接接头的正向拉伸失效形貌

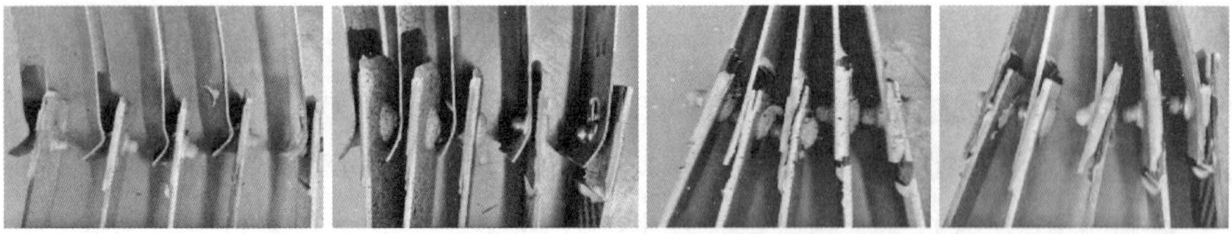

(a) CFRP/DC05　(b) CFRP/HC260Y　(c) CFRP/DP1180　(d) CFRP/PHS1500

图 4-41　单搭接胶铆复合连接接头的剪切拉伸失效形貌

图 4-42 所示为十字搭接 CFRP/钢胶铆复合连接接头在正向拉伸载荷作用下的失效形貌，可见四个接头中搭接区域的胶层均发生了开裂，这再次说明了胶接的正向拉伸强度较低。图 4-42(a)和(b)中钢板发生了显著的弯曲变形，CFRP 层合板也有分层现象。图 4-42(c)和(d)中 CFRP 层合板发生了弯裂，这是由于接头中 CFRP 层合板的抗弯刚度比 DP1180 及 PHS1500 钢板偏弱，弯曲变形发生在 CFRP 层合板中。上述所有接头的失效形式汇总于表 4-2 中。

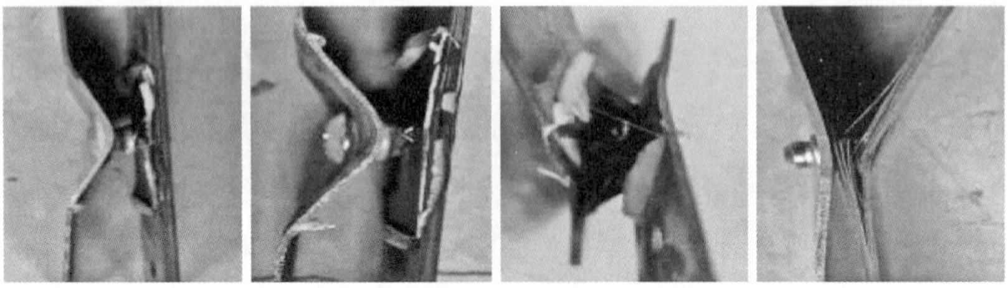

(a) CFRP/DC05　(b) CFRP/HC260Y　(c) CFRP/DP1180　(d) CFRP/PHS1500

图 4-42　十字搭接胶铆复合连接接头的正向拉伸失效形貌

表 4-2　CFRP/钢的胶接、铆接、胶铆复合连接接头的失效形式

接头类型	单搭接			十字搭接		
	胶接	铆接	胶铆复合连接	胶接	铆接	胶铆复合连接
CFRP/DC05	钢板与胶层的界面失效	钢板翘曲变形大，钢板中铆钉孔开裂	钢板翘曲变形，胶层开裂	钢板与胶层的界面失效	钢板弯曲变形大，CFRP 层合板铆钉孔开裂	钢板弯曲变形大，胶层开裂、CFRP 层合板分层

续　表

接头类型	单　搭　接			十　字　搭　接		
	胶　接	铆　接	胶铆复合连接	胶　接	铆　接	胶铆复合连接
CFRP/HC260Y	同上	同上	同上	同上	同上	同上
CFRP/DP1180	胶层剪切断裂	CFRP 层合板侧铆钉孔开裂	胶层剪切断裂	胶层剪切断裂	CFRP 层合板弯裂	CFRP 层合板弯裂
CFRP/PHS1500	胶层剪切断裂，CFRP 层合板分层	同上	胶层剪切断裂，CFRP 层合板分层	同上	同上	同上

可见，按材料组成来看，CFRP 与 DC05、HC260Y 钢板组成的胶接、铆接及胶铆复合连接接头失效的主要原因是钢板弯曲变形过大，引起钢板与胶层的界面失效、铆钉孔大变形和 CFRP 层合板分层。出现这些失效现象的根本原因在于钢板 DC05 和 HC260Y 的厚度与 CFRP 层合板厚度差异过大，导致两板材的刚度差异较大，由此引起刚度较小一侧板材发生大变形，大变形直接导致了胶层的开裂和铆钉孔的开裂。CFRP 层合板与 DP1180 以及 PHS1500 钢板组成的接头在剪切拉伸与正向拉伸载荷作用下失效均发生在 CFRP 层合板中，这是由于 CFRP 层合板厚度与 DP1180 以及 PHS1500 钢板厚度差相对较小，而且 DP1180 与 PHS1500 钢板的抗拉强度远高于本书研究的 CFRP 层合板。厚度差异与强度的差异的共同作用使得 DP1180 及 PHS1500 钢板的综合承载能力高于 CFRP 层合板，接头中 CFRP 层合板侧属于偏弱的一侧，因此失效发生在 CFRP 层合板中。

4.7　CFRP/钢胶铆连接材料选择方法

4.7.1　选择依据

由上节试验研究可得：相同 CFRP 层合板与不同强度不同厚度钢板组成的接头的失效形式和连接强度差异很大，因此连接设计中相邻零件的材料选择非常关键。由于连接失效分为连接区域失效与母材失效，本节主要对以母材失效为主要失效形式的接头材料选择方法进行总结。

对于 CFRP/钢接头中，CFRP 层合板与钢板所能承受的最大载荷可由式(4.1)、式(4.2)决定。

$$F_{mc}=\sigma_{bc}\cdot A_c \tag{4.1}$$

$$F_{ms} = \sigma_{bs} \cdot A_s \tag{4.2}$$

式中，F_{mc}与 F_{ms}分别是 CFRP 层合板与钢板所能承受的最大载荷，σ_{bc}与 σ_{bs}分别是 CFRP 层合板与钢板的抗拉强度，A_c 与 A_s 是 CFRP 层合板与钢板的横截面积。考虑两母材横截面的宽度相同，结合式(4.1)和式(4.2)可得 CFRP/钢接头中两板材所能承受的极限载荷的比值 f 为

$$f = \frac{F_{mc}}{F_{ms}} = \frac{\sigma_{bc}}{\sigma_{bs}} \cdot \frac{t_c}{t_s} \tag{4.3}$$

式中，t_c 与 t_s 是 CFRP 层合板与钢板的厚度。令 $k = t_c/t_s$，则式(4.3)可表达为

$$f = k \frac{\sigma_{bc}}{\sigma_{bs}} \tag{4.4}$$

式(4.4)说明组成接头两板材的最大承载水平的大小与厚度差及其抗拉强度比值成正比。而组成接头的两板材在同样的拉伸力作用下，其内部的应力比为

$$\frac{\sigma_c}{\sigma_s} = \frac{t_s}{t_c} = \frac{1}{k} \tag{4.5}$$

式中，σ_c 与 σ_s 是 CFRP 层合板与钢板的内应力。式(4.5)说明 CFRP/钢接头在剪切拉伸载荷作用下内应力大小与板材厚度成反比。也就是说，厚度越大的材料内应力越小，而厚度越小的材料内应力越大，因此厚度差越大内应力水平差异也越大。在本章研究的 CFRP/钢接头中，CFRP/DC05 接头的厚度差最大，CFRP/PHS1500 接头的厚度差最小，由此可判断 CFRP/DC05 接头中两块板材应力差最大，即 DC05 钢板中内应力最大，同时该种钢板的抗拉强度在四种钢板中又是最小的，因此 CFRP/DC05 接头的整体强度在所接头中是最小的。表 4－3 列出了本书所研究的 CFRP 层合板与钢板的厚度比 k 及极限载荷比值 f。为了获得足够多的数据来进行后续的定量分析，表 4－3 中增加了另外两种钢板 DP590 及 DP780 的数据。

表 4－3　CFRP/钢接头中被连接母材的厚度及最大承载能力比较

材　料	k	f	材　料	k	f
CFRP	1.0	1.0	DP780	1.67	1.159
DC05	2.86	0.176	DP1180	1.67	1.052
HC260Y	2.50	0.226	PHS1500	1.25	1.699
DP590	1.67	0.668			

图 4－43 所示为各 CFRP/钢接头在剪切拉伸和正向拉伸过程中所能承受的平均最大拉伸载荷随接头母材厚度比的变化。可见，三种接头所承受的剪切拉伸最大载荷和正向拉伸最大载荷均随着母材厚度比 k 的增加而逐渐增加，达到峰值后然后随着 k 的增加呈现下降的趋势。剪切拉伸过程中，$k=1.67$ 时三种接头均达到最大剪切拉伸强度。正向拉伸过程中，k 为 1.25～1.67 时正向拉伸强度趋于最大。

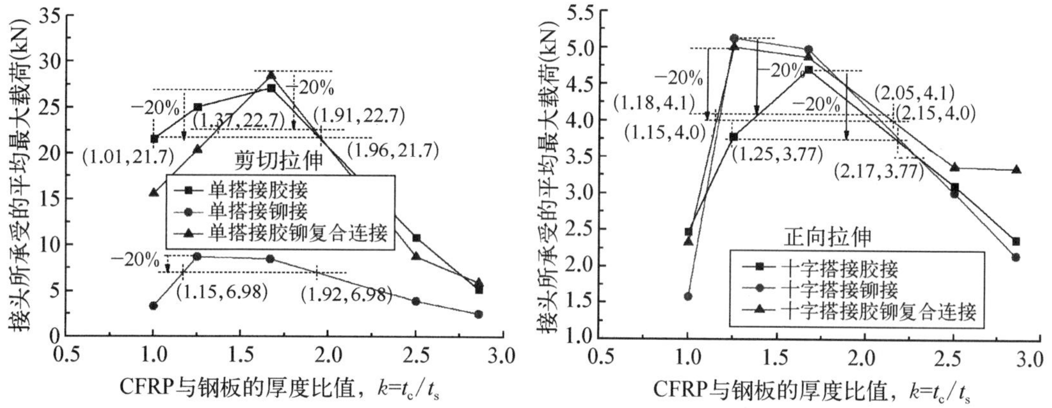

(a) 单搭接接头的剪切拉伸　　(b) 十字搭接接头的正向拉伸

图 4－43　CFRP/钢接头的强度随厚度比的变化

图 4－44 所示为各类接头在剪切拉伸和正向拉伸过程中所能承受的平均最大拉伸载荷随接头母材承载系数 f 的变化。可见，三种接头的剪切拉伸最大载荷和正向拉伸最大载荷均随着 f 的增加而逐渐增加，在 $f=1.0$ 左右时达到最大，然后随着 f 的增加有所减小。为了方便工程应用，求出了图 4－43 和图 4－44 中的各接头强度最大值的 80％所对应的厚度比范围与极限载荷比值范围。如图 4－43(a)中单搭接胶接接头最大强度为27.11 kN，其 80％的水平为 22.7 kN，作一条平行于横坐标轴的水平线，与折线相交的两点的横坐标分别为 1.01 和 1.97，由此确定单搭接胶接接头达到最大强度 80％随对应的厚度比为 1.01～1.96。采用同样的方法可得，可达到单搭接铆接接头 80％最大强度的母材厚度比为 1.15～1.92，单搭接胶铆复合连接接头可达到 80％最大强度的厚度比为 1.37～1.91。取这三个范围的交集可得 1.37～1.91。也就是说，CFRP 层合板的厚度与钢板厚度比范围在 1.37～1.91 区间内的接头，可以满足胶接、铆接、胶铆复合连接均达到 80％的最大强度。同理可获得图 4－43(b)中 80％强度所对应的厚度比范围为 1.25～2.05。综合剪切拉伸强度与正向拉伸强度可得厚度比范围为 1.37～1.91。图 4－44(a)中 80％强度所对应的 f 值范围为 0.9～1.52，图 4－44(b)中 80％正向拉伸强度所对应的 f 值范围为 0.77～1.55。综合剪切拉伸与正向拉伸两种载荷工况下 f 值范围为 0.9～1.52。

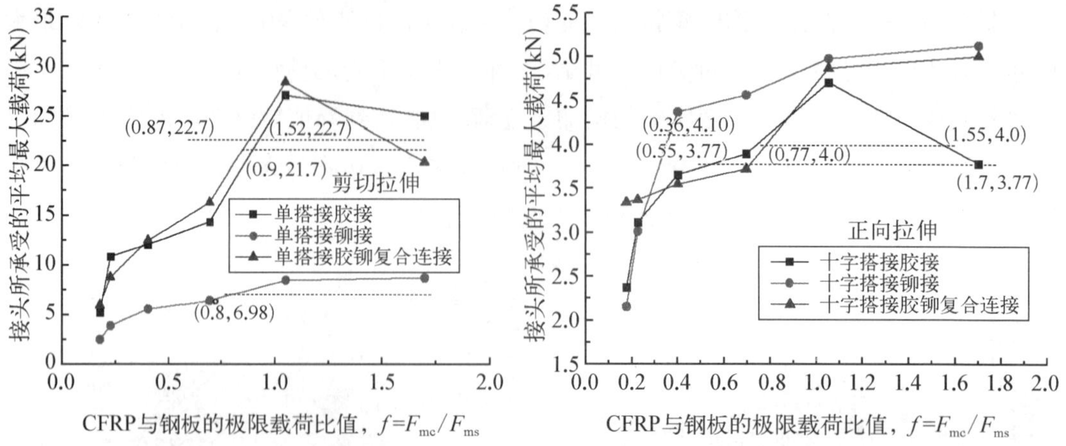

(a) 单搭接接头的剪切拉伸　　(b) 十字搭接接头的正向拉伸

图 4-44　各类接头的强度随母材承载能力的变化

综合上述分析可得：CFRP 层合板结构件设计时，其相邻金属板材的厚度比的推荐范围为 1.37～1.91，极限承载力比的推荐范围为 0.9～1.52。按照该方法选择的材料，其胶接、铆接和胶铆复合连接接头均可达到 80%的最大强度水平。

4.7.2　材料选择建议

(1) CFRP 层合板与钢板的胶接、铆接以及胶铆复合连接时，失效模式决定于两母材的强度与刚度差异。强度与刚度相差较大引起较弱一侧的大变形或二次弯曲是导致单搭接接头与十字搭接接头失效的主要原因。应选择与 CFRP 零部件强度与刚度相接近的材料进行连接。

(2) CFRP 零部件的单搭接与十字搭接连接设计时，其与相邻钢板的厚度比推荐范围为 1.37～1.91，承载系数比推荐范围为 0.9～1.52。满足此条件的接头，其剪切拉伸强度和正向拉伸强度均可达到等厚度与等强度设计的同种类型接头强度的 80%。

(3) 在单搭接与十字搭接铆接接头和胶铆复合连接接头中均出现了 CFRP 层合板铆钉孔周的失效，此处是 CFRP 层合板铆接连接的薄弱环节。

(4) 单搭接 CFRP/钢胶接接头与胶铆复合连接接头的剪切拉伸强度远高于单搭接铆接接头，十字搭接 CFRP/钢铆接接头与胶铆复合连接接头的正向拉伸强度高于十字搭接胶接接头。同种搭接形式下胶接接头的剪切拉伸强度最高，但是其正向拉伸强度较差。

参考文献

[1] 中国航空研究院.复合材料连接手册[M].北京：航空工业出版社，1994：58-59.
[2] GB/T 12618.4—2006.开口型平圆头抽芯铆钉　51 级[S].
[3] GB/T 97.1—2002.平垫圈　A 级[S].

第5章 CFRP 螺栓连接承载行为及载荷分配

螺栓连接具有连接强度高、方便拆卸等优点，是 CFRP 零部件的主要连接方法之一。由于 CFRP 层合板具有典型的铺层结构，材料各向异性显著，且 CFRP 层合板对机械制孔的质量非常敏感，故 CFRP 层合板的连接设计不能完全照搬金属材料的螺纹连接设计，需要综合考虑 CFRP 层合板自身的材料特性。本章首先对 CFRP 连接设计中常见的单螺栓连接、多螺栓连接、胶螺复合连接的特点及其研究进展进行了综述，然后以 CFRP 层合板与 DP980 高强度钢板的螺栓连接为例，对其接头设计、失效模式、接头强度进行了详细分析，并结合案例深入讨论了 CFRP/CFRP、CFRP/DP980 多螺栓连接中的载荷分配规律。

5.1 CFRP 螺栓连接难点

5.1.1 单螺栓连接

Atas[1]对 CFRP 层合板的单螺栓双剪连接结构进行单向拉伸测试，分析了在不同铺层次序及搭接尺寸情况下的连接强度与损伤机理。Chishti 等[2,3]对 CFRP 层合板螺栓连接接头的损伤演化进行了研究，发现螺栓间隙会使损伤区域更加局部化，并降低承载应力。Cooper 和 Turvey[4]发现 CFRP 层合板螺栓连接结构的整体承载强度与连接尺寸、预紧力之间存在紧密的联系，CFRP 层合板的失效模式随着端距、孔径比、板宽的变化而改变。Sen 等[5]通过对 CFRP 层合板单搭接结构的静态拉伸试验，分析了搭接尺寸、预紧力、铺层顺序等因素与连接强度以及破坏模式之间的关系。Zhou[6,7]基于连续损伤模型对 CFRP 在静态拉伸载荷下的多螺栓连接强度与损伤演化规律进行了分析。

马毓等[8]通过胶螺复合连接之间的传力机制以及变形协调条件推导出承载力公式，并与试验结果进行对比。黄河源等[9]对不同厚度、不同形式螺栓连接复合材料接头的力学性能进行拉伸试验分析，研究表明接头厚度与接头挤压强度成反比，而且沉头螺栓连接结构承载能力明显优于凸头螺栓。唐玉玲等[10]分析了三维编织复合材料在不同预紧力、有无垫圈条件下的螺栓接头破坏载荷及失效模式，发现使用垫圈在一定程度上可以增强接头结构的承载能力，而预紧力的施加却没有较为明显的影响。张爽等[11]基于复合材料损伤演化非线性的特点，提出了 APDL 编制程序的三维可视化损伤仿真模型，分析了不同几何尺寸下的多钉连接的损伤演化机理。袁青祥[12]采用声发射检测技术对碳纤维复合材料螺栓连接结构的静态拉伸性能和冲击性能进行了研究，得出端距、板宽对结构的承载强度、破坏模式影响较大，且保证比值为 4～5 最佳；铺层顺序、连接形式、垫片形式、螺栓间距等对金属与复合材料连接结构的冲击强度、冲击韧性有很大影响。

5.1.2 多螺栓连接

经过多年的分析研究，对复合材料螺栓连接接头载荷分配问题，国内外研究者逐渐形成三种主要的研究方法：解析法、试验法和有限元法[13]。

由于有限元法相对解析法和试验法在可操作性、可重复性和成本方面都具有明显的优势，常用于螺栓连接载荷分配分析。范俊涛[14]结合解析法与有限元法研究了碳纤维/铝合金螺栓连接结构的承载行为与损伤失效规律。Gray 和 McCarthy[15]提出了一种新的高效自定义有限元螺栓建模方法。Kelly 等[16]采用有限元分析技术研究了钉孔间隙对碳纤维复合材料螺栓连接结构承载强度的影响。Egan 等[17]采用三维实体显式有限元模型模拟了复合材料沉头螺栓连接结构在动态承载下的破坏失效过程。刘兴科等[18]在 ANSYS 软件中建立了复合材料钛合金多螺栓连接三维有限元模型，其中钛合金板、螺栓及垫圈均采用 Solid45 单元建模，层合板采用各向异性 Solid64 单元建模，基于该模型研究了钉孔间隙、预紧力和摩擦对螺栓承载比例的影响规律。史红星[19]在 ABAQUS 软件中建立了复合材料双搭接三螺栓连接结构的有限元模型，其中金属板和螺栓采用 C3D8R 单元建模，层合板采用 SC8R 单元建模，基于该模型研究了连接板刚度比、搭接形式、间隙配合对接头载荷分配的影响规律。Liu 等[20]分析了复合材料厚板多螺栓连接的孔周应力状况和层合板层间应力分布，指出该方法对于大厚度层合板连接结构的分析具有较高的求解效率。刘向东等[21]利用 ANSYS 软件建立了单排三螺栓单搭接和双搭接结构的二维和三维有限元模型，基于该模型得到了各螺栓的承载比例及应变结果，并通过应变电测法验证了有限元计算结果的准确性。

螺栓载荷分配的解析法主要分为两种：弹簧质量法和复势函数法。Tate 和 Rosenfeld[22]针对多螺栓双搭接结构，提出了用于计算各向同性材料连接结构螺栓承载比例的等效刚度法，奠定了弹簧质量模型的基础。该方法原理简单，计算结果与试验吻合较好，但该方法不能用于计算各向异性材料连接结构的螺栓承载比例。McCarthy 等[15]对弹簧质量模型进行了扩展，使其能够计算钉孔间隙对螺栓承载比例的影响，并考虑了螺栓与孔的间隙以及高拧紧力矩的影响，改进后的模型适用于单排螺栓单搭接和双搭接连接结构。Fan 等[23]利用平面弹性理论中的 Faber 级数展开法和复势函数法，提出了一种通用的复合材料多螺栓连接接头载荷分配计算方法，并基于该方法研究了摩擦和配合方式对四螺栓连接结构载荷分配的影响。

谢宗蕻等[24]对弹簧质量模型进行了改进，改进后的模型可用于规则排列多螺栓承载比例的分析。谢鸣九[25]基于静不定结构分析理论提出了用于计算螺栓规则排列的连接接头承载比例的直接刚度法，此方法忽略了大变形、摩擦等诸多非线性效应的影响。徐耀玲等[26]认为被连接件可看作弹性体，基于结构力学和复变函数解法，推导了计算复合材料多螺栓连接结构接头承载比例的线性代数方程组。张震[27]基于复势函数与变分原理，计算出了复合材料多螺栓单搭接和双搭接连接结构的螺栓承载比例。

复合材料螺栓连接接头载荷分配的试验测量法主要分为三种：压力传感器法、应变计电测法和测量螺栓法。Ascione[28]提出了一种基于压力传感器的螺栓承载比例测量技术，此方法是把 Tekscan 压力传感器安装在螺栓与孔的接触面上，通过直接测量孔边应力应变分布得到螺栓所承受的载荷。Lawlor 等[29]把传感器植入螺栓直接测量螺栓受载比例，结果表明即使很小的间隙量也会显著影响螺栓的承载比例。Kira[30]采用试验的方法探究了间隙量和干涉量对螺栓连接结构的破坏模式和极限承载强度的影响规律。Okutan 和 Karakuzu[31]对玻璃纤维复合材料螺栓连接结构进行拉伸试验，研究了几何尺寸对接头承载强度、剪切强度和静拉强度的影响。房子昂等[32]使用应变片和钉载矢量传感器两种测试方法测量了碳纤维复合材料三螺栓单搭接、双搭接连接结构的钉载系数。张建宇等[33]针对单向载荷传感器的不足，提出并制作了新的钉载矢量传感器，采用该传感器测量了复合材料单搭接单螺栓连接结构的载荷分配数据。目前广泛采用的螺栓承载比例测试技术是由 Palmberg[34]提出的，此方法须在螺栓的两侧开槽，在槽内剪切面的两侧沿着正负 45°方向粘贴应变片，通过测量螺栓的剪应变从而确定在受载过程中螺栓所承受的载荷占比。Stanley 等[35]采用测量螺栓法研究了不同钉孔间隙对复合材料单搭接连接结构螺栓承载比例的影响规律。Kelly[16]使用此技术测量了胶螺复合连接结构中螺栓所承受的载荷比例。Ekh 等[36]使用该方法测量了复合材料铝板单搭接四螺栓连接结构的螺栓承载比例。通过试验测量螺栓承载比例可靠直观，能够反映结构在加载过程中应力应变的变化趋势，但试验测量法成本高，无法对影响螺栓承载比例的众多因素进行参数化研究，且试验结果的准确性十分依赖试件制作精度，测量方法和数据准确度也有待进一步提升。

5.1.3 胶螺复合连接

Lopez-Cruz 等[37]应用试验设计(DOE)方法,定量地评估了几种因素对复合接头强度的影响,研究因素包括层合板厚度、粘接剂模量、胶层厚度、粘接面积和螺栓孔间隙;研究结果表明,复合连接接头比螺栓或粘接接头强,复合接头强度主要取决于被粘层厚度、粘接力学性能和螺栓孔间隙。钟鸣远[38]以玻璃纤维增强复合材料 H 型夹芯作为研究对象,探索了连接形式和不同工况对接头应力、损伤分布以及破坏模式的影响,总结了腹板高度、厚度等几何尺寸参数以及胶层厚度端距、孔径等连接参数对接头的影响规律。Lee 等[39]比较了几种使用 FM73 粘合剂复合材料/钢双搭接接头的强度,研究了板宽孔径比(w/d)、边距孔径比(e/d)和复合材料板厚度对接头强度的影响;结果表明,胶螺复合接头的破坏载荷与粘接接头的破坏载荷几乎相同。Chowdhury 等[40]比较了粘接连接、螺栓连接、胶螺复合连接接头的静强度和抗疲劳性;结果表明,三种接头中胶螺复合接头具有最好的耐久性,其次是螺栓连接,最后是粘接接头;复合接头中紧固件的存在降低了剥离应力并阻止了粘合层中的裂纹扩展;紧固件还起到粘合剂粘合失效保护机制的作用,防止突然的灾难性失效,特别是对于含有缺陷的粘合层。马毓等[41]对比分析了预制孔-涂胶-安装-固化和涂胶-固化-安装两种工艺制作的胶螺复合连接接头在承载变形过程中的传力机理、胶螺之间变形协调条件的差异;研究表明,胶螺复合连接接头传力机理及承载力与制作工艺息息相关。袁辉等[42]针对胶螺复合连接接头,研究了对胶螺复合接头承载力影响最大的因素是螺栓位置、螺栓刚度等参数。Bodjona 等[43]研究了胶螺复合接头中荷载分担的问题;结果表明,粘接剂屈服强度是最重要的因素,接头 E/D 比、胶接硬化坡度和胶接厚度是影响载荷分担的重要因素。Raju 等[44]为了提高粘接/螺栓复合接头载荷分担效率,采用三维有限元模型研究了使用过盈配合螺栓代替传统的纯配合或间隙配合螺栓的新型设计方法;结果发现,过盈配合的螺栓接头的负载分担比间隙配合的螺栓接头高约 10%。

影响复合材料胶螺复合连接结构力学性能的因素较为复杂,包括胶层厚度和层合板的几何参数等因素。其传力机理与单一连接方式不同,在理论方面尚缺乏系统的研究,而有限元和试验的研究成果相对于胶接接头和机械连接接头也还不够丰富。上述研究表明,在合适的结构参数下,胶螺复合连接方法能够一定程度提高连接结构的极限承载力。层合板几何参数、材料性能、胶层几何参数和材料参数以及制作安装工艺等因素都会对传力机理、应力分布、损伤演化和最终载荷等产生不同程度的影响。

5.2 CFRP/DP980 单螺栓连接

本节以 CFRP 层合板与 DP980 高强度钢的螺栓连接为例,对其接头设计、失效模式和连接强度等进行分析。

5.2.1 接头设计

CFRP单螺栓搭接试样的制备参考ASTM D5961标准，主要尺寸参数如图5-1所示，其中参数L表示试样长度，参数W表示试样宽度，参数E表示螺栓孔距离材料边缘端距，t表示试样厚度，D表示螺栓孔直径。为了减少因为试样的不对称而引起的二次弯曲，在试样的两端粘贴了垫片，使得试样两端厚度相同。在碳纤维端使用钢制垫片，钢端使用碳纤维垫片。拉伸试验在MTS-E45拉伸试验机上进行并使用DIC系统进行拉伸变形的测量。

本试验采用12.9级钢制内六角凸头螺栓，另一侧采用8.8级螺母紧固。考虑DIC测量的方便性，没有添加垫圈。紧固件使用扭矩扳手统一拧紧为3.0 N·m。

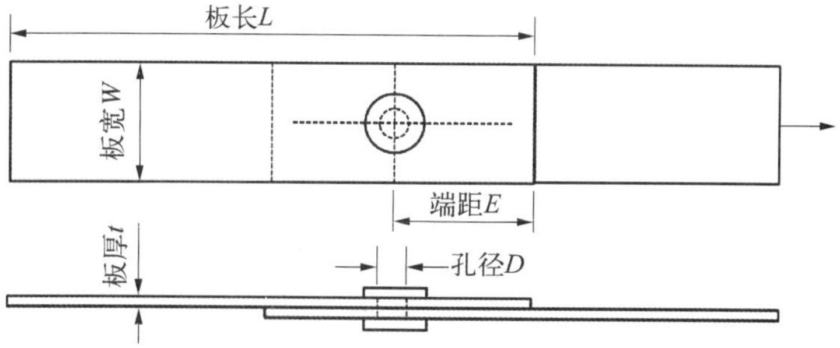

图5-1 碳纤维螺栓连接接头尺寸示意图

试验用DP980高强度钢与CFRP层合板的弹性模量比约为2.6∶1，抗拉强度比约为1.4∶1，DP980高强度钢的强度比CFRP层合板高出很多，为此将DP980钢板一侧的宽度减小，尽可能使接头两边母材承载力相近。接头设计时，为保证加工一致性与控制变量的原则，保持DP980钢板试样尺寸及螺栓孔直径$D=6$ mm不变，通过改变CFRP层合板试样端距E与宽度W来实现接头连接参数的改变。接头的系列代号及几何参数如表5-1所示，其中W_c和W_s分别表示CFRP层合板和DP980钢板试样的宽度，E_c和E_s分别表示CFRP层合板试样与DP980钢板试样的端距。

表5-1 CFRP/DP980螺栓连接接头尺寸参数

方案代号	W_c(mm)	E_c(mm)	W_s(mm)	E_s(mm)
W10	10	18	12	18
W12	12	18	12	18

续 表

方案代号	W_c(mm)	E_c(mm)	W_s(mm)	E_s(mm)
W14	14	18	12	18
W16	16	18	12	18
W18	18	18	12	18
W20	20	18	12	18
W36	36	18	12	18
E12	36	12	36	18
E15	36	15	36	18
E18	36	18	36	18
E21	36	21	36	18
E24	36	24	36	18
E27	36	27	36	18

上述试验方案共分为改变CFRP层合板接头宽度W系列与改变CFRP层合板接头端距E系列两部分，方案代号分别为W与E开头，各方案说明如下。

在E系列接头试验方案中，DP980接头的E/D参数与W/D参数分别为3和6不变，这一尺寸与ASTM D5961标准推荐螺栓搭接接头尺寸一致，在该尺寸方案下的对称接头易发生剪切或挤压破坏；CFRP层合板侧W/D参数为6，而E/D参数在2至4.5之间等梯度变化，参数值从小于标准推荐E/D尺寸至标准推荐尺寸的1.5倍，以便观察不同参数下接头处两种材料的不同破坏形式。

在W系列接头试验方案中，DP980接头的E/D参数与W/D参数分别为3和2，W/D参数远弱于标准推荐值，此时对称接头被设计为易于发生拉伸破坏；CFRP层合板侧E/D参数保持3不变，而W/D参数可在3至6之间改变，参数值小于标准推荐W/D尺寸至标准尺寸，可观察两种接头材料的拉伸或挤压破坏形式。

在方案W12与方案E18中，CFRP层合板接头与DP980接头的E、D、W尺寸均一致，因此试验设置了四组对称尺寸对照接头，材料分别为同质的碳纤维和高强度钢，以便与碳纤维/高强度钢接头连接性能进行对比，其方案代号及尺寸参数见表5-2。

表 5 - 2 对称尺寸接头拉伸对照组

方案代号	试样材料	E(mm)	W(mm)
DD12	高强度钢/高强度钢 DP980/DP980	18	12
DD36	高强度钢/高强度钢 DP980/DP980	18	36
CC12	碳纤维/碳纤维 CFRP/CFRP	18	12
CC36	碳纤维/碳纤维 CFRP/CFRP	18	36

5.2.2 失效模式

CFRP 的机械连接一般受到拉伸与剪切载荷作用，复合材料连接孔的周边存在挤压区、拉伸区和剪切区；其中单一型破坏模式有拉断、剪切、挤压、劈裂、拉脱破坏和螺栓断裂六种。如果连接结构发生拉伸失效或剪切失效，会使结构失去承载能力，导致结构完全失效，因此在设计时应避免发生这两种灾难性的失效。发生挤压失效时连接结构还能继续承载并不是灾难性的失效，因此在设计连接结构时按照这种失效形式进行设计。组合型失效模式主要是两种或两种以上失效形式同时发生，例如拉伸-剪切、挤压-剪切、挤压-拉伸、挤压-拉伸-剪切等。

复合材料螺栓连接结构可分为对接和搭接两类，按照螺栓受力形式可分为单剪和双剪两类；其中每类又有等截面和变截面两种情况，机械连接的主要连接方式如图 5 - 2 所示[45]。

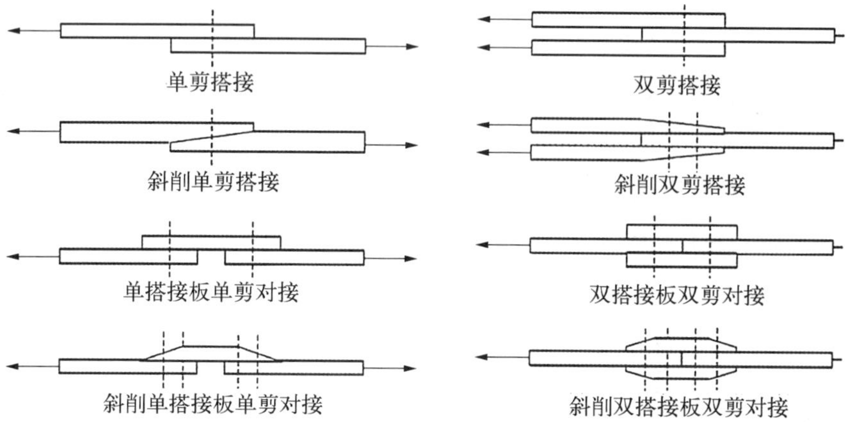

图 5 - 2 机械连接的主要连接方式

图 5 - 3 所示为 CFRP/DP980 螺栓连接接头的主要失效模式，包括拉伸破坏、剪切破坏、挤压破坏和拉脱破坏。拉伸破坏是由于接头宽度 W 较小时，螺栓孔两侧承载面积小，

当接头受载较大时该处 CFRP 层合板发生断裂，如图 5－3(a)所示。剪切破坏是指试样端距 E 较小时，CFRP 层合板从螺栓孔被剪断，如图 5－3(b)所示。挤压破坏发生往往是缓慢的、逐渐产生的，CFRP 层合板的挤压破坏与金属挤压破坏类似，挤压初期 CFRP 层合板螺栓孔轻微变形，纤维断裂相对较少，而挤压后期螺栓孔附近碳纤维出现褶皱直至最终被压溃，如图 5－3(c)所示。

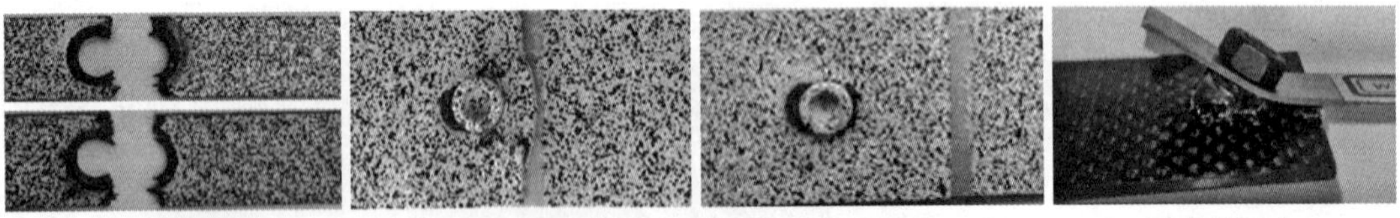

(a) 拉伸破坏　(b) 剪切破坏　(c) 挤压破坏　(d) 拉脱破坏

图 5－3　CFRP/DP980 螺栓连接接头失效模式

图 5－3(d)所示的接头螺栓的拉脱破坏，往往不是单独发生的，而是伴随其他几种失效模式一起出现。单剪接头由于不对称的连接形式使接头受偏心载荷，接头将承受弯矩作用并发生弯曲变形，通常称之为二次弯曲。拉脱破坏的发生往往与二次弯曲有关，因为接头的扭转使螺栓与试样之间的相互作用力改变了方向，不仅是最初的剪切载荷，还出现了垂直于试样平面的分力，导致螺栓头与螺母夹紧的部分纤维失效，孔被扩大，螺栓紧固件旋转一定角度后从螺栓孔中间脱出，从而产生拉脱破坏。拉脱破坏说明接头的弯曲刚度较低，会导致螺栓脱出、接头分离，工程应用时需要避免这种灾难性的破坏模式。

表 5－3 列出了试验中不对称接头的破坏模式，表中失效模式代号分别为 N—拉伸破坏(Net-Section Damage)，S—剪切破坏(Shear Damage)，B—挤压破坏(Bearing Damage)，P—拉脱破坏(Pulling－Out Damage)。W 系列中高强钢板宽度为 12 mm ($W/D=2$)，在螺栓孔直径的截面上最窄宽度仅为 3 mm；E 系列中高强钢板螺栓孔端距为 18 mm ($E/D=3$)，即使在 W36(CFRP 层合板为钢板宽度的 3 倍)与 E27(CFRP 层合板孔的端距为钢板的 1.5 倍)两种极端方案下，失效均发生于 CFRP 层合板一侧。随着 E/D 与 W/D 参数的改变，接头破坏模式也相应发生变化。W 系列接头主要失效模式为拉伸破坏；而 E 系列接头，在 $E/D\leqslant 3$ 即 $E\leqslant 18$ mm 时发生剪切破坏，在 $E/D>3$ 即 $E>18$ mm 时发生挤压、拉脱破坏。

表 5－3　CFRP/DP980 不对称螺栓接头失效模式

试样代号	失效模式	试样代号	失效模式
W10	N	E12	S
W12	N	E15	S

续　表

试样代号	失效模式	试样代号	失效模式
W14	N	E18	S
W16	N	E21	S，B
W18	N	E24	B，P
W20	N	E27	B，P
W36	B，P		
CC12	N	DD12	N
CC36	N	DD36	P

5.2.3　端距对接头性能的影响

图 5-4 所示为 E 系列接头的载荷-位移曲线，可见该曲线可分为五个部分：初始加载阶段、接头滑动阶段、滑动后的加载阶段、损伤发生阶段和接头失效阶段。

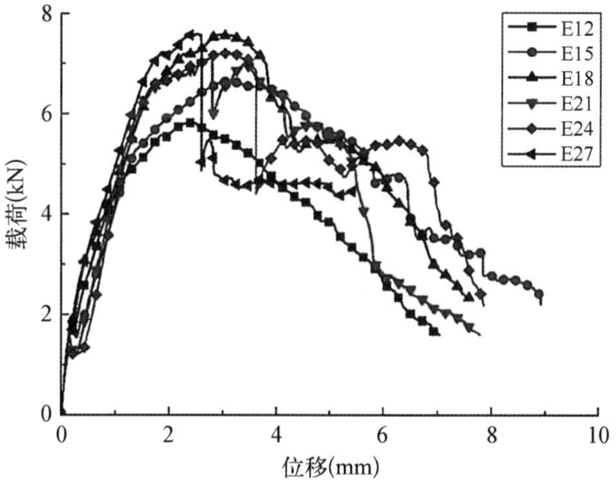

图 5-4　E 系列 CFRP/DP980 螺栓连接接头载荷-位移曲线

加载初始阶段，各曲线以同样的斜率随位移增大而上升。拉伸载荷在此阶段主要通过两试样之间的静摩擦力承担，该阶段两块试样之间没有发生相对滑动，螺栓与螺栓孔之间存在间隙。当拉伸载荷达到 1.4 kN 左右时，曲线出现一个横向移动的拐点，在随后极小一段位移内，尽管夹头位移继续增大，但接头载荷并未增加，这一阶段称为接头滑动阶段。该阶段的出现是由于载荷超过了试样之间的静摩擦力，试样间出现了滑动摩擦，螺栓

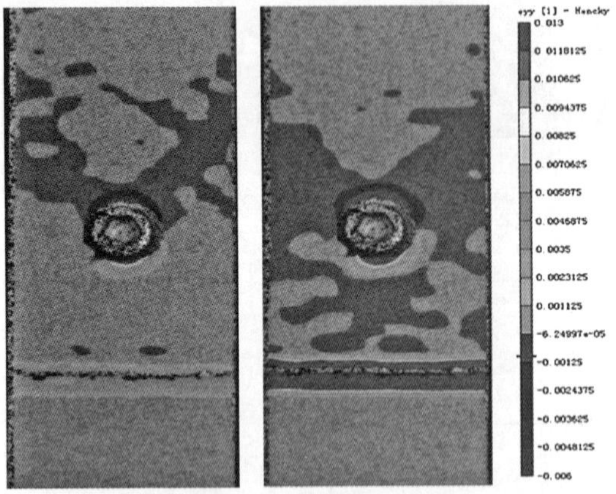

(a) 滑动阶段开始前　(b) 滑动阶段结束时

图 5－5　方案 E18 拉伸方向应变分布云图

滑动了一个螺栓孔间隙的距离，开始与螺栓孔边缘接触。

图 5－5 所示为方案 E18 在滑动前后接头在拉伸方向的应变分布云图，对比可以发现，两图螺栓孔附近应变变化不大，但是接头自由边处应变差异较为明显，这是由于 DIC 后处理软件在计算应变时默认两块试样为一体，当两块试样发生相对滑动时，后处理软件会认为接头位置在拉伸出现了很大表面应变。这一现象说明曲线的滑动阶段是由于试片之间的滑动造成的。

在接头滑动阶段结束后，载荷曲线继续上升，这时螺栓与试样之间紧密接触，载荷增加主要由孔的变形承受。由于孔的变形近似为线弹性，所以该段曲线斜率也基本不变，这一阶段称为滑动后的加载阶段。在这之后，载荷-位移曲线出现一个小幅转折，开始很缓慢地上升，进入损伤发生阶段。这是由于螺栓孔靠近自由端方向的纤维丝已经达到承载极限，初期破坏开始发生，试样的拉伸刚度开始明显降低。试验时可以听到少许清脆的碳纤维丝断裂声，但是没有发生大范围破坏，肉眼还难以分辨破坏的发生，直至载荷升至最大点。随着初期破坏的累积，载荷开始缓慢下降或以一个较大斜率迅速下降，进入接头失效阶段，接头发生了肉眼可见的破坏。

对比各曲线，差异集中出现在滑动后的再加载和接头失效两个阶段。随着端距 E 的增大，曲线的滑动后再加载阶段对应的区间变长，其早期破坏逐渐推迟，刚度退化要缓慢，这对强度增强更为有利。在接头失效阶段，当端距 $E<18$ mm 时，接头所承受的载荷下降趋势相对平缓。而当端距 $E\geqslant 18$ mm 时，载荷下降后曲线又出现一个平台，这说明接头继续承载。这是由于在端距 E 改变时，接头中 CFRP 层合板侧发生的失效模式不同造成的。由表 5－3 可知，在 $E<18$ mm 时，接头发生了剪切破坏，因拉伸速度较为缓慢，接头剪切危险截面并未发生突然失效，造成曲线缓慢下降；在 $E\geqslant 18$ mm 时，接头失效模式为挤压破坏，载荷达到螺栓孔挤压区域强度极限时，该区域 CFRP 层合板发生小范围压溃失效，造成曲线载荷突降，随后螺栓继续与未压溃碳纤维接触承载，使载荷-位移曲线未直接下降为 0。

图 5－6 所示为 DIC 系统测量的方案 E12、E18、E27 接头失效前的拉伸应变分布云图。图 5－6(a)中，螺栓孔靠近自由边一侧存在深色的压缩区域，该区域范围扩展至试样边缘，可以推测该接头即将发生剪切破坏；图 5－6(b)和图 5－6(c)中，螺栓孔附近同一位置仍出现了深色区域，但该区域并未蔓延至自由边，而是逐渐减弱为颜色较浅的压缩较小或未压缩区域，说明该区域挤压应变逐渐增大，因此该接头即将发生挤压破坏。

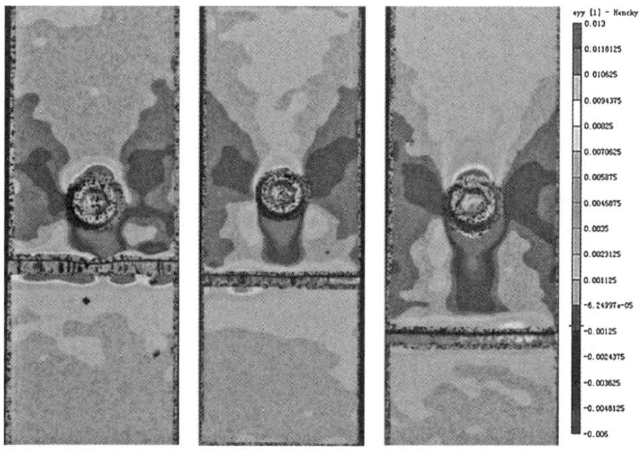

(a) E12　　(b) E18　　(c) E27

图 5-6　E 系列接头拉伸应变分布云图

为分析端距 E 改变对接头刚度的影响规律，图 5-7 对比了 E12、E15、E18、E27 接头的 CFRP 层合板面法向的位移分布云图。可以看出，各接头在螺栓孔向夹持端一侧大面积 CFRP 层合板均处于 -0.5 mm 的下陷状态，螺栓孔附近 CFRP 层合板变形也呈条纹状从 -0.5 mm 逐渐增大至 0 左右，而螺栓孔向自由端一侧相同距离接头的法向位移量也差别不大。因此可以确定，端距 E 的改变对接头二次弯曲影响较小。

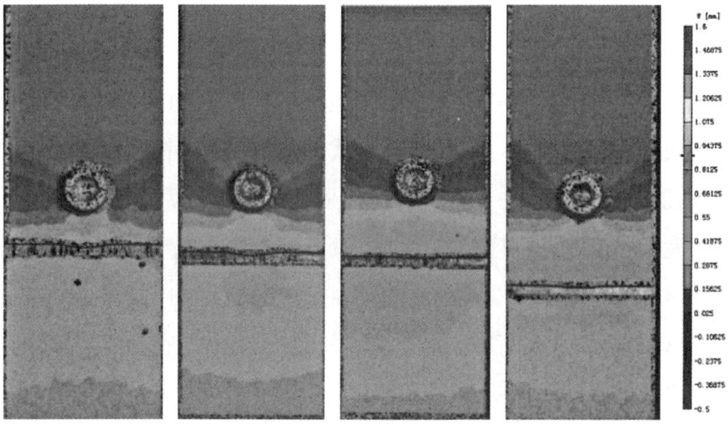

(a) E12　　(b) E15　　(c) E18　　(d) E27

图 5-7　E 系列接头法向位移分布云图

为分析端距 E 对接头强度的影响，图 5-8(a)和(b)所示分别是 E 系列接头强度与最大位移。图 5-8(a)中随着试样端距 E 的变化，接头承受最大载荷时的夹头位移基本维持在 2～3 mm 范围内，说明端距 E 对接头失效时的最大位移并不敏感。图 5-8(b)中随着试样端距 E 的增加，接头的强度相应增加。但是当 $E/D \geqslant 3$ 之后，接头强度随着端距变大趋于稳定。这主要是因为当 $E/D<3$ 时，主要失效模式为剪切破坏，最大载荷随着剪切面积的增大而增大，故当端距变大时，最大载荷也明显增大。当 $E/D\geqslant 3$ 时，主要失效模式为挤压破坏和拉脱破坏。挤压强度受挤压面积影响，挤压面积只有在改变螺栓孔径时才会变化，故改变端距对于挤压破坏基本没有影响；拉脱破坏主要受二次弯曲程度以及螺栓、螺母与试样之间的接触面积影响，改变端距对接头刚度影响不大。因此，当 $E/D\geqslant 3$ 时，随着端距的增大，最大载荷增大不明显。

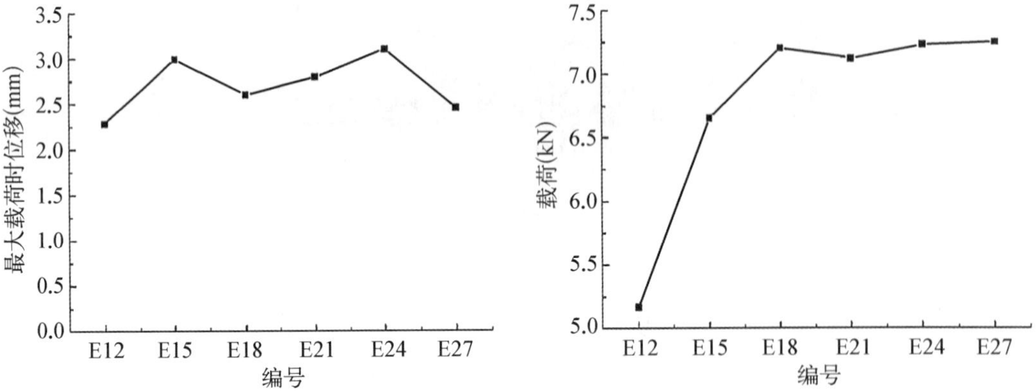

(a) 夹头位移　　(b) 最大载荷

图 5-8　E 系列接头强度与 E/D 参数关系图

5.2.4　宽度对接头性能的影响

图 5-9 所示为 W 系列接头的载荷-位移曲线，与 E 系列接头类似，曲线依据上升趋势，仍可分为初始加载、接头滑动、滑动后的加载、损伤发生和接头失效五个阶段。在发生相对滑动前的初始加载阶段，各方案的载荷-位移曲线都近似线性增长。随着宽度 W 的增加，曲线斜率变大，说明接头刚度也在增加。这一方面是由于试样宽度的增加会增大试样的拉伸刚度，另一方面是由于试样宽度的增加，接头的弯曲刚度也在增加，试样变得不容易发生二次弯曲，承受相同载荷时，试样的伸长量会较小。在发生相对滑动后的再加载阶段，载荷夹头位移曲线的斜率也随着宽度 W 增大而增大，这是因为宽度 W 的增大，使螺栓孔更不容易发生变形，故该阶段的刚度也随着 W 增大而增大。

当宽度 W 较小时，如方案 W10，随着载荷不断增加，夹头位移以近似线性增加，当达到接头的拉伸强度极限时，发生拉伸破坏。当宽度 W 增大时，如方案 W16，随着夹头位移增加，载荷也逐渐增加，临近最大值时，发生前期破坏，也就是部分纤维丝断裂，可以听到少量清脆的纤维断裂声。对于方案 W36，其最大载荷前的趋势与 W 较小时基本一致，达到最大载荷之后，载荷开始逐渐下降，由于破坏模式不再是拉伸破坏而是挤压破坏，故不会出现有纤维灾难性断裂载荷急速下降至 0 的情况，但是依旧存在纤维大范围突然断裂的情况，由于是挤压破坏，后续没有破坏的碳纤维会继续承载，所以载荷曲线在下降时也会有先突然降低然后上升的现象。

图 5－10 所示为 W 系列试样发生拉伸破坏时，夹头最大位移与试样宽度之间的关系。与图 5－9 对比，可以明显看出随着试样宽度的增加，夹头最大位移逐渐增大，即增加宽度可以增加拉伸破坏发生前的试样伸长量，其在失效前可以承受更大的变形。

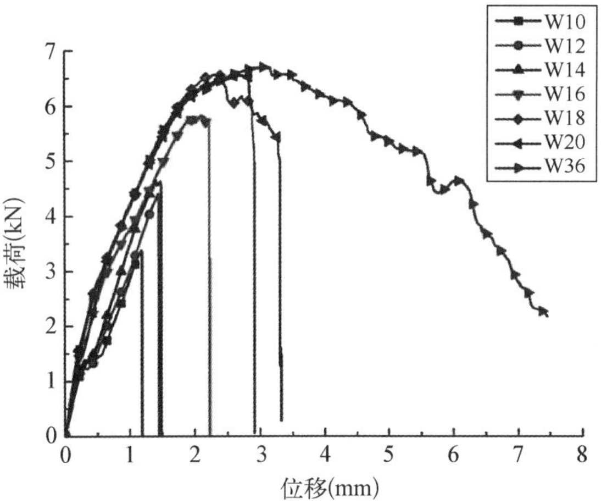

图 5－9　W 系列接头的载荷-位移曲线

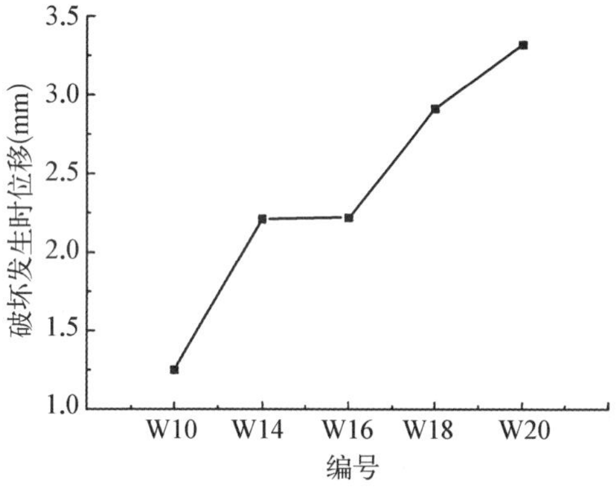

图 5－10　W 系列接头破坏时夹头位移

弯曲刚度可以由接头的弯曲变形量来体现，故可以通过观察接头法向位移来评价二次弯曲的大小。图 5－11 所示为 W14、W16、W18、W20 接头 CFRP 层合板法向位移云图。从该图可以看出，当宽度 W 较小时，受弯矩作用，试样的二次弯曲情况十分严重，自由端边界已经明显有一部分区域的平面外位移达到了 1.6 mm。而随着 W 增加，试样自由边的法向位移约为 1.2 mm，也就是说接头的二次弯曲程度减小，这说明接头刚度相对变大。此外，对比方案 W18 与 W20 可以看出，当 $W/D \geqslant 3$ 时，接头二次弯曲差异已经不明显，增大宽度 W 接头的弯曲刚度提升也不明显；而比较方案 W14、W16、W18 可知，当宽度 W 较小（$W/D<3$）时，增加试样宽度，能有效提高接头的抗弯刚度。

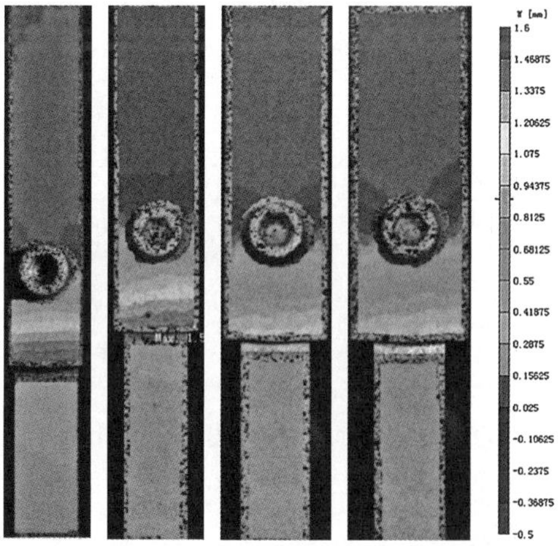

(a) W14　(b) W16　(c) W18　(d) W20

图 5－11　W 系列接头中 CFRP 层合板法向位移云图

5.2.5 对称接头的强度

上述所研究的 W 系列与 E 系列接头均为不对称接头，本小节所研究的 CC12、DD12、CC36、DD36 四组均为对称接头，作为不对称接头的对比。其中方案代号中的 CC、DD 表示接头材料分别为碳纤维/碳纤维与高强度钢/高强度钢，代号中的数字表示接头宽度 W 的值。四组试验方案接头端距 E 均为 18 mm，螺栓孔尺寸 D 均为 6 mm。对称接头宽度为 12 mm 的方案可视为与不对称接头 W12 方案同参数但材料不同，对称接头各方案尺寸参数见表 5-2。

图 5-12 所示为 CC12、DD12、W12 三个方案的接头单向拉伸载荷-位移曲线，可以看出三条曲线的形状相同，初始阶段载荷均随夹头位移的增大而线性增加，在达到峰值时接头破坏，载荷突降或轻微减小后突降为 0，这也与三种方案均发生拉伸破坏的试验结果相吻合。对比三条曲线的弹性部分可发现，方案 DD12 曲线斜率最大，方案 W12 曲线斜率则介于方案 CC12 与 DD12 之间，说明含有高强度钢的接头刚度更高，这也与 DP980 钢的弹性模量大于试验用碳纤维材料弹性模量的原因有关。

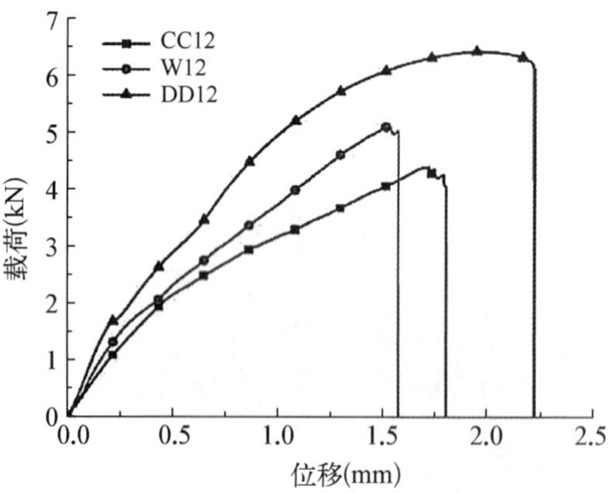

图 5-12 方案 CC12、DD12、W12 接头载荷-位移曲线

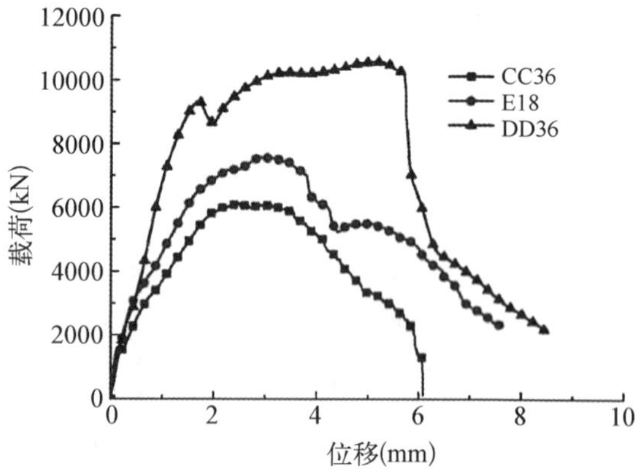

图 5-13 方案 CC36、DD36、E18 接头载荷-位移曲线

图 5-13 所示为方案 CC36、E18、DD36 接头的拉伸载荷-位移曲线，三条曲线的载荷-位移曲线均以一定斜率上升。不同的是，在方案 DD36 曲线达到第一个峰值时，曲线出现了下降后上升的转折现象。在达到第二个峰值后，随着夹头位移的继续增大，曲线的载荷量仅略微增加，并在夹头位移 6 mm 时突然降低。这是由于方案 DD36 接头发生了螺栓拉脱破坏，在达到第一个峰值时，螺栓孔受挤压发生局部失效，导致曲线存在向下转折。载荷得到重新分配，余下部分继续承载，载荷随着变形增加上升，达到第二峰值，螺栓孔周变形继续增加，同时二次弯曲现象加重，这两个因素缓解了接头载荷的继续增加。在位移达到 6 mm 左右时，因为螺栓孔部分区域已被压溃，螺栓孔实际面积已经变大，在变形较

大的情况下，接头发生了拉脱破坏，接头失去承载能力，载荷急剧下降。对比接头的刚度可知，方案 CC36、E18、DD36 拉伸阶段曲线斜率依次增加，三种方案中 DD36 的接头刚度最大，而 E18 接头刚度位于 CC36 与 DD36 之间。

将四组对称接头方案与 E18、W12 方案的接头强度进行对比，对比结果如图 5－14 所示，随着高强度钢材料的引入，接头强度得到了提升。同尺寸接头中，DP980/DP980 高强度钢接头强度最高，CFRP/DP980 混合材料接头强度次之，而 CFRP/CFRP 接头的强度为三种接头的最小值。宽度为 36 mm 的碳纤维接头强度与宽度为12 mm 的高强度钢接头强度在同一水平。

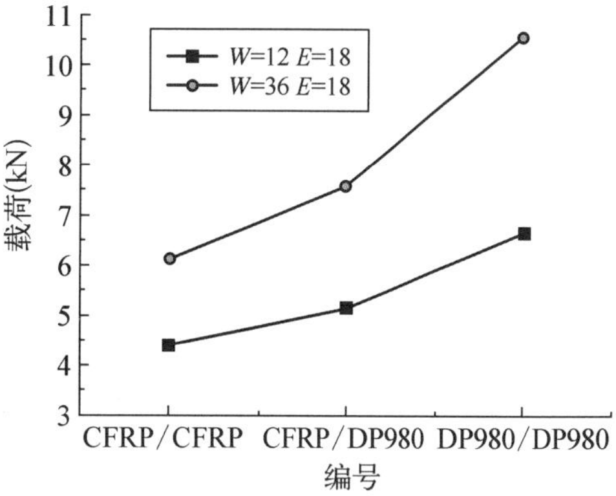

图 5－14　对称接头最大载荷对比

复合材料机械加工及材料连接性能往往比金属材料差，不难发现，碳纤维材料在与材料性能好于自身的材料相连接时，使碳纤维接头部分的性能成为复合接头性能的关键限制因素。本试验的目的是研究碳纤维与较高性能材料的连接特点，使用的碳纤维单向带原丝等级为 T300，使得 CFRP 层合板的强度、刚度等性能差于 DP980 高强度钢，在使用 T700 或更高等级的碳纤维单向带时，将会显著提高 CFRP 层合板的连接性能。

5.3　CFRP/CFRP 多螺栓连接

相比于单螺栓接头，增加螺栓数量可一定程度上提高接头的连接强度及防止连接件的相对转动。但由于 CFRP 具有显著的各向异性和延展性差的问题，在多螺栓连接中 CFRP 层合板各孔的载荷重新分配能力差，各连接孔上的承载比例相差很大。若要通过试验的方法获得复合材料多螺栓连接参数对接头强度及载荷分配关系的影响，成本非常高，且难以控制试验偶然因素的影响，因此有限元仿真的方法被广泛采用，以获得螺栓孔排布方式对接头强度及载荷分配关系的影响。

如图 5－15 所示，相比于单螺栓连接，多螺栓连接结构中还需要定义排距 P 和列距 S 等相关结构参数。排距或列距过小会导致连接件的排布过于密集，受载区域过于集中，挤压失效迅速产生，并造成非连接区材料的浪费；排距或列距过大会导致承载区域过于分散，孔边距较小，进而造成连接强度的下降。

为探究复合材料的多螺栓接头参数对接头强度与失效模式的影响，本书依据单螺栓

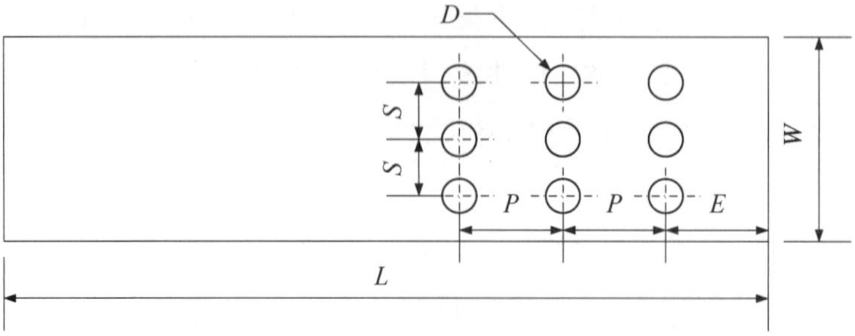

图 5-15 多螺栓接头参数定义

接头仿真模型，共设计了 14 种螺栓布置方案，如图 5-16 所示。螺栓数量包含 2～6 个，布置方式按螺栓的行列进行配对，方案编号用 Bn-i-j 来表示，其中 n 表示螺栓的数量，i 与 j 分别表示行与列，如 B4-1-4 表示 4 个螺栓，按一行 4 列排布；B4-3-3 表示 4 个螺栓，按 3 行 3 列布置。14 个排列方案中，B3-3-2、B5-3-3b、B6-3-4c 方案螺栓孔呈不对称分布，其他均为对称分布。复合材料接头试样尺寸为 135 mm×36 mm× 2 mm，螺栓排距 P、列距 S、端距 E 均为 18 mm，螺栓直径为 6 mm。接头模型网格尺寸、螺栓与螺栓孔的间隙、螺栓预紧力、加持方式、拉伸速度、摩擦力等参数均与 5.2.1 小节相同。

采用 ABAQUS 软件对上述 CFRP/CFRP 多螺栓连接接头的拉伸剪切变形过程进行仿真，获得的接头区域等效应力如图 5-16 所示。由图可得如下规律：

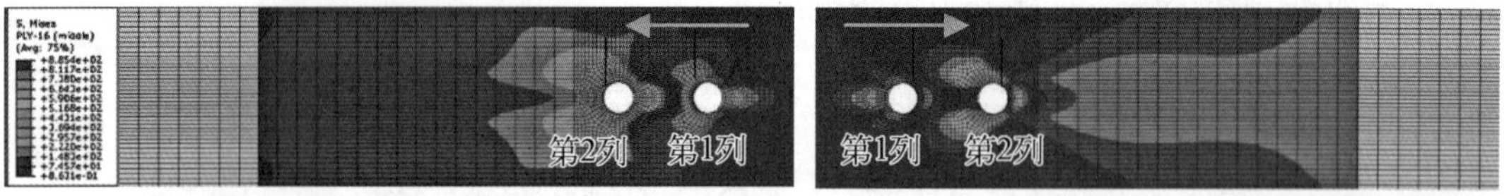

(a) B2-1-2

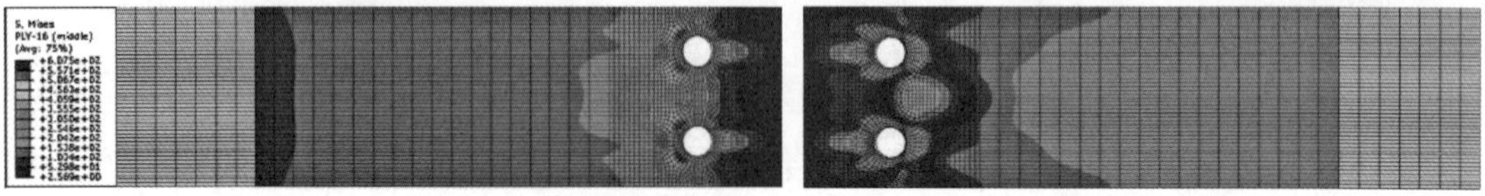

(b) B2-2-1

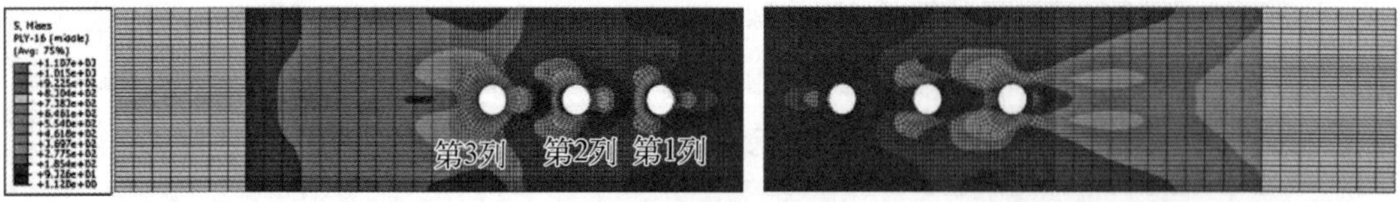

(c) B3-1-3

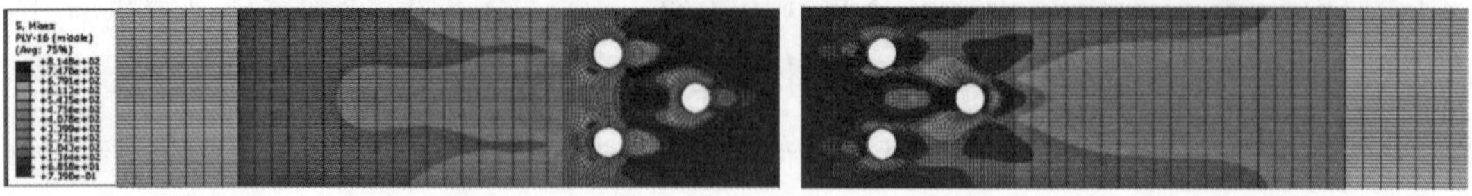

(d) B3-3-2

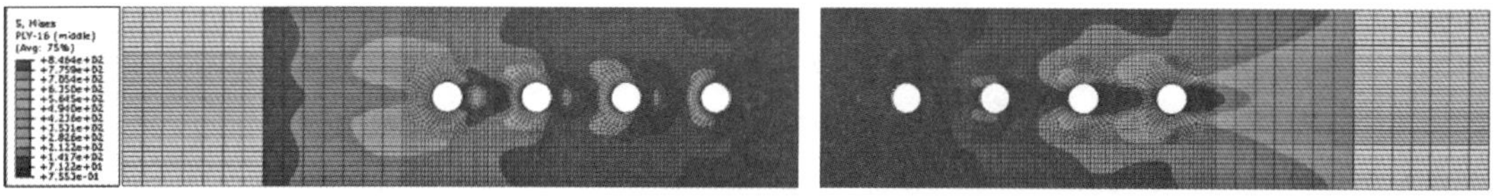

(e) B4-1-4

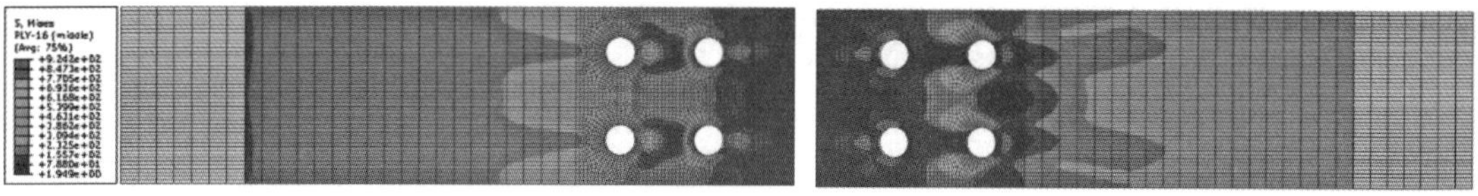

(f) B4-2-2

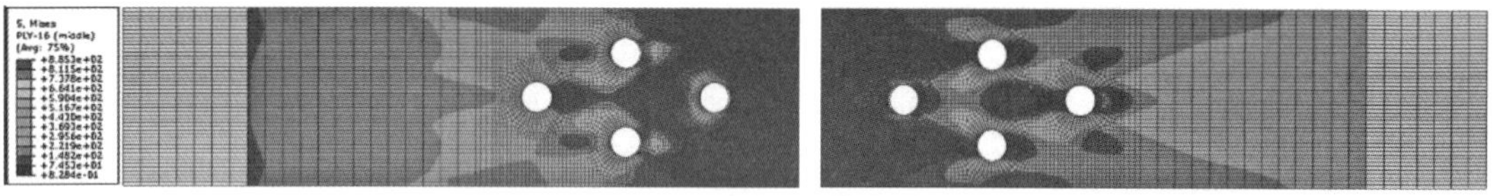

(g) B4-3-3

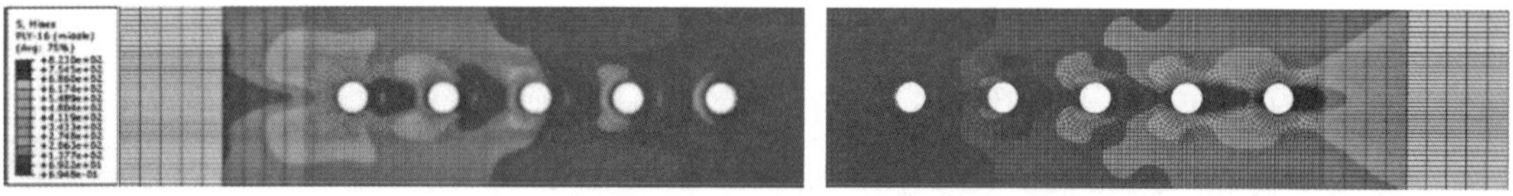

(h) B5-1-5

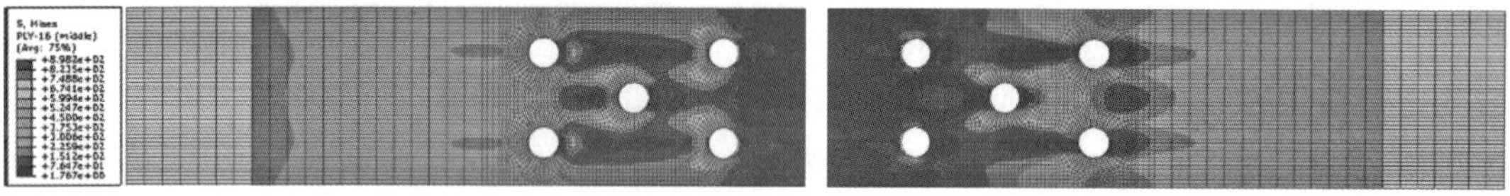

(i) B5-3-3a

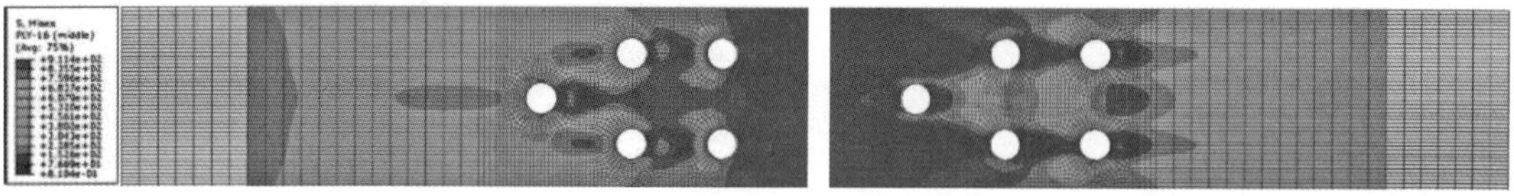

(j) B5-3-3b

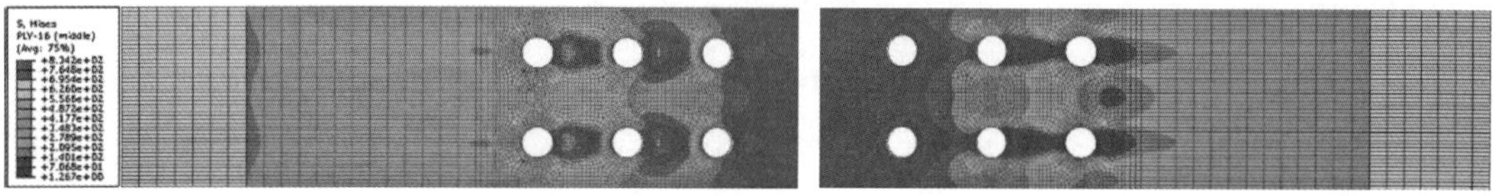

(k) B6-2-3

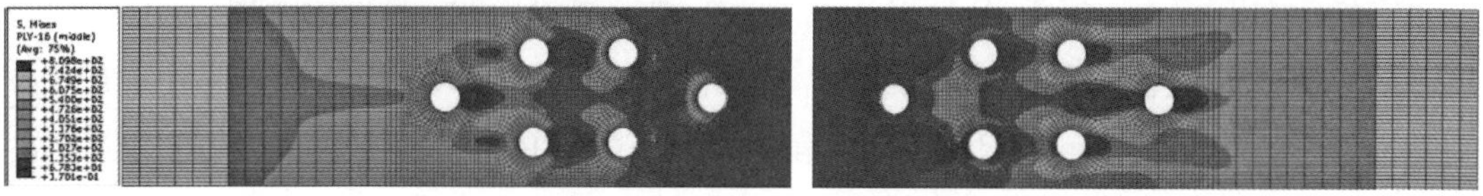

(l) B6-3-4a

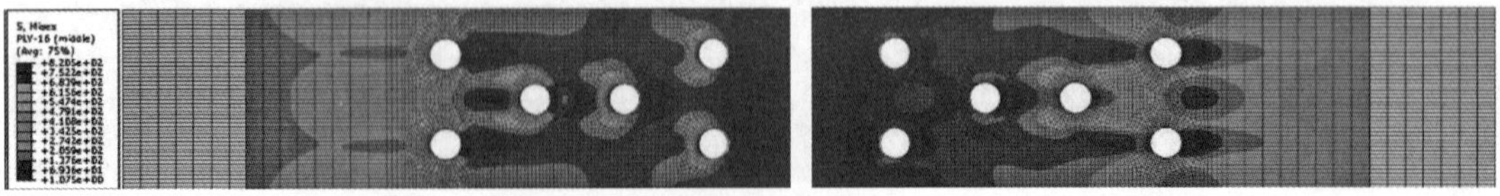

(m) B6－3－4b

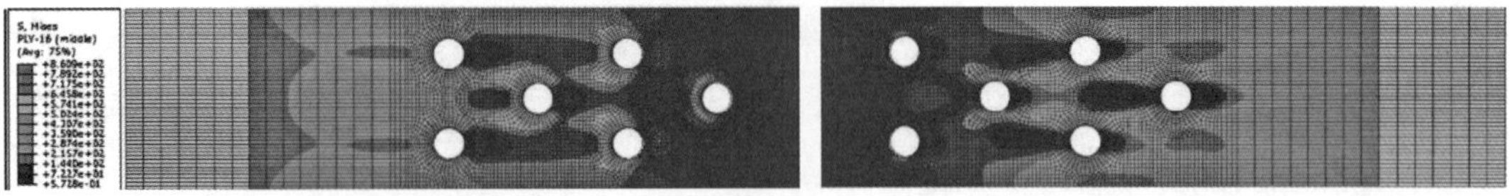

(n) B6－3－4c

图 5－16　CFRP/CFRP 多螺栓接头中不同螺栓孔分布方案的等效应力分布

(1) 所有接头试样中，最大等效应力的区域均为螺栓孔处，这说明螺栓孔是 CFRP 层合板螺栓连接的薄弱区域。

(2) 所有接头中，两片 CFRP 层合板中的等效应力分布并不完全相同，即使是接头完全对称的接头中应力也不完全相同，如图 5－16(a)～(c)、(e)～(h)，这是由于 CFRP 层合板自身有一定的厚度，上下表面的弯曲半径不完全一致所导致。

(3) 对于多列布置的螺栓接头，沿着远离连接区域的方向各孔周的等效应力逐渐增大，如图 5－16(a)中第 2 列的螺栓孔的孔周应力大于第 1 列孔的应力，图 5－16(c)中第 3 列孔的应力一次大于第 2 列孔，第 2 列孔的应力大于第 3 列孔周的应力。图 5－16(g)中 4 个螺栓孔按 1－2－1 三列布置时，同样也是第 3 列孔周的应力最高。这说明当接头由多排多列的螺栓连接时，各螺栓所承担的载荷并不相同，最外侧螺栓的承载高于内侧螺栓孔，最外侧螺栓孔最先发生失效。

为了进一步分析上述各方案的失效模式，如图 5－17 所示，可以发现，不同于单螺栓接头，多螺栓接头主要的失效模式为拉伸失效，失效位置发生位于最外侧的螺栓孔，而且螺栓数目越多、最外侧螺栓孔的失效也越显著。材料失效后，有限元仿真的时候对发生失效的区域进行材料刚度性能退化，但并没有将单元删除，因此失效部分的材料仍可以以较小的弹性模量继续承受载荷，这就导致其他区域可以因受力达到失效准则而发生失效，即同一块 CFRP 层合板可以多处发生先后失效。而实际拉伸过程中，若 CFRP 层合板发生拉伸破坏裂纹，则裂纹会在拉伸破坏处进行扩展，进而导致接头失效，因此仿真结果中具体失效位置的判断应以拉伸裂纹最先出现位置为准。方案 B3－3－2、B5－3－3b、B6－3－4c 接头均为左右不对称接头，最外侧也就是第 3 列的螺栓与第 2 列螺栓均发生了拉伸失效，为了判别失效发生的具体位置，图 5－18 列出了方案 B5－3－3b 接头左右两块板失效位置。由图可得，左/右侧 CFRP 层合板均是第 3 列螺栓孔先于第 2 列和第1 列螺栓孔发生失效。

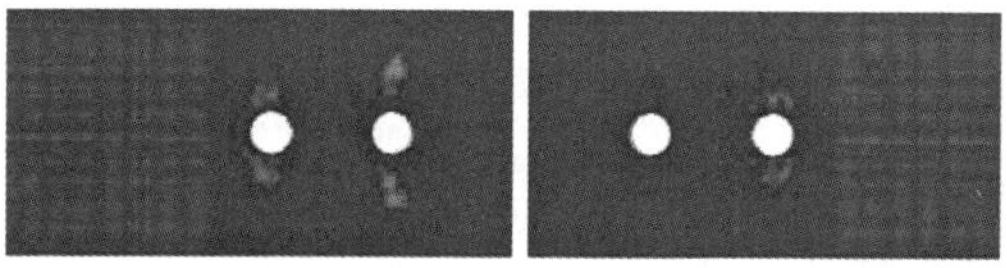

(a) B2-1-2

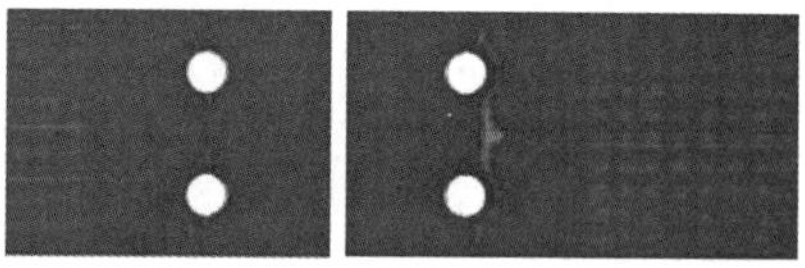

(b) B2-2-1

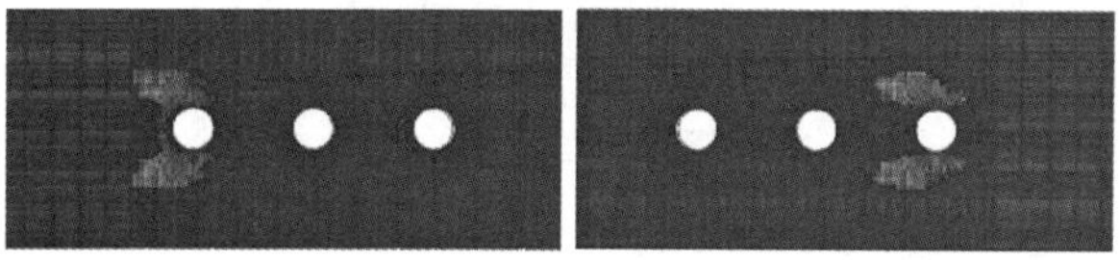

(c) B3-1-3

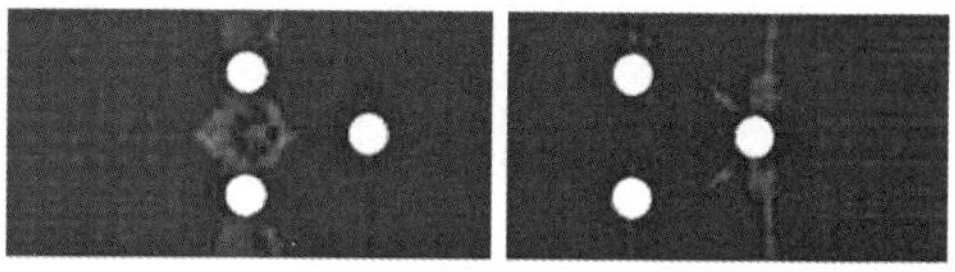

(d) B3-3-2

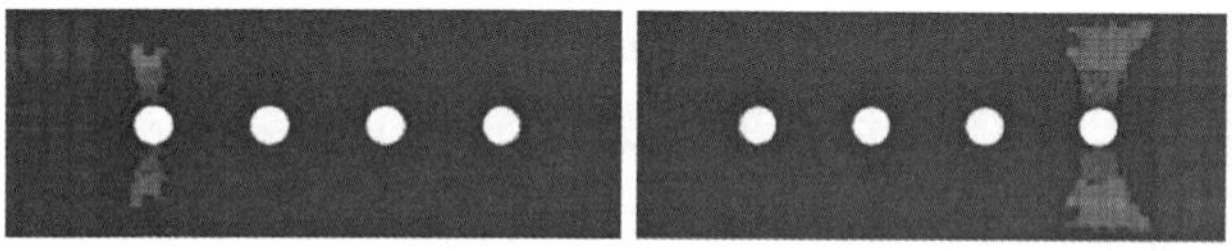

(e) B4-1-4

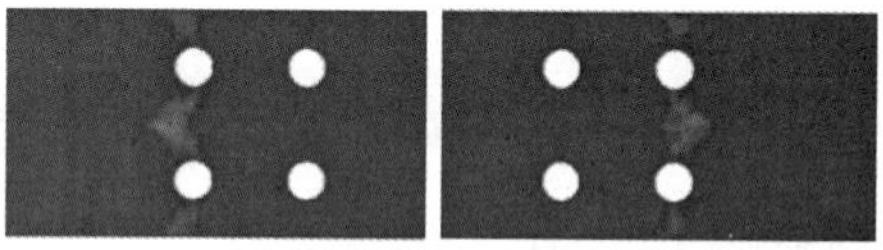

(f) B4-2-2

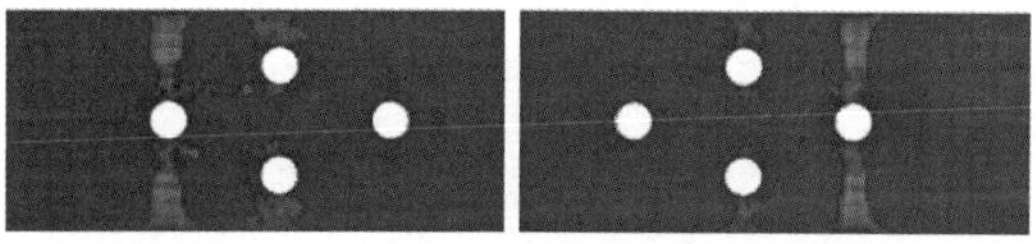

(g) B4-3-3

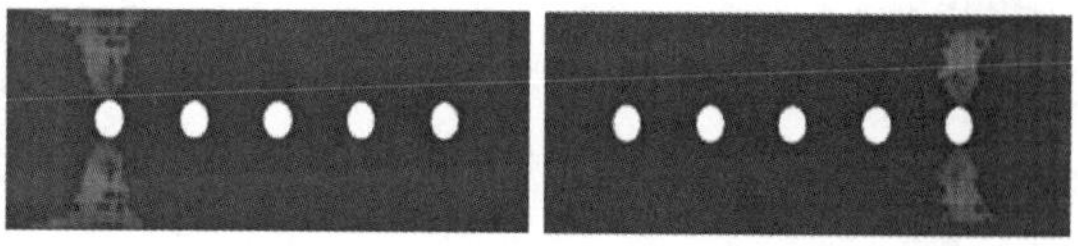

(h) B5-1-5

(i) B5-3-3a

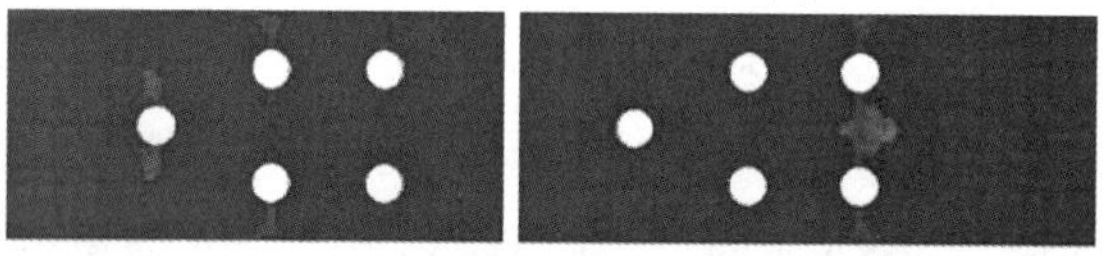

(j) B5-3-3b

(k) B6-2-3

(l) B6-3-4a

(m) B6-3-4b

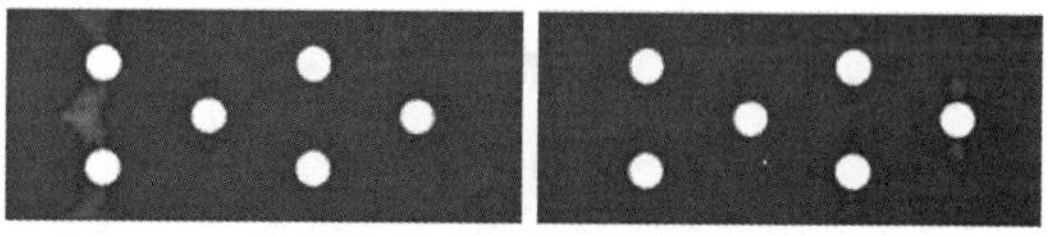

(n) B6-3-4c

图 5-17　CFRP/CFRP 多螺栓接头中各螺栓的失效分布

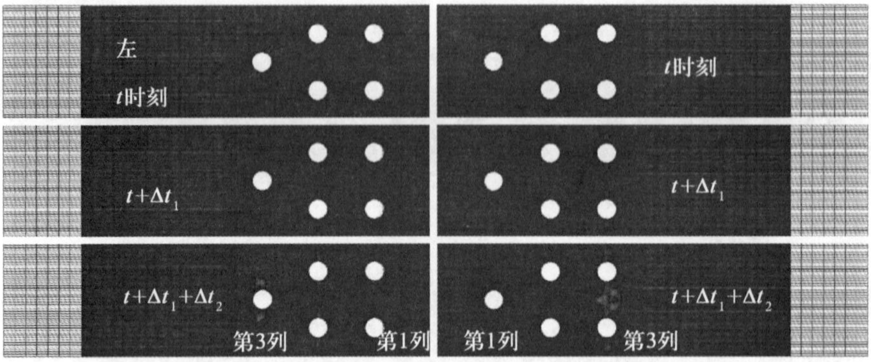

图 5－18　方案 B5－3－3b 接头失效顺序图

图 5－19 所示为各接头的载荷-位移曲线。可以看出，多螺栓搭接接头的拉伸剪切载荷-位移曲线与单螺栓接头曲线较为类似，也可以划分为初始加载、接头滑动、滑动后的加载、损伤发生和接头失效五个阶段。纵向对比可以发现，随着螺栓数目的增多，接头滑动阶段发生的时间也越来越晚，这是因为螺栓数目增多，CFRP 层合板之间的压力增大，摩擦系数不变的情况下静摩擦力也相应增大。同样数目的螺栓接头之间横向对比，载荷-位移曲线的变化趋势较为一致，最大载荷值也差别不大。图 5－19(c) 中方案 B4－1－4 比 B4－2－2 以及 B4－3－3 两种布置方案曲线斜率大，这说明这种螺栓布置方案下接头刚度更大，同样在图 5－19(d) 中可得方案 B5－1－5 的接头刚度最大，这是因为同样的螺栓数量，但是螺栓呈多列布置时导致有效搭接面积增大，因此刚度增加。

表 5－4 列出了各螺栓接头最大载荷，可以发现螺栓个数为 3、4、5、6 时，接头最大载荷值呈现如下规律：单排多列布置的螺栓接头最大载荷值高于多排多列布置的接头，如方案 B2－1－2 接头，2 个螺栓布置在同一行，最大载荷为 10 215.7 N。而当采用 2 行 1 列的布置方案时，接头最大载荷为 9 601 N，螺栓数量相同，但最大载荷下降了约 6%。B5－1－5 表示该接头有 5 个螺栓连接，且 5 个螺栓按 1 行 5 列的方式排列，接头的最大载荷为18 350.2 N。方案 B5－3－3a 表示接头中 5 个螺栓按照 3 行 3 列的方式布置，第 1 列与第 3 列各布置 2 个螺栓，第 2 列 1 个螺栓，这种布置方式下接头最大载荷为 16 701.8 N，比方案 B5 -1－5 接头的载荷要低约 9%。方案 B5－3－3b 接头的螺栓按 3 行 3 列的方式布置，第 1 列与第 2 列均为 2 个螺栓，第 3 列 1 个螺栓，属于非对称布置，该接头最大载荷达到 17 261.6 N，比方案 B5－1－5 接头低，但是高于方案 B5－3－3a 接头的载荷。

由表 5－4 可得，随着螺栓数目增多，接头最大载荷有所增加，但并不是与螺栓数量成正比。将多螺栓方案接头最大载荷与 5.2.1 小节中方案 E18 的仿真结果进行对比，可以发现多螺栓接头的最大载荷明显高于单螺栓方案 E18 的 7 537.68 N，即可说明增加单剪接头螺栓数目可以有效增加接头最大载荷，但当螺栓数目超过 3 个时，继续增加螺栓数目，接头最大载荷增加量不大。

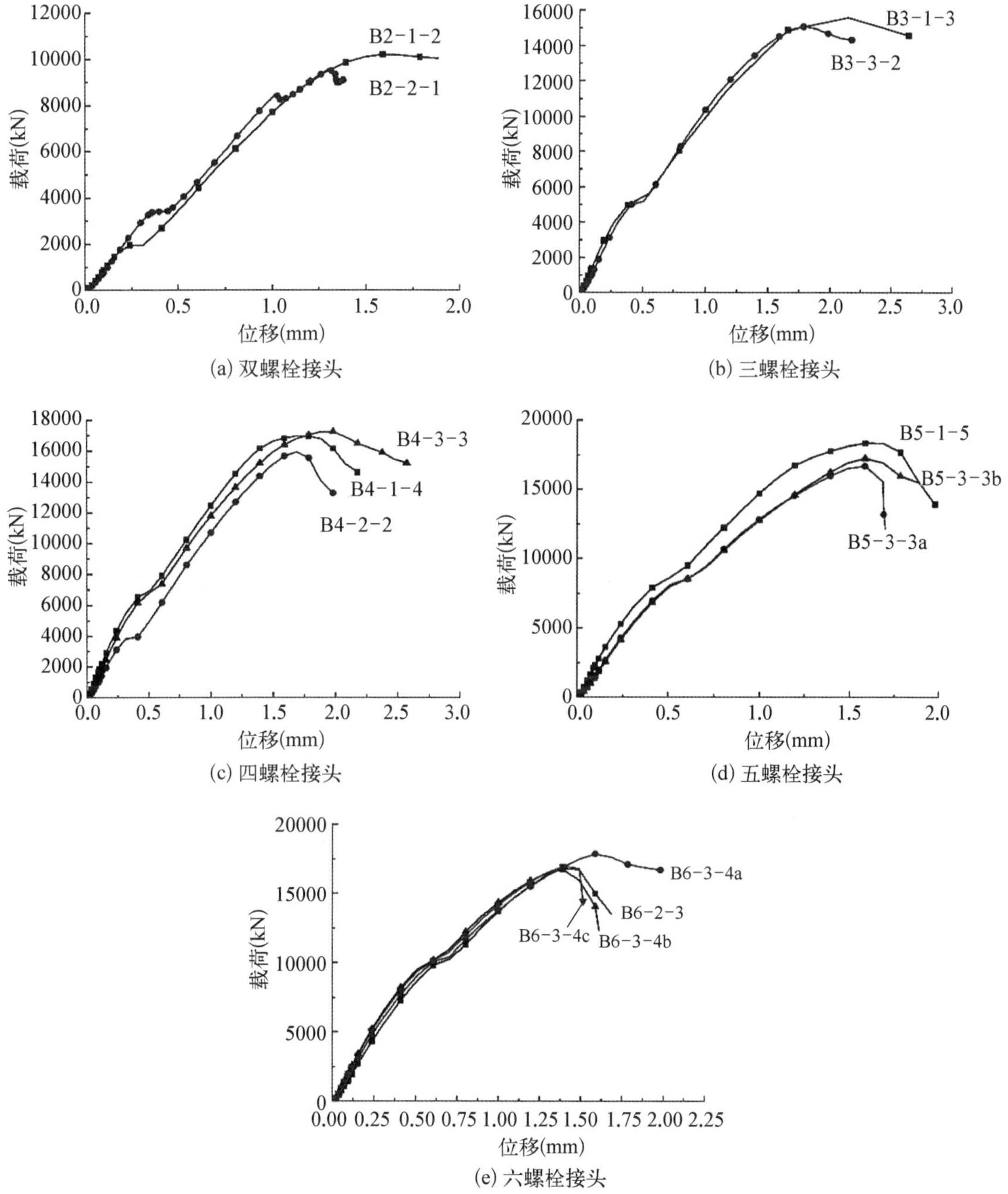

(a) 双螺栓接头　(b) 三螺栓接头　(c) 四螺栓接头　(d) 五螺栓接头　(e) 六螺栓接头

图 5-19　多螺栓接头的载荷-位移曲线图

表 5-4 多螺栓接头最大载荷

方案编号	最大载荷(N)	方案编号	最大载荷(N)
B2-1-2	10 215.7	B5-1-5	18 350.2
B2-2-1	9 601	B5-3-3a	16 701.8
B3-1-3	15 571.2	B5-3-3b	17 261.6
B3-3-2	15 056.7	B6-2-3	16 806.8
B4-1-4	16 971.9	B6-3-4a	17 858.2
B4-2-2	15 939.3	B6-3-4b	16 719.4
B4-3-3	17 244.2	B6-3-4c	16 961.8

金属材料具有较好的延展性，在金属多螺栓接头材料发生失效时，金属的塑性变形使得接头载荷可以重新分配，各螺栓受力较为平均，各螺栓孔附近区域几乎同时失效。而碳纤维复合材料因具有各向异性及较差的延展性，不具备载荷重新分配的能力，多螺栓接头各螺栓受力不均容易导致承载较大的螺栓孔提前发生破坏，使得接头失效。因此，复合材料层合板多钉机械连接钉载分配优化问题在工程设计与应用中一直受到高度重视。

图 5-20 所示为 3～6 个螺栓的螺栓载荷分配情况，可以发现同一接头上不同位置的螺栓其载荷分配比例不同。图 5-20(a)所示的方案 B3-1-3 接头，1、2、3 号螺栓的承担载荷比例分别为 35.4%、26.5%、38.1%，1 号和 3 号螺栓载荷较大，均高于总载荷的 1/3，而2 号螺栓分配载荷低于 1/3，这 3 个螺栓呈 1 行 3 列布置，2 号螺栓处在中间位置。方案 B3-3-2 接头中，1、2、3 号螺栓的承担载荷比例分别为 30.8%、34.6%、34.6%，3 个螺栓按 3 行 2 列布置，2 号螺栓与 3 号螺栓布置在同一列且处于最外侧，而这 2 个螺栓所承担的载荷基本相同，所占比例均大于 1/3。

图 5-20(b)所示的方案 B4-1-4 接头中，1、2、3、4 号螺栓的承担载荷比例分别为 34%、16%、15%、35%，可见 1 号与 4 号螺栓承担载荷较大，这两个螺栓承担了接头总载荷的 69%，处于中间的 2 号与 3 号螺栓承担载荷比例基本相同。方案 B4-2-2 接头中，1～4 号螺栓的承担载荷比例分别为 24.7%、24.7%、25.5%、25.1%，各螺栓载荷分配比例基本相同，也就是说这 4 个螺栓基本平分了接头载荷。方案 B4-3-3 接头中，1～4 号螺栓的承担载荷比例分别为 28.3%、21.9%、21.4%、28.3%，1 号与 4 号承担载荷相同，2 号与 3 号螺栓处于中间同一列，位置相同载荷分配相同。

图 5-20(c)所示的方案 B5-1-5 接头中，1～5 号螺栓承担比例分别为 28.3%、14.6%、11.3%、14.9%、30.9%，这 5 个螺栓呈 1 行 5 列布置，1 号与 5 号螺栓载荷分配较

大，2 号与 4 号螺栓载荷分配基本相同，3 号螺栓载荷最小。方案 B5 - 3 - 3a 接头中，1 号与 2 号螺栓处于同一列，故载荷分配相同，4 号与 5 号螺栓载荷相同，3 号螺栓载荷分配最小，这个规律与前述相同。方案 B5 - 3 - 3b 接头中，1 号螺栓所承担的载荷最大，达到 28.26%，2 号、3 号、4 号、5 号螺栓载荷分配比例分别为 16.09%、16.09%、19.78%、19.78%，同一列的螺栓承载相同，外侧的 4 号、5 号螺栓承载高于内侧的 2 号、3 号螺栓。

采用 6 个螺栓的接头共有 4 种布置方案，如图 5 - 20(d)所示，其中方案 B6 - 2 - 3 与方案 B6 - 3 - 4b 载荷分配相近，均是处于中间的 3 号与 4 号螺栓承担载荷较小，处于两侧的 1 号、2 号、5 号与 6 号螺栓承担载荷较大，且 5 号、6 号螺栓承载高于 1 号与 2 号。方案 B6 - 3 - 4a 接头也表现同样的规律。方案 B6 - 3 - 4c 接头中，最外侧的 5 号与 6 号螺栓承载最大，4 号螺栓承载最小，其比例仅为 4.7%，几乎起不到承载的作用。因此，要避免这种螺栓布置。

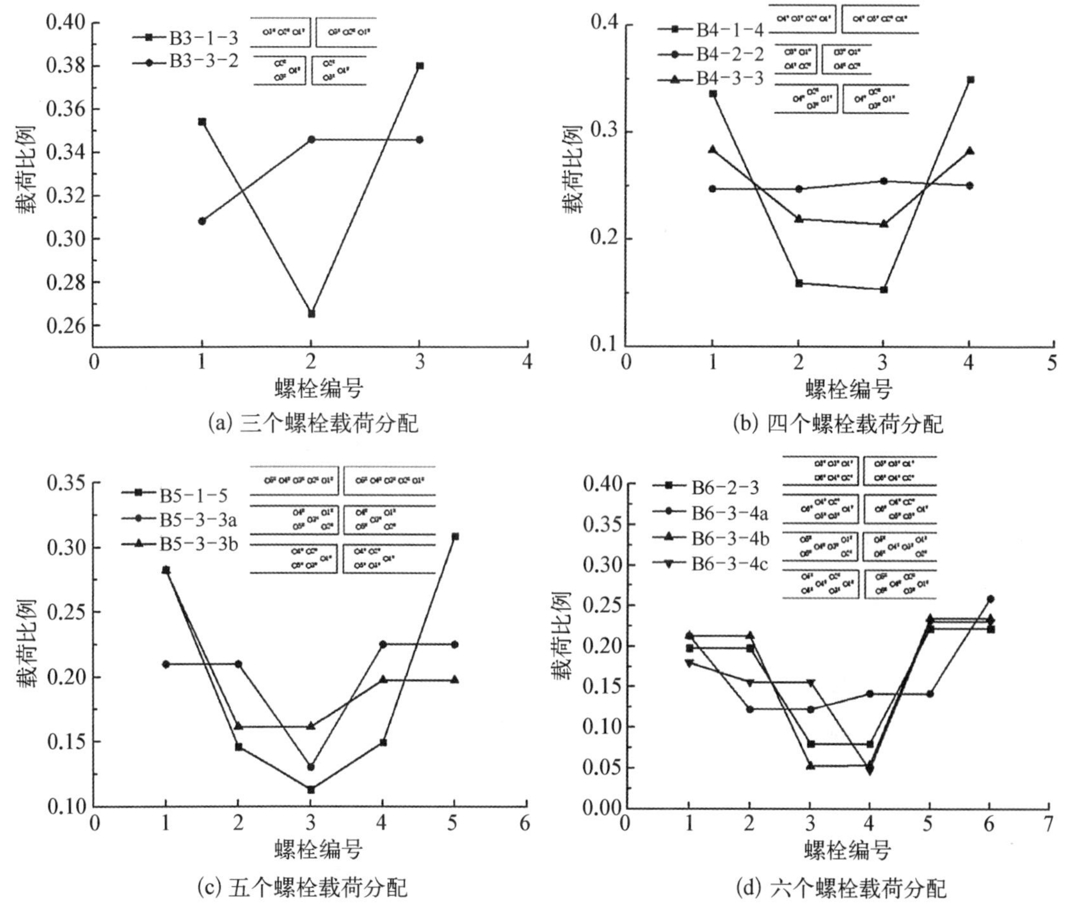

(a) 三个螺栓载荷分配　(b) 四个螺栓载荷分配

(c) 五个螺栓载荷分配　(d) 六个螺栓载荷分配

图 5 - 20　多螺栓接头螺栓载荷分配情况

综合上述分析可得如下规律，供多螺栓连接设计参考：

（1）多螺栓连接各螺栓所承担的载荷并不相同，其承载比例取决于螺栓的数量和螺栓所处的位置。一般而言，2 列布置的螺栓，最内侧螺栓的承载比例低于最外侧螺栓的承载。3 列布置的螺栓，最中间的那一列螺栓承载比最小，最外侧螺栓承载比最大。

（2）对于 3 个、4 个、5 个螺栓按单排多列布置时，最外侧和最内侧的两个螺栓承担了接头总载荷的 73.5%、69%、59.2%，余下螺栓承担的载荷比例随着螺栓数量的增加而减少。

（3）由于接头破坏首先发生在载荷最大的螺栓孔处，而多螺栓连接时最大载荷发生在接头最外侧螺栓处。因此，对于多螺栓连接设计时要重点关注最外侧螺栓孔处的强度，这对 CFRP 层合板尤其重要，因为 CFRP 层合板对机械制孔质量非常敏感。

（4）从螺栓承担载荷的均匀性角度，当采用 3 个螺栓时，方案 B3 - 2 - 2 最优；当采用 4 个螺栓时，方案 B4 - 2 - 2 最优；当采用 5 个螺栓时，方案 B5 - 3 - 3a 最优；当采用 6 个螺栓时，方案 B6 - 3 - 4a 最优。

（5）对多螺栓连接，当螺栓数量高于 4 个时，螺栓呈同一排布置时，中间的螺栓承担载荷比很小，而且个螺栓载荷分配不均匀问题突出，不建议采取这种同一排的布置方式，如方案 B4 - 1 - 4、方案 B5 - 1 - 5。

5.4 CFRP/DP980 多螺栓连接

上一节分析的 CFRP/CFRP 多螺栓连接单搭接剪切接头，被连接两板不仅材料相同，而且厚度也相同，因此刚度也完全相同。而工程实际中，相邻部件常具有不同的材料或不同的厚度，因此被连接件具有不同的刚度、不同的强度，如何对这类零件进行合理的连接设计非常关键。本节将以 CFRP/DP980 多螺栓连接为例，说明 CFRP 层合板与高强度钢板连接设计时螺栓数量与布置方案对接头性能的影响规律，为 CFRP 汽车零部件的连接设计提供参考。

本节针对 CFRP/DP980 多螺栓连接设计了 B4 - 2 - 2、B5 - 3 - 3a、B6 - 2 - 3、B6 - 3 - 4b 四种连接方案，如图 5 - 21 所示，被连接母材 CFPR 层合板与 DP980 高强度钢的厚度、宽度均相同，但是材料性能参数不同。

图 5 - 22～图 5 - 25 分别为仿真所得 B4 - 2 - 2、B5 - 3 - 3a、B6 - 2 - 3、B6 - 3 - 4b 四种多螺栓连接接头中 CFRP 层合板侧等效应力分布及失效位置分布。可以发现，CFRP/CFRP 接头与 CFRP/DP980 接头，CFRP 层合板一侧无论是应力分布还是接头失效位置都为螺栓孔。这是因为所研究的 CFRP 层合板强度弱于 DP980 高强度钢板，而且 CFRP 层合板对缺口比较敏感，因此两母材中 CFRP 层合板相对较弱，接头失效时首先发生在 CFRP 层合板连接孔处。

图 5-21　CFRP/DP980 多螺栓连接设计螺栓布置方案

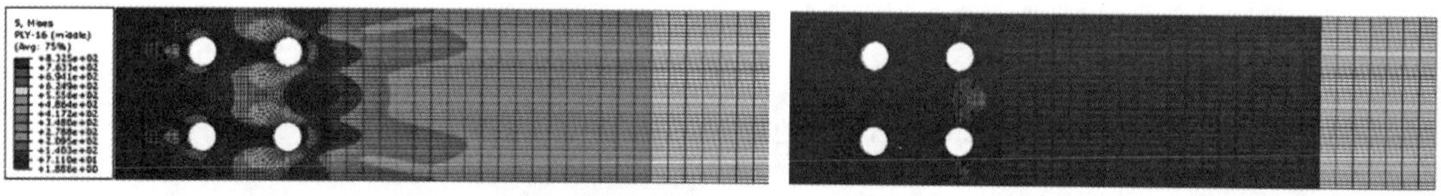

(a) CFRP/CFRP接头的CFRP层合板侧

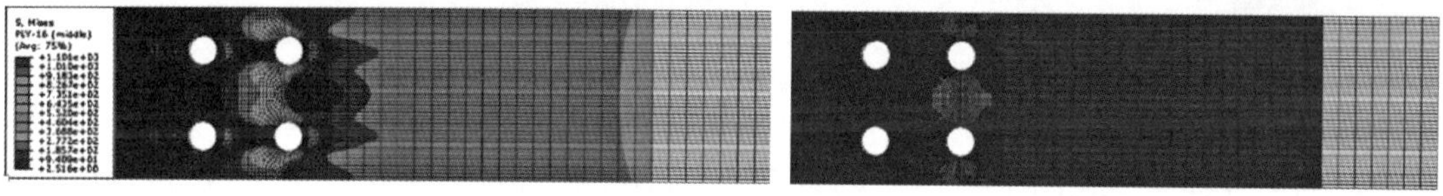

(b) CFRP/DP980接头的CFRP层合板侧

图 5-22　B4-2-2 连接方案中不同接头中 CFRP 层合板侧的等效应力(左)与失效分布(右)

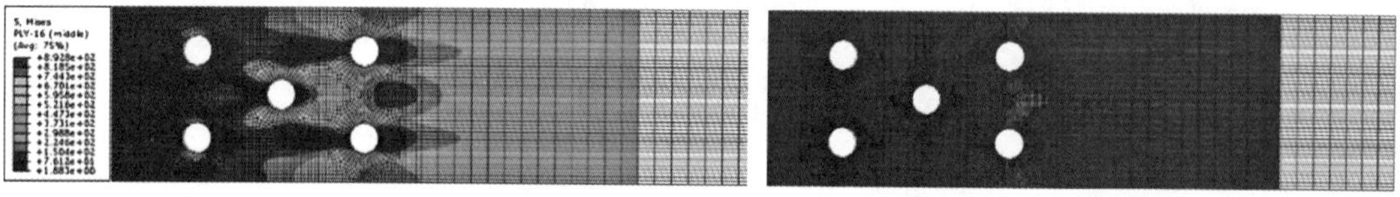

(a) CFRP/CFRP接头的CFRP层合板侧

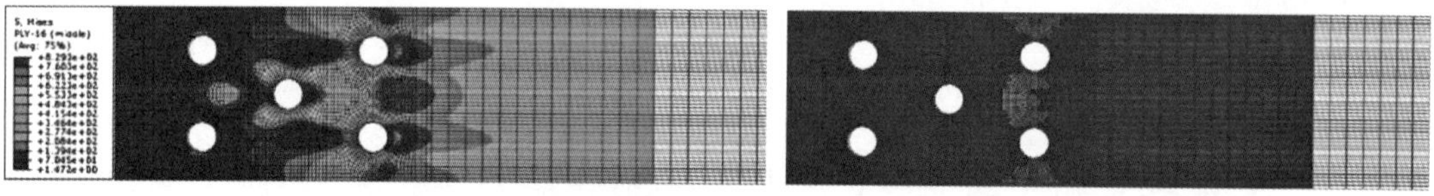

(b) CFRP/DP980接头的CFRP层合板侧

图 5-23　B5-3-3a 连接方案中不同接头中 CFRP 层合板侧的等效应力(左)与失效分布(右)

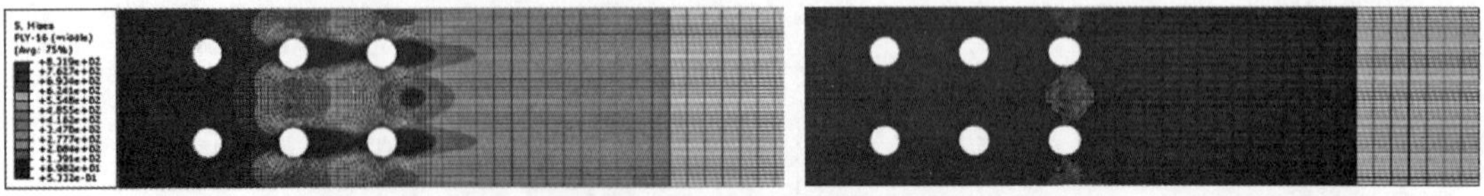

(a) CFRP/CFRP接头的CFRP层合板侧

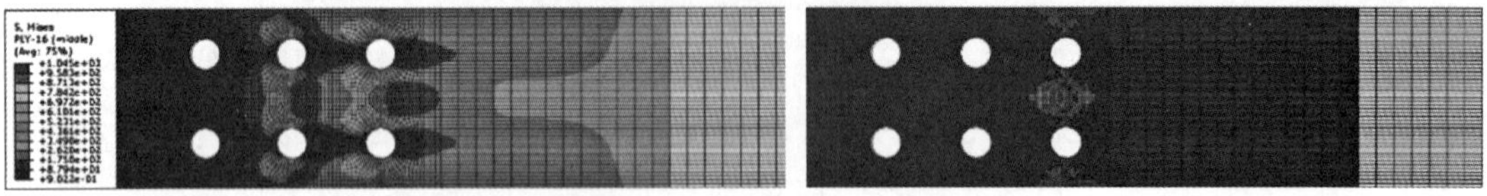

(b) CFRP/DP980接头的CFRP层合板侧

图 5-24 B6-2-3 连接方案中不同接头中 CFRP 层合板侧的等效应力(左)与失效分布(右)

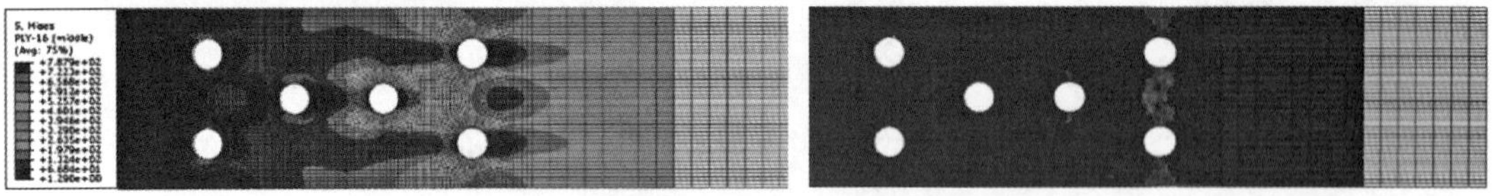

(a) CFRP/CFRP接头的CFRP层合板侧

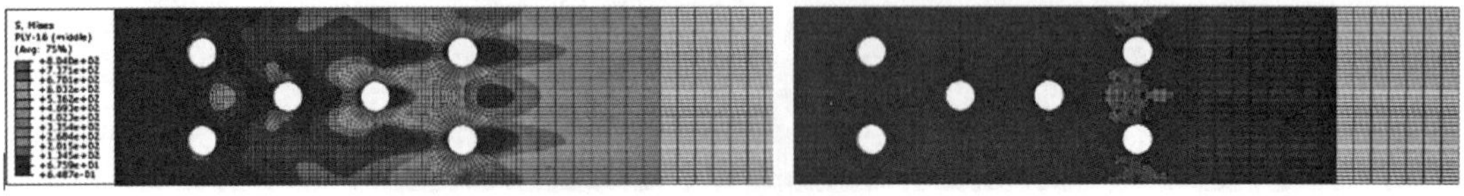

(b) CFRP/DP980接头的CFRP层合板侧

图 5-25 B6-3-4b 连接方案中不同接头中 CFRP 层合板侧的等效应力(左)与失效分布(右)

比较图 5-22(a)与(b)可发现,CFRP/DP980 接头中的 CFRP 层合板外侧的 2 个螺栓附近的失效程度显著高于 CFRP/CFRP 接头同位置,其他三种接头方案也具有同样的规律。这说明相同的螺栓数量与布置方案下,CFRP/CFRP 等刚度接头比 CFRP/DP980 不等刚度的接头的强度高,左侧的等效应力也说明了这一点。换言之,CFRP/CFRP 与 CFRP/DP980 接头中,CFRP/DP980 接头中的 CFRP 层合板更易发生失效。

图 5-26(a)～(d)所示为各连接方案下 CFRP/CFRP、CFRP/DP980 接头中各螺栓所承担的载荷比例。可见,四种螺栓布置方案中,CFRP/CFRP 与 CFRP/DP980 接头中同号螺栓所承担的载荷比例不同。

图 5-26(a)中,CFRP/DP980 接头中 1 号与 2 号螺栓的承载远高于 CFRP/CFRP 接头中 1 号与 2 号螺栓的承载比例,1 号、2 号与 3 号、4 号螺栓载荷分配比例相差较大。而 CFRP/CFRP 接头中 4 个螺栓承载比例相差不大,接近均匀分布。

图 5-26(b)中,CFRP/DP980 接头中 1 号与 2 号螺栓的承载比例也远高出 CFRP/CFRP 接头中的 1 号与 2 号螺栓的承载比例。同样的规律也出现在图 5-26(c)和图 5-26(d)中。这说明 CFRP/DP980 接头中各螺栓的载荷分配不均匀性更加显著,在相同的载荷工况下 CFRP/DP980 接头将比 CFRP/CFRP 先发生破坏,而且最先破坏的位

置均是最外侧的一列螺栓，如图中的 1 号与 2 号螺栓。因此，CFRP/CFRP、CFRP/DP980 的连接需要选择不同的螺栓布置方案。

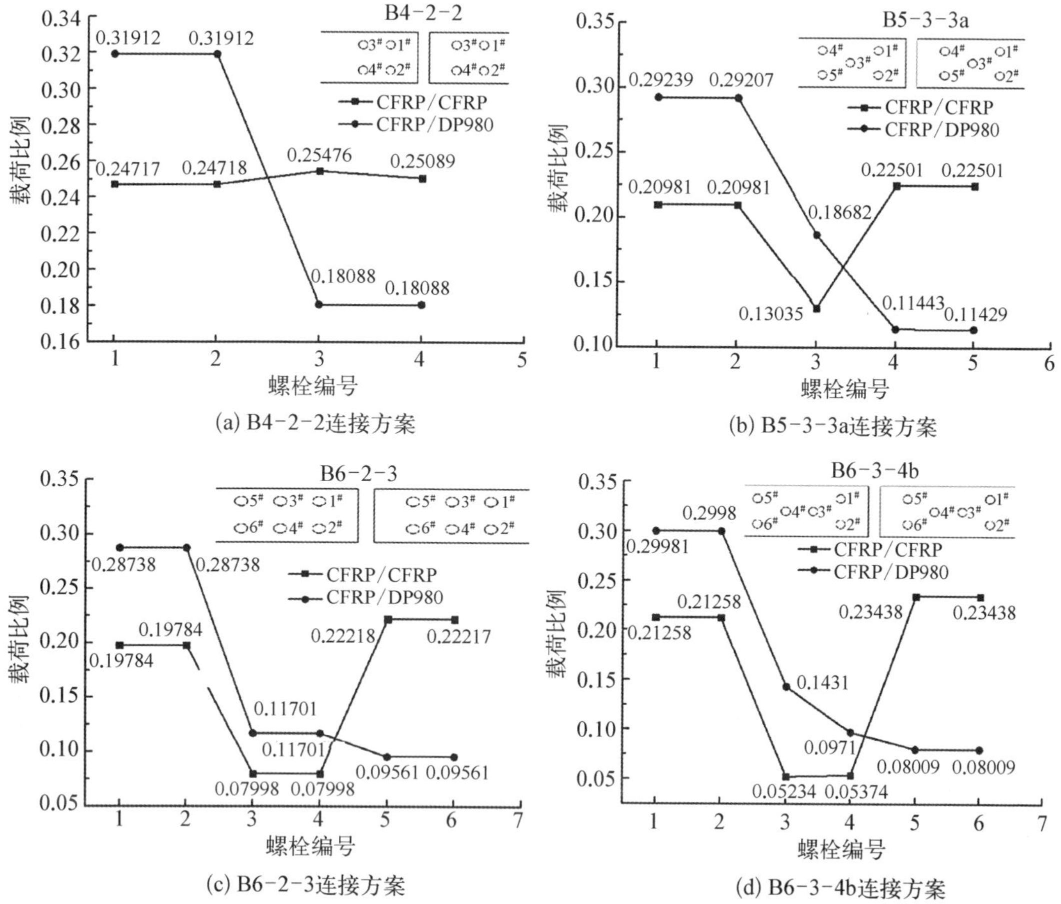

(a) B4-2-2连接方案　(b) B5-3-3a连接方案

(c) B6-2-3连接方案　(d) B6-3-4b连接方案

图 5-26　CFRP/CFRP、CFRP/DP980 多螺栓连接各螺栓载荷分配比例

另外一个现象就是，四种螺栓布置方案中，CFRP/DP980 接头中的 1 号与 2 号螺栓所承担的载荷比例在 0.30±0.02 范围内，也就是说当螺栓数量由 4 个增加到 6 个时，CFRP/DP980 接头中 1 号与 2 号螺栓的载荷分配比例并没有显著降低。这说明仅增加螺栓的数量而不改变螺栓布置方式对 CFRP/DP980 连接强度的提高效果并不明显。

综合上述分析可得：相比于 CFRP/CFRP 多螺栓接头，CFRP/DP980 多螺栓接头中各螺栓载荷分配极度不均匀，失效位置的螺栓孔承担了绝大多数的载荷比例。而且如果只是增加螺栓的数量而不改变螺栓布置方式对 CFRP/DP980 连接强度的提高效果并不明显。因此，在碳纤维复合材料与钢板采用螺栓连接时，各螺栓载荷分配不均匀现象更加显著，螺栓布置方案不能完全照搬同类材料的螺栓布置方案，增加螺栓数量必须根据两母材的刚度与强度差异优化螺栓数量及布置方案。

参考文献

[1] Atas A, Soutis C. Subcritical damage mechanisms of bolted joints in CFRP composite laminates[J].Composites Part B: Engineering, 2013, 54: 20 - 27.

[2] Chishti M, Wang C H, Thomson R S, et al. Experimental investigation of damage progression and strength of countersunk composite joints[J]. Composite Structures, 2012, 94(3): 865 - 873.

[3] Chishti M, Wang C H, Thomson R S, et al. Numerical analysis of damage progression and strength of countersunk composite joints[J]. Composite Structures, 2012, 94(2): 643 - 653.

[4] Cooper C, Turvey G J. Effects of joint geometry and bolt torque on the structural performance of single bolt tension joints in pultruded GRP sheet material[J]. Composite Structures, 1995, 32(1 - 4): 217 - 226.

[5] Sen F, Pakdil M, Sayman O, et al. Experimental failure analysis of mechanically fastened joints with clearance in composite laminates under preload[J]. Materials & Design, 2008, 29(6): 1159 - 1169.

[6] Zhou Y H, Yazdani H, Mccarthy MA, et al. A study of intra-laminar damage in double-lap, multi-bolt, composite joints with variable clearance using continuum damage mechanics[J]. Composite Structures, 2014, 116(9): 441 - 452.

[7] Zhou Y H, Hamed Y N, Chi H, et al. A three dimensional implicit finite element damage model and its application to single-lap muti-bolt composite joints with variable clearance[J]. Composite Structures, 2015, 131(11): 1060 - 1072.

[8] 马毓,赵启林.复合材料胶-螺复合连接接头承载力分析[J].复合材料学报,2013,28(4):225 - 230.

[9] 黄河源,赵美英,万小朋,等.复合材料中厚板沉头连接结构强度与损伤失效[J].复合材料学报,2017,34(3):557 - 563.

[10] 唐玉玲,周振功,泮世东,等.三维六向编织复合材料单剪搭接连接结构在拉伸载荷下的力学性能[J].复合材料学报,2015,32(2):515 - 525.

[11] 张爽,王栋,郦正能,等.复合材料层合板多钉连接结构累积损伤过程可视化仿真模拟[J].复合材料学报,2006,23(3):135 - 140.

[12] 袁青祥.碳纤维复合材料螺栓连接结构的力学性能分析[D].天津:天津科技大学,2017.

[13] 中国航空研究院.复合材料连接手册[M].北京:航空工业出版社,1994.

[14] 范俊涛.复合材料多螺栓连接接头载荷分配及损伤失效研究[D].长沙:湖南大学,2020.

[15] McCarthy C. T, Gray P. J. An analytical model for the prediction of load distribution in highly torqued multi-bolt composite joints[J].Composite Structures, 2011, 93(2): 287 - 298.

[16] Kelly G. Load transfer in hybrid (bonded/bolted) composite single-lap joints[J]. Composite Structures, 2005, 69(1): 35 - 43.

[17] Egan B, McCarthy M A, Frizzell R M, et al. Finite element analysis of catastrophic failure of dynamically-loaded countersunk composite fuselage joints[J]. Composite Structures, 2015, 133(10): 1198 - 1208.

[18] 刘兴科,李亚智,刘向东,等.金属和复合材料多钉连接钉载分配研究[J].航空工程进展,2011,2(2):193 - 198.

[19] 史红星.复合材料层合板与金属板螺栓连接载荷分配研究[C].中国航空学会.第 17 届全国复合材料学术会议论文集,2012：44－49.

[20] Liu L，Chen K. Global-local finite element stress analysis of thick laminate multi-bolt joints in large-scale structures[J]. Finite Elements in Analysis & Design，2013，75(11)：246－255.

[21] 刘向东,李亚智,舒怀,等.多钉连接钉载分配特性研究方法[J].复合材料学报,2013，30(1)：210－217.

[22] Tate. M. B，Rosenfeld S. J. Preliminary investigation of the loads carried by individual bolts in bolted joints. Technical Report Archive & Image Library，NACA TN－1051，1946.

[23] Fan W. X，Qiu C. T. Load distribution of multi-fastener laminated composite joint[J].Int J solid Struct，1993，30(21)：3013－3023

[24] 谢宗蕻,李想,杨淋雅,等.基于弹簧质量模型的复合材料螺接修理载荷传递计算方法[J].航空学报,2016,37(12)：3742－3751.

[25] 谢鸣九.复合材料连接技术[M].上海：上海交通大学出版社,2016.

[26] 徐耀玲,张振先.多钉连接复合材料板钉传载荷的计算[J].燕山大学学报,2005，29(02)：178－181.

[27] 张震.一种分析复合材料多螺栓连接件受力的数值解析方法[D].西安：西北工业大学,2007.

[28] Ascione F. A preliminary numerical and experimental investigation on the shear stress distribution on multi-row bolted FRP Joints[J]. Mechanics Research Communications，2010，37(2)：164－168.

[29] Lawlor V. P，McCarthy M. A，Stanley W. F. An experimental study of bolt-hole clearance effects in double-lap，multi-bolt composite joints[J]. Composite structures，2005，71(2)：176－190.

[30] Kiral B. G. Effect of the clearance and interference-fit on failure of the pin-loaded composites [J]. Materials & Design，2010，31(1)：85－93.

[31] Okutan B，Karakuzu. R. The strength of pinned joints in laminated composites[J]. Composites Science and Technology，2003，63(6)：893－905.

[32] 房子昂,赵丽滨,刘丰睿,等.碳纤维/树脂复合材料多钉连接钉载系数测试方法[J].复合材料学报,2019,36(12)：2795－2804

[33] 张建宇,刘丰睿,山美娟,等.复合材料多钉连接钉载矢量传感器[J].复合材料学报,2015，32(05)：1420－1427.

[34] Palmberg B. Instrumented bolts for measurements of their shear load transfer in single and double shear joint[R]. Technical Report，the Aeronautical Research Institute of Sweden，1991，FFATN 1991－09.

[35] Stanley W. F，McCarthy M. A，Lawlor V. P. Measurement of load distribution in multi-bolt，composite joints，in the presence of varying clearance[J]. Journal of Plastics，Rubber Composites，2002，31(9)：412－418.

[36] Ekh J，Schön J. Load transfer in multirow，single shear，composite-to-aluminium lap joints [J]. Composites Science and Technology，2006，66(8)：875－885.

[37] Lopez-Cruz P，Laliberte J，Lessard L. Investigation of bolted/bonded composite joint behaviour using design of experiments[J]. Composite structures，2017，170：192－201.

[38] 钟鸣远.纤维复合材料复合连接结构的强度及其参数敏感性分析[D]. 哈尔滨：哈尔滨工业大学,2018.

[39] Lee Y H, Lim D W, Choi J H, et al. Failure load evaluation and prediction of hybrid composite double lap joints[J]. Composite Structures, 2010, 92(12): 2916 - 2926.

[40] Chowdhury N M, Wang J, Chiu W K. Static and fatigue testing bolted, bonded and hybrid step lap joints of thick carbon fibre/epoxy laminates used on aircraft structures[J]. Composite Structures, 2016, 142: 96 - 106.

[41] 马毓,江克斌,赵启林.制作工艺对复合材料胶-螺复合连接接头传力机理及承载力的影响分析[J]. 机械强度,2011, 33(1): 99 - 105.

[42] 袁辉,刘鹏飞,赵启林.胶-螺复合连接承载力的参数影响研究[J]. 玻璃钢/复合材料,2013(3): 66 - 67.

[43] Bodjona K, Raju K, Lim G H. Load sharing in single-lap bonded/bolted composite joints. Part I: Model development and validation[J]. Composite Structures, 2015, 129: 268 - 275.

[44] Raju K P, Bodjona K, Lim G H, et al. Improving load sharing in hybrid bonded/bolted composite joints using an interference-fit bolt[J]. Composite Structures, 2016, 149: 329 - 338.

第6章 复杂环境下CFRP胶铆接头的力学性能及老化寿命预测

涂装是多材料车身制造的一个重要工艺过程，涂装过程中需要经历酸洗、电泳液浸泡、水洗、200℃左右的烘干处理等工序。在汽车使用过程中交变载荷、湿热环境及腐蚀环境也是常见工况。因此，汽车零部件必须具备足够的疲劳耐久性、耐湿热性以及耐腐蚀性。碳纤维复合材料具有典型的铺层结构，层间强度远低于层内强度，因此其耐湿热性、耐高温性以及对交变载荷的耐受性能均不同于金属材料。本章针对汽车制造过程中的烘烤、湿热、腐蚀环境以及使用过程中的交变载荷工况，对CFRP层合板及其胶接、铆接接头在上述环境下强度的演变规律及失效行为进行试验研究，并提出了湿热环境下CFRP胶铆接头的剩余强度与老化寿命预测方法，以期为CFRP汽车零部件的开发提供指导。

6.1 交变载荷下CFRP胶铆接头的疲劳寿命

在复合材料的失效中，疲劳失效是其中主要的结构失效模式之一，在所有失效破坏中占比约80%。纤维增强复合材料属于多相材料，其强度及刚度具有各向异性，且内部结构具有不均匀性，与金属材料相比而言，其疲劳损伤机理更为复杂。

6.1.1 复合材料疲劳寿命的影响因素

CFRP层合板作为一种纤维增强复合材料，其疲劳寿命与纤维和基体的力学性能、体积分数、纤维与基体的界面强度等密切相关。通过疲劳试验，学者们发现纤维增强复合材料的疲劳寿命受应力幅值、加载次数和平均应力的影响较大[1]。Garcea等[2]采用X射线断层扫描对交变荷载下CFRP的纤维失效进行评估，发现0°单向CFRP材料最高保持70%极限拉伸强度，且疲劳试验数据的离散性较大。Whitworth等[3]研究了纤维方向为

±35°的 CFRP 层合板疲劳剩余强度与循环周次的关系，发现随着循环周次的增加剩余强度呈现下降的趋势，且剩余强度与对数循环周次近似成线性关系。Venkatachalam 等[4]采用 DIC 技术分析了 CFRP 层合板拉压疲劳破坏过程，指出在 CFRP 疲劳过程中，压应力会导致 CFRP 层合板更早发生疲劳破坏。Montesano 等[5]研究发现 225℃时 CFRP 层合板的疲劳寿命有较大下降。

Shen 等[6]发现随着疲劳频率的增加，CFRP 试样的表面温度上升明显。高频疲劳可能导致较大的温升，从而影响试验结果。因此，CFRP 疲劳试验中设定加载频率时需要考虑温升效应。为探究疲劳应力对纤维增强复合材料的作用机理，许多学者提出了疲劳破坏的模型。Böhm 等[7]发现复合材料疲劳损伤的积累是一个非线性过程，在低应力水平下，损伤扩展可分为损伤产生、损伤积累和快速失效三个阶段。Talreja 等[8]根据复合材料的疲劳寿命与破坏模式的关系，建立了基于剩余强度的复合材料破坏模型，如图 6－1 所示。按照 Talreja 模型，在低应力水平下纤维增强复合材料的主要失效模式为树脂基体的破坏，在中等应力水平下主要失效模式为界面分层，在高应力水平下主要失效模式转变为纤维断裂。Zhao 等[9]通过原位 SEM 技术对 CFRP 层合板的拉-拉疲劳性能进行了研究。研究发现，在低应力水平下，CFRP 的主要失效为树脂破坏，当应力水平提高时，主要失效模式向界面脱粘以及纤维断裂转变。疲劳应力对纤维增强复合材料的作用机理十分复杂，目前难以对疲劳损伤进行准确的定量表征。但通过大量的试验，可以得到材料的疲劳寿命预测模型。

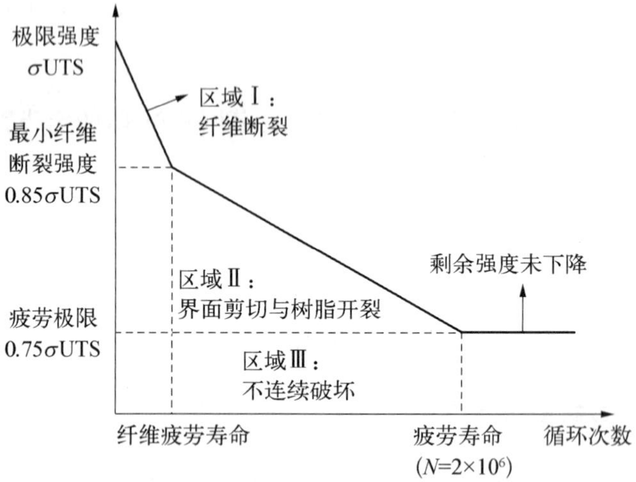

图 6－1 Talreja 疲劳破坏模型[9]

6.1.2 复合材料疲劳寿命预测方法

疲劳失效是材料的主要破坏形式之一，复合材料的疲劳失效问题也早已引起了众多学者的广泛关注。目前，纤维增强复合材料的疲劳寿命预测方法可分为以下四类[10]：S－N 曲线法、剩余强度法、剩余刚度法、基于渐进损伤理论的疲劳寿命预测方法。

1. S－N 曲线法[11]

S－N 曲线用于描述应力与疲劳循环数（寿命）之间关系，是一种复合材料疲劳寿命预测的基本表征形式。目前，一种常用的 S－N 曲线模型为

$$\sigma_{\max} = \sigma_{\text{ult}} - b\lg N \tag{6.1}$$

式中，$\sigma_{\max}$为材料的最大加载应力；σ_{ult}为材料的静强度值；N 为材料的疲劳循环寿命；b 为材料常数。

Hwang 等[12]提出了一种双参数 S－N 曲线模型，该模型假设材料疲劳模量的退化率在一个疲劳周期内按幂函数式(6.2)变化。

$$N = [B(1-S)]^{1/C} \tag{6.2}$$

式中，S 为最大加载应力与材料静强度的比值；N 为材料的疲劳循环寿命；B 与 C 为材料常数。也有对中、长寿命区的 S－N 曲线采用式(6.3)所示的三参数幂函数模型：

$$N(S_{\max} - S_0)^H = C \tag{6.3}$$

式中，$S_{\max}$为材料的最大加载应力；N 为材料的疲劳循环寿命；S_0 为理论疲劳极限；H、C 为材料常数。由于上述三参数幂函数模型不能够用于短寿命区的疲劳寿命预测，熊峻江[13]对此模型进行了修正，提出了一种四参数 S－N 曲线模型：

$$\left(\frac{S_u - S_0}{S - S_0}\right) = 10^{C(\lg N)m} \tag{6.4}$$

式中，S 为最大加载应力；N 为疲劳寿命；S_u、S_0、C 和 m 为材料常数，其中 S_u 为拟合屈服极限，S_0 为拟合疲劳极限，m 为形状参数。该模型可用于全寿命范围。吴富强等[14]在对纤维增强复合材料的拉-拉疲劳试验数据的基础上提出了一种考虑纤维静强度、加载方向上的抗拉强度、疲劳应力比等因素的 S－N 曲线模型：

$$S = 1 + m[\mathrm{e}^{-(\lg(N+1)/b)^a} - 1] \tag{6.5}$$

式中，S 为最大加载应力与材料静强度的比值；N 为疲劳寿命；m、a、b 为材料常数。研究表明，该模型能够很好地预测复合材料层合板的疲劳寿命。由于该方法是在大量的试验数据拟合基础上建立的，并未考虑复合材料内部的纤维断裂或是基体开裂等损伤机理和损伤演化机制，因此，该方法通用性差。

2. 剩余强度法

剩余强度是指纤维增强复合材料在经历一定疲劳循环后的强度，可利用疲劳加载过程中材料的剩余强度对疲劳寿命进行预测。材料的剩余强度主要与加载次数、最大应力

水平及应力比有关，即

$$R(n)=f(n, \sigma_{max}, r) \tag{6.6}$$

式中，$R(n)$为材料 n 次循环加载后的剩余强度；σ_{max}为疲劳加载的最大值；r 为加载的应力比。Yao 等[15]通过研究纤维增强复合材料的强度衰减规律发现：在疲劳加载过程的初期和后期，材料的强度下降均较快；而在疲劳过程的中期，强度下降平缓。基于此强度衰减的规律，提出了一种强度衰减的模型：

$$R(n)=R(0)-[R(0)-S_{max}]f(n/N) \tag{6.7}$$

式中，$R(n)$为 n 次循环加载后的剩余强度；$R(0)$为材料初始静强度；S_{max}为疲劳载荷最大值。材料在受拉伸疲劳载荷作用下，$f(n/N)$的表达式为

$$f(n/N)=\frac{\sin(\beta n/N)\cos(\beta-\alpha)}{\sin\beta\cos(\beta n/N-\alpha)} \tag{6.8}$$

式中，α 和 β 为材料常数。而材料在受压缩载荷时，$f(n/N)$的表达式则为

$$f(n/N)=\left(\frac{n}{N}\right)^{\nu} \tag{6.9}$$

式中，ν 通常为小于 1 的材料常数。吴富强[16]在 Yao 模型的基础上，假设纤维增强复合材料在受交变载荷时内部的损伤是不断积累的，当损伤达到极限时材料破坏失效，此损伤极限仅与材料的性能有关，而与载荷大小以及加载次序无关。基于上述假设，他提出了无量纲的损伤模型：

$$\frac{D(n)}{D_{cr}}=\frac{\sigma_{ult}-R(n)}{\sigma_{ult}-\sigma_{max}} \tag{6.10}$$

式中，$R(n)$为 n 次循环加载后的剩余强度；$D(n)$为损伤函数；D_{cr}为临界损伤；σ_{ult}为材料静强度；σ_{max}为最大加载应力。

Adam 等[17,18]通过分析正交复合材料层合板在受到疲劳载荷作用时其强度衰减的规律，提出了一种双参数指数形式的剩余强度模型：

$$\left(\frac{R(n)-\sigma}{R(0)-\sigma}\right)^{\lambda}=1-\left(\frac{\lg(n)-\lg(0.5)}{\lg(N)-\lg(0.5)}\right)^{\gamma} \tag{6.11}$$

式中，$R(n)$为 n 次循环加载后的剩余强度；$R(0)$为材料初始静强度；σ 为加载最大应力；N 为疲劳寿命；λ 与 γ 是与应力状态无关的材料参数。

1972 年，Broutman 等[19]根据玻璃纤维复合材料的剩余强度-加载次数演化规律，提出线性衰减模型。但在 1973 年，Halpin 等[20]在进行复合材料可靠性估算研究时，发现该

材料的剩余强度与加载次数的关系并非线性下降，材料的失效破坏发生在剩余强度衰减至最大外荷载值时。Yang 等[21]利用不同应力下环氧树脂基复合材料的拉压疲劳试验，提出基于加载次数、应力两参数的剩余强度退化模型。

剩余强度模型的优点在于可直观地度量材料的退化情况。但强度测试属于破坏性试验，且复合材料的疲劳试验存在较大的离散性，模型建立需要大量试验支持。

在实际研究中，纤维增强复合材料的剩余强度需要大量的试验，且一个试件只能获得相应应力水平下的一个剩余强度数据点，因此获取剩余强度的试验成本非常高。而在疲劳试验过程中能够实时监测材料应力应变的情况，一个试验件能够获取较多的剩余刚度数据点，因此许多学者也会采用剩余刚度法。

3. 剩余刚度法

剩余刚度是指复合材料在经历一定疲劳循环后的刚度，是复合材料受疲劳载荷作用时的重要力学性能表征之一。与剩余强度类似，复合材料的剩余刚度也会随着疲劳循环次数的增加而下降，这种下降的趋势也反映了材料内部损伤的不断产生与扩展。因此，许多学者也将剩余刚度作为一种损伤参量来研究复合材料的疲劳性能以及预测疲劳寿命。

一般来说，对材料的模量有以下几种定义方式：割线模量、切线模量以及疲劳模量等。Yang 等[22,23]基于刚度的衰减与疲劳循环数的幂次方成正比的假设，提出了一种宏观剩余刚度模型：

$$E(n)=E(0)[1-Qn^{v}] \tag{6.12}$$

式中，$E(n)$为材料 n 次疲劳循环后的剩余刚度；$E(0)$为材料主轴方向的初始刚度；$Q=a_1+a_2\nu$，a_1 与 a_2 为材料常数，ν 与所施加的疲劳载荷的应力水平呈线性关系。Echtermeye 等[24]对纤维断裂的层合板的试验数据进行了分析，发现复合材料层合板的拉伸刚度与疲劳循环次数的对数之间呈线性关系，提出式(6.13)：

$$E(n)=E(0)-\alpha\lg n \tag{6.13}$$

式中，$E(n)$为 n 次循环后的剩余刚度；$E(0)$为初始刚度；α 为材料常数。Philippidis 等[25]对不同偏轴角度下的疲劳加载试验结果进行了分析，发现了偏轴角度也是影响复合材料刚度退化的一个重要因素，并提出了如式(6.14)的剩余刚度模型：

$$\frac{E(n)}{E(0)}=1-\left(1-\frac{E(n)}{E(0)}\right)\frac{n}{N} \tag{6.14}$$

式中，$E(n)$为 n 次循环后的剩余刚度；$E(0)$为初始刚度；N 为疲劳寿命。冯培锋等[26]通过对复合材料层合板的刚度下降趋势进行研究，提出了一种适用于横幅加载也就是加载频率以及应力比恒定情况下的剩余刚度衰减计算模型：

$$E(n)=E(0)\exp[-An^{C}] \tag{6.15}$$

式中,A 与 C 为与加载频率、应力范围等因素有关的参数。

用复合材料的剩余刚度模型来预测复合材料的疲劳寿命也有一定的局限性。首先剩余刚度的破坏临界点不容易确定;其次在某些情况下,刚度在疲劳加载过程中对疲劳损伤的敏感性不高;此外,影响复合材料刚度的因素较多,并且如果要完整描述结构的整体刚度至少需要四个参数,即轴向模量、横向模量、剪切模量以及泊松比。

4. 渐进损伤理论预测法

为克服剩余刚度模型不敏感、剩余强度模型离散性强的问题,学者们以损伤力学为基础提出了用于复合材料疲劳寿命表征的渐进损伤模型。渐进损伤理论是指用一个或多个损伤变量,来表征材料在交变加载过程中产生的内部损伤程度以及材料结构性能的退化。该损伤理论的优势在于能够量化分析疲劳加载过程中的损伤累积。渐进损伤模型包含三部分:有限元建模及应力分析、失效判断、性能退化。由于该理论模型能够区分不同的失效模式,也能评价部分破坏导致的应力重分配,目前众多学者都采用此理论来预测复合材料的疲劳寿命。其中,采用合理的失效准则来进行失效判断是渐进损伤理论的重点。Hashin[27] 在 Hashin - Rotem 失效准则[28] 的基础上,提出了一种被众多学者采用的复合材料三维失效准则,即大众熟知的 Hashin 准则。该准则考虑了纤维拉伸失效、纤维压缩失效、基体拉伸失效和基体压缩失效这四种损伤失效模式。具体表达式如下:

1) 纤维拉伸失效判据

$$\left(\frac{\sigma_1}{X_T}\right)^2+\frac{(\tau_{12}^2+\tau_{13}^2)}{S_{21}^2}=1 \quad (\sigma_1>0) \tag{6.16}$$

2) 纤维压缩失效判据

$$-\frac{\sigma_1}{X_C}=1 \quad (\sigma_1<0) \tag{6.17}$$

3) 基体拉伸失效判据

$$\frac{(\sigma_2+\sigma_3)^2}{Y_T^2}+\frac{(\tau_{23}^2-\sigma_2\sigma_3)^2}{S_{23}^2}+\frac{(\tau_{12}^2+\tau_{13}^2)^2}{S_{21}^2}=1 \quad (\sigma_2+\sigma_3>0) \tag{6.18}$$

4) 基体压缩失效判据

$$\begin{gathered}\frac{1}{Y_C}\left[\left(\frac{Y_C}{2S_{23}}\right)^2-1\right](\sigma_2+\sigma_3)+\frac{(\sigma_2+\sigma_3)^2}{4S_{23}^2}+\\ \frac{(\tau_{23}^2-\sigma_2\sigma_3)^2}{S_{23}^2}+\frac{(\tau_{12}^2+\tau_{13}^2)^2}{S_{21}^2}=1 \quad (\sigma_2+\sigma_3<0)\end{gathered} \tag{6.19}$$

式中，σ_1 为纤维方向的主应力，σ_2 为垂直于纤维方向的主应力，σ_3 为厚度方向的主应力；τ_{12}、τ_{13}、τ_{23}表示剪切应力；X_T、X_C 分别表示复合材料纵向拉伸、压缩强度；Y_T、Y_C 分别表示横向的拉伸、压缩强度；S_{21}、S_{23}为复合材料的剪切强度。由于 Hashin 准则能够合理地阐述单向纤维增强复合材料的损伤失效机理，且形式相对简单，其在有限元分析中受到了广泛的应用。众多学者[29-31]在研究中引入了改进的 Hashin 三维失效准则。

Puck 失效准则[32]也是近年来应用较多的一个失效准则。该准则采用最大应力准则来判定纤维失效与否，而针对纤维间失效模式提出了采用作用面上的应力分量进行失效判定，具体公式如下：

$$\left(\frac{\tau_{nt}}{R_{\perp\perp}^{A}}\right)^2+\left(\frac{\tau_{nl}}{R_{\perp\parallel}^{A}}\right)^2+2\frac{P_{\perp\psi}^{t}}{R_{\perp\psi}^{A}}\sigma_n+\left(1-2\frac{P_{\perp\psi}^{t}R_{\perp}^{At}}{R_{\perp\psi}^{A}}\right)\frac{\sigma_n^2}{(R_{\perp}^{At})^2}=1\quad(\sigma_n\geqslant 0) \tag{6.20}$$

$$\left(\frac{\tau_{nt}}{R_{\perp\perp}^{A}}\right)^2+\left(\frac{\tau_{nl}}{R_{\perp\parallel}^{A}}\right)^2+2\frac{P_{\perp\psi}^{c}}{R_{\perp\psi}^{A}}\sigma_n=1\quad(\sigma_n<0) \tag{6.21}$$

式中，σ_n 为作用面上的法向应力；τ_{nt}与 τ_{nl}分别为作用面上的横向剪应力、纵向剪应力；其余参数均为常数。σ_n、τ_{nt}与 τ_{nl}可以通过 σ_1、σ_2、σ_3、τ_{12}、τ_{13}、τ_{23}这些应力分量经过坐标转换得到。相比于 Hashin 准则，Puck 准则还可以提供失效面位置的相关信息。该准则的特点是精度较高，但是计算过程复杂，有些参数还需要大量试验来确定。因此，该准则在工程中的应用受限。

选取合适的损伤参量及其退化方式也是渐进损伤理论的一个重点。Mao 等[33]基于复合材料损伤演化的试验曲线，提出了一种以幂函数形式来描述复合材料整体损伤参量的表达式：

$$D=q\left(\frac{n}{N}\right)^{m_1}+(1-q)\left(\frac{n}{N}\right)^{m_2} \tag{6.22}$$

式中，D 代表损伤因子；q、m_1、m_2 分别为拟合系数。该模型在复合材料疲劳损伤的演化方面表现突出，得到了许多学者的应用。

Plumtree 等[34]根据碳纤维和玻璃纤维复合材料单向板的疲劳过程中的损伤演化特点，认为复合材料宏观疲劳损伤由两部分组成。首先是基体微裂纹密度饱和之前的损伤，表达式为

$$D_1(n)=D_c\left[1-\exp\left(-\frac{n}{\alpha}\right)^{\beta}\right] \tag{6.23}$$

其次为基体微裂纹密度饱和后，由分层、基体开裂和纤维断裂导致的损伤，表达式为

$$D_2(n)=D_a\left[1-\left(1-\frac{n}{N_f}\right)^{\gamma}\right] \tag{6.24}$$

而结构的整体损伤可由式(6.25)来表征。

$$D(n)=D_1(n)+D_2(n) \tag{6.25}$$

在式(6.23)与式(6.24)中，D_c 为特征损伤状态的损伤量；D_a 为修正系数；α 与 β 为威布尔函数的双参数；γ 为材料常数；N_f 为疲劳循环寿命。对于损伤因子 D 的定义，有许多学者[35-37]采用剩余刚度来定量描述损伤的变化规律，即

$$D=\frac{E(0)-E(n)}{E(0)-E(N_f)} \tag{6.26}$$

也有与剩余刚度定量描述模式相似的剩余强度定量描述方式：

$$D=\frac{X(0)-X(n)}{X(0)-X(N_f)} \tag{6.27}$$

渐进损伤理论在复合材料疲劳损伤失效机理方面表现突出，且众多学者已经验证了此方法的可行性、有效性并进行了不断地发展与完善。因此，这种方法已成为复合材料疲劳寿命预测研究中的主流方法。

疲劳损伤累积模型结合剩余强度或剩余刚度，建立损伤变量与加载次数间的关系，具有一定的适用性。

6.2 CFRP胶铆接头的拉-拉疲劳寿命

本节将以CFRP/CFRP胶铆复合接头为例，研究该类接头在拉伸交变载荷下的疲劳寿命及其失效机理。

6.2.1 CFRP胶铆接头疲劳试验

疲劳试验按照《材料疲劳试验统计分析方法》(HB/Z 112—1986)进行准备。试样形状由两块矩形CFRP层合板经胶铆连接而成，每块CFRP层合板的尺寸为120 mm×36 mm，厚度为2 mm，搭接部分的尺寸为36 mm×36 mm。

根据《开口型平圆头抽芯铆钉　51级》(GB/T 12618.4—2006)[38]选用304不锈钢抽芯铆钉，铆钉孔内径为6.4 mm，铆钉孔采用数控铣加工，手动铆钉枪进行铆接。胶水采用3M公司的环氧树脂双组分胶DP460。胶接采用胶枪控制涂胶量，胶层厚度为0.2 mm，采用嵌入金属丝的方法来控制。

试验根据 CFRP/CFRP 胶铆复合连接件的静态，最大拉伸载荷 15.45 kN，依此设定疲劳试验的四个应力水平等级，分别为静强度的 80%、65%、55%和 45%，每个应力水平取四个试验件进行试验，共计 16 个试样，对试验件进行编号。对应载荷水平如表 6-1 所示。

表 6-1　试样应力水平统计

<table>
<tr><th>试 样 编 号</th><th>最大载荷(kN)</th><th>应力水平等级</th></tr>
<tr><td>001</td><td rowspan="4">12.36</td><td rowspan="4">80%</td></tr>
<tr><td>002</td></tr>
<tr><td>003</td></tr>
<tr><td>013</td></tr>
<tr><td>004</td><td rowspan="4">10.04</td><td rowspan="4">65%</td></tr>
<tr><td>005</td></tr>
<tr><td>006</td></tr>
<tr><td>014</td></tr>
<tr><td>007</td><td rowspan="4">8.50</td><td rowspan="4">55%</td></tr>
<tr><td>008</td></tr>
<tr><td>009</td></tr>
<tr><td>015</td></tr>
<tr><td>010</td><td rowspan="4">6.95</td><td rowspan="4">45%</td></tr>
<tr><td>011</td></tr>
<tr><td>012</td></tr>
<tr><td>016</td></tr>
</table>

疲劳试验中首先调整试验机的相对位置，安装过程中注意试样的对中性，并设定好试样保护。然后设置试验参数、加载频率，验证无误后开始试验。本次试验中各应力水平进行四次重复试验，均为载荷控制。采用正弦波加载，加载频率为 10 Hz。试验过程中每隔 10 000 次，对试样的正面、侧面均进行一次拍摄作为中间数据。记录试样破坏时的循环次数及数据。对各应力水平上四个试样的寿命计算算术平均值，绘制 S-N 曲线。

6.2.2 CFRP 胶铆接头疲劳寿命

根据《材料疲劳试验统计分析方法》(HB/Z 112—1986)对试验结果进行数据处理，获得中值疲劳寿命如表 6-2 所示。根据这些数据可以获得图 6-2 所示的 $F-\lg N$ 数据，采用幂指数函数对图 6-2 中的数据进行拟合，可得

$$F^{6.519}\times N=9.33\times 10^{10} \tag{6.28}$$

式中，F 为载荷(kN)；N 为最大循环次数。一般工程上以 1×10^{6} 作为受拉试样的无限循环寿命，根据该表达式，可以预测当 N 为 1×10^{6} 时 F 为 5.78 kN，与接头的最大平均载荷 15.45 kN 相比约为 37.1%。也就是说，在 37.1%的最大静态强度的载荷水平下，该胶铆复合连接接头可以达到无限循环寿命 10^{6} 次。

表 6-2　疲劳寿命

载　荷	80%(12.36 kN)	65%(10.04 kN)	55%(8.50 kN)	45%(6.95 kN)
寿命	5 892	22 856	84 007	1 426 017
	12 848	27 178	120 502	294 106
	7 795	19 713	47 513	1 026 127
	6 162	20 527	128 034	378 373

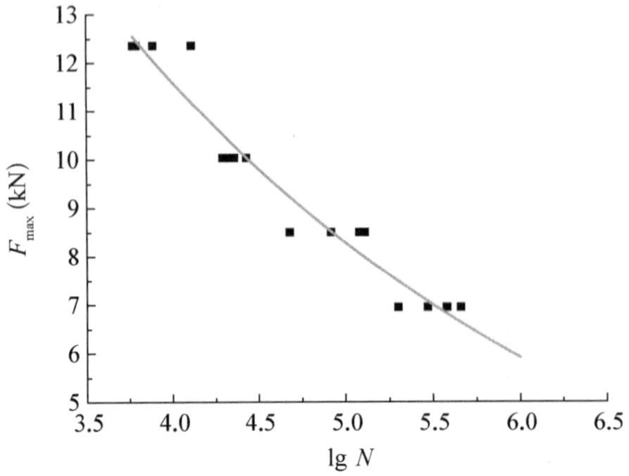

图 6-2　CFRP 胶铆复合连接接头的拉-拉疲劳寿命对数曲线

6.2.3 CFRP 胶铆接头疲劳失效机理

图 6-3 所示为 CFRP 胶铆接头在拉-拉循环载荷作用下的失效形貌。图 6-3(a)所示胶层中出现了肉眼可见的裂纹，说明胶层发生了剪切失效。图 6-3(b)中可发现铆钉轴线发

生了倾斜，这说明铆钉的拉脱过程已经开始，最终产生拉脱失效。图 6-3(c)所示铆钉孔周的碳纤维丝发生了断裂，说明铆钉孔也发生了失效。铆钉的拉脱失效与铆钉孔周的开裂失效其实是相伴发生的，因为铆钉的拉脱必然伴随着铆钉孔的大变形，否则铆钉无法从孔中脱开。

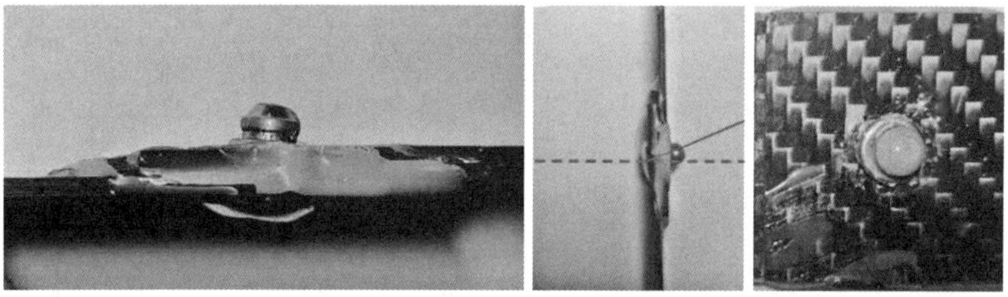

(a) 胶层开裂　(b) 铆钉拉弯　(c) 孔周纤维丝断裂

图 6-3　CFRP 胶铆接头在拉-拉疲劳试验中的失效模式

图 6-4 所示是相同的 CFRP 胶铆接头在静态剪切拉伸载荷作用下的失效形貌。与静态拉伸相比，图 6-3 所示的拉-拉疲劳失效模式与图 6-4 所示的静态拉伸失效模式基本相同，不同之处主要有两点：第一，拉-拉循环加载中 CFRP 层合板的分层开裂几乎没有出现；第二，铆钉孔的变形量也没有静态拉伸中那么大，图 6-4 中可看到铆钉孔呈椭圆形，而图 6-3 中铆钉孔的椭圆形特征并不明显。为了更好地观察铆钉孔区域的形貌，将接头沿铆钉孔对称面处切开取出铆钉，得到如图 6-5 所示的形貌。可看出铆钉孔区域的碳纤维丝发生了断裂，而且几乎是每个铺层都有碳纤维丝断裂，尤其是在铆钉孔铆出侧边缘处碳纤维丝断裂特别显著。这是由于铆出侧的铆钉发生了镦粗变形，此处铆钉与铆钉孔的接触压力较大。另外，变形后期铆钉发生了倾斜，导致铆钉对铆钉孔的压力增大，从而加剧此处的纤维丝断裂。图 6-6 所示为铆钉孔周的碳纤维丝形貌。可见，有很多碳纤维丝发生了断裂，同时也看到了分层现象。

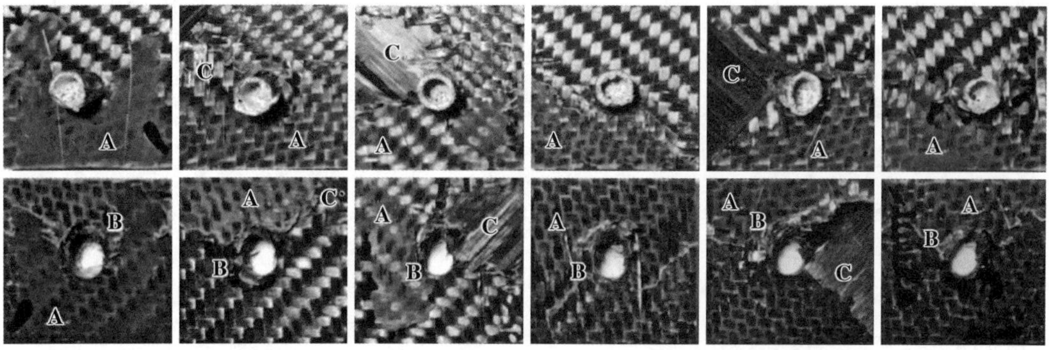

(a) 试样1　(b) 试样2　(c) 试样3　(d) 试样4　(e) 试样5　(f) 试样6

A—胶层剪切失效；B—铆钉孔开裂；C—母材分层；D—铆钉拉脱

图 6-4　CFRP 胶铆接头的静态拉伸断裂形貌

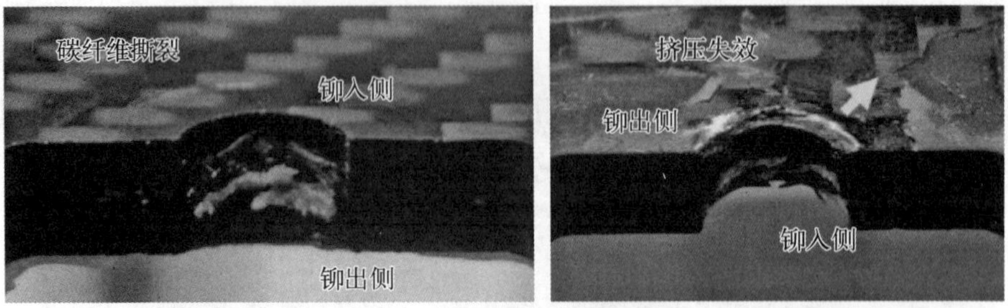

图 6-5 CFRP 铆接接头拉-拉疲劳试验中铆钉孔周的形貌

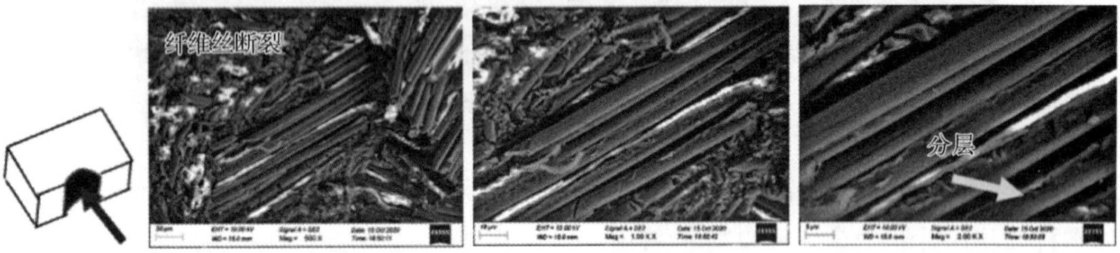

(a) ×500 (b) ×1000 (c) ×2000

图 6-6 胶铆接头拉-拉疲劳试验中铆钉孔区域的形貌

综合上述分析可得，CFRP 胶铆接头在静态拉伸中和拉-拉疲劳加载中主要失效模式均为胶层的剪切失效、铆钉孔的开裂和层合板的分层。

如图 6-7 所示，CFRP 胶铆接头承受循环载荷时其失效过程包括三个关键过程：第一，如图 6-7(b)所示，沿板平面方向的拉伸力使两 CFRP 层合板产生相对位移的趋势，胶层开始弹性变形。由于胶层的韧性较小，弹性变形后期胶层内部会产生微裂纹，这个过程可导致接头刚度的急剧下降。第二，如图 6-7(c)所示，随着胶层弹性变形的增大，上层板与铆钉的右侧接触，下层板与铆钉的左侧接触，铆钉处于剪切变形状态，同时铆钉发生弯曲，这使得铆钉帽与上层板、铆钉与上下板铆钉孔内表面均发生局部挤压变形。因此，胶层内应力增大导致微裂纹逐渐延伸扩展直至开裂。第三，如图 6-7(d)所示，胶层开裂后铆钉成为主要的承载介质，CFRP 层合板发生沿拉伸方向的相对运动使得铆钉弯曲变形加剧，铆钉与铆钉孔的上下边缘以及中间区域、铆钉帽与上层板的挤压变形急剧增加。挤压变形使得铆钉孔发生畸变或开裂，最终导致铆钉被拉脱，接头完全失去承载能力。

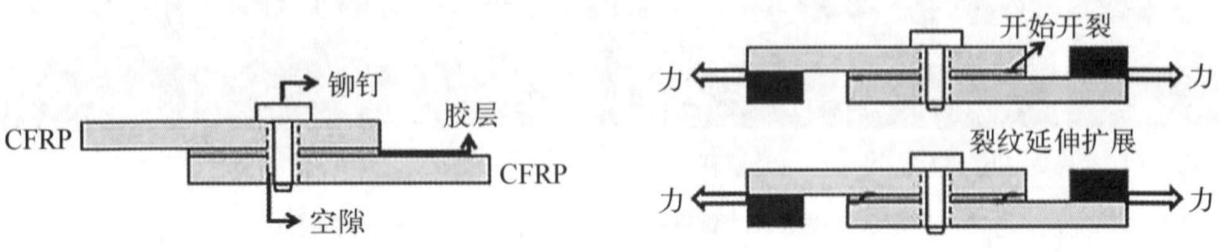

(a) 初始状态 (b) 第1阶段

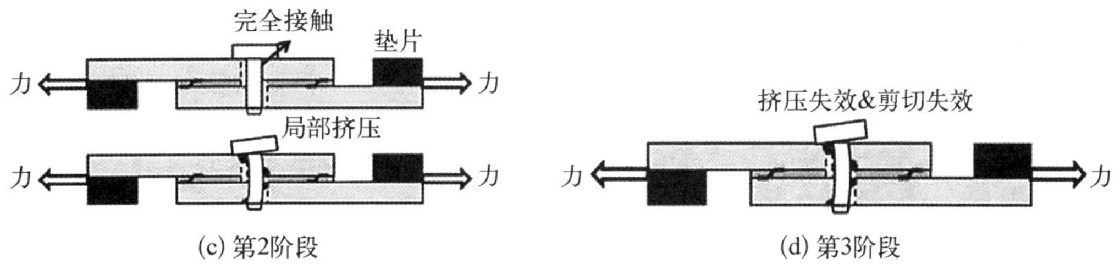

图 6-7　CFRP 胶铆接头的循环拉伸失效过程示意图

6.3　烘烤对 CFRP 胶铆接头强度的影响

6.3.1　烘烤试验

当碳纤维复合材料零件与钢质零件作为相邻零件同时应用于车身上时，必须考虑异质材料连接接头对涂装烘烤环境的适应性，尤其是涂装过程中的温度对 CFRP 层合板中的树脂基体的固化、对胶铆接头中胶层的性能以及胶层与母材连接界面的性能有显著影响。表 6-3 所示为某整车厂车身涂装过程中的烘干温度与持续时间。

表 6-3　某整车厂电泳上漆后的烘烤工艺参数

序　号	步　骤	温度(℃)	时间(min)
1	第一次烘干	180	30
2	风冷至室温	—	—
3	第二次烘干	165	20
4	风冷至室温	—	—
5	第二次烘干	150	20
6	风冷至室温	—	—

本试验中所使用的 CFRP 层合板的环氧树脂基体属于热固性树脂，固化温度为 140℃，玻璃化转变温度 T_g 为 160℃。使用浙江沪越仪器设备厂生产的 DHG101-3 型电热恒温干燥箱来模拟烘干环境，该恒温干燥箱最高工作温度 300℃，温度控制精度 ±0.5℃，带有鼓风功能，可以模拟电泳后的烘烤工序。烘烤之后的冷却采用强制风冷，采用激光温度计测量试样表面温度。

6.3.2 烘烤后 CFRP 层合板的剩余强度

表 6-4 列出了没有烘烤处理的对照试样和烘烤处理后 CFRP 层合板的弹性模量、抗拉强度和延伸率，所有数据均是 7 个试样的平均值。由表可见，烘烤后 CFRP 层合板的延伸率、弹性模量、抗拉强度和延伸率相比烘烤前变化很小，抗拉强度甚至有少许提升。这说明在最高温度 180℃的烘烤处理后，CFRP 层合板的基本力学性能并没有受影响。

表 6-4 烘烤后 CFRP 层合板力学性能

力学性能	未 烘 烤	烘 烤 后
弹性模量	71.89 GPa	71.64 GPa
抗拉强度	1 046 MPa	1 099 MPa
延 伸 率	1.52%	1.53%

6.3.3 烘烤对 CFRP 铆接接头性能的影响

图 6-8(a)所示为未经烘烤和经过烘烤的 CFRP 铆接接头试样的剪切拉伸强度，经过烘烤处理后 CFRP 铆接试样的最大剪切载荷下降约 7%。图 6-8(b)所示为烘烤前后试验中强度较为接近平均值的两个试样的载荷-位移曲线。比较这两条曲线可得：

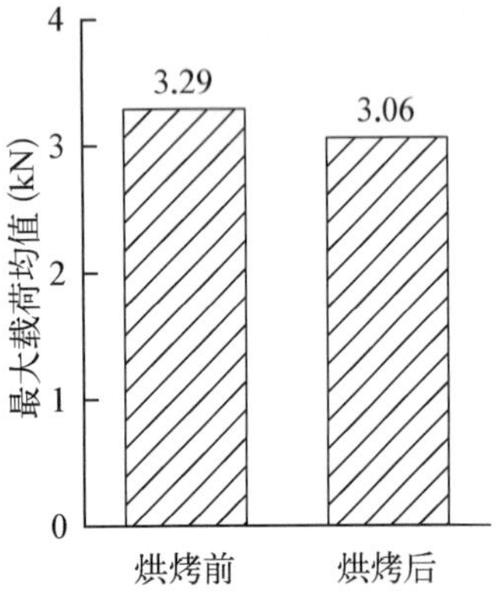

(a) 最大载荷均值对比

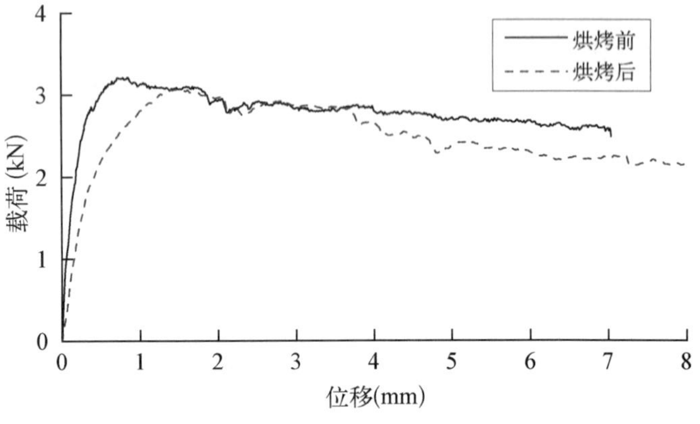

(b) 载荷-位移对比

图 6-8 烘烤前后 CFRP 铆接接头性能对比

第一，烘烤后的 CFRP 铆接接头刚度有显著下降。烘烤后曲线的弹性段斜率比未烘烤接头的弹性段斜率小，这说明 CFRP 铆接接头经过烘烤后刚度有显著下降。因为铆钉在烘烤过程中受热韧性增加，导致弹性变形量增加。另外，烘烤使得铆钉孔周的变形量增加。这两个因素的共同作用促使接头刚度发生了下降。

第二,烘烤后的CFRP铆接接头的强度发生了下降。由于CFRP铆接接头在剪切拉伸变形过程中主要失效模式是铆钉孔周的失效,因此铆钉孔周的强度决定了接头的强度。烘烤过程导致铆钉的体积膨胀,这样铆钉与CFRP层合板中铆钉孔的过盈量增加,从而导致孔周应力集中增加,使铆钉孔周提前发生失效。

第三,CFRP母材压缩模量的降低,将会导致铆钉孔更容易发生变形,铆钉在受载偏心作用下更容易发生旋转,铆钉旋转后对铆钉孔产生更严重的应力集中,铆钉孔更早地发生失效,直径变大,铆接试样进而发生拉脱失效。

图6-9所示为经过烘烤处理后的CFRP铆接接头的失效形貌,可见其失效模式最终为拉脱失效,铆钉孔周有挤压而出的碳纤维丝束,说明拉脱失效前也发生了明显的挤压失效。因此,烘烤后CFRP铆接接头的失效模式与烘烤前相同,其主要失效模式仍为挤压-拉脱混合失效。

(a) 正视　　(b) 侧视

图6-9　烘烤后CFRP铆接接头失效形貌

6.3.4　烘烤对CFRP胶接接头性能的影响

为了分析不同类型粘接剂对烘烤处理的耐受性,制作了两种CFRP胶接接头试样,母材相同但是粘接剂不同,粘接剂分别选择环氧树脂粘接剂和聚氨酯粘接剂。

图6-10所示为两种粘接剂胶接接头烘烤前后的剪切强度对比,可见环氧树脂胶接接头经过烘烤工艺后,剪切强度不但没有下降反而提升约7%。聚氨酯胶接接头经过烘烤工艺后,剪切强度下降约22%。原本强度略低于环氧树脂胶接的聚氨酯胶接接头,经过烘烤后其强度为环氧树脂胶接接头的69%,相差较多。这一点在CFRP汽车零部件连接设计时需要考虑。

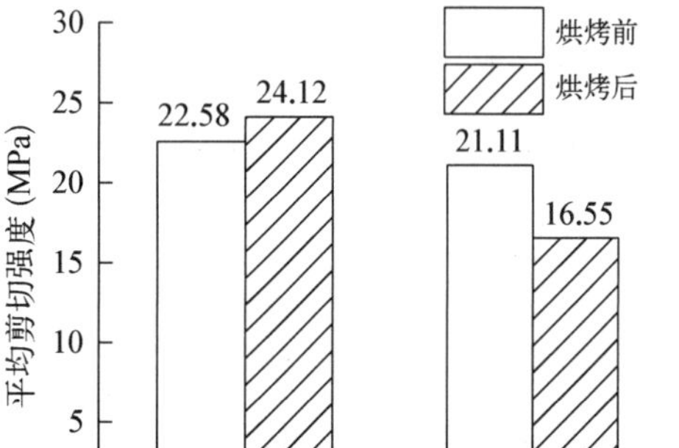

图6-10　两种粘接剂胶接接头烘烤前后剪切强度对比

图6-11(a)所示为选择烘烤前后试验中强

度较为接近平均值的两个试样的载荷-位移曲线。可见，对于采用环氧树脂粘接剂粘接的CFRP胶接接头，在承载初期的弹性阶段，烘烤后的胶接接头刚度稍有降低，但是在弹性阶段之后，烘烤后的试样还有一段刚度明显退化的初始失效阶段，烘烤前的试样则没有表现出明显的刚度退化就发生了失效。经过烘烤后，环氧树脂CFRP胶接接头不仅剪切强度变高，其韧性也得到明显提升，断裂伸长率提升约70%。这是由于烘烤过程中的短时高温，使粘接剂发生了二次固化，消除了首次固化时存在的缺陷，平衡了因固化不均匀产生的内应力。

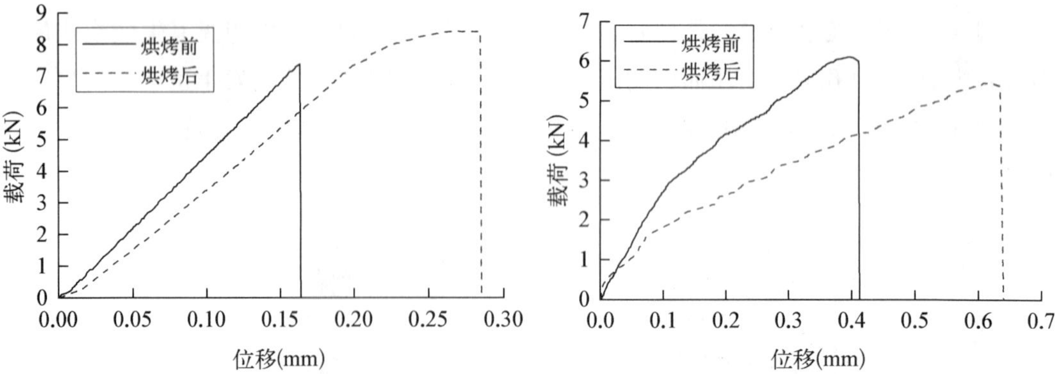

(a) 环氧树脂　(b) 聚氨酯

图6-11　两种粘接剂胶接接头载荷-位移曲线

图6-11(b)所示为选择烘烤前后试验中强度较为接近平均值的两个试样的载荷-位移曲线。可见，对于采用聚氨酯粘接的CFRP胶接接头，烘烤后的胶接接头刚度低于烘烤前，随着载荷的增加，烘烤后的接头更早地发生刚度退化，进入初始失效阶段。经过烘烤，最终断裂伸长率约提升50%，但是整体剪切强度却没有提升。这主要是因为固化后的聚氨酯粘接剂对烘烤的耐受性较差，整体刚度和强度均发生了退化，进而导致其接头强度和刚度的退化。

从失效模式角度可以进一步说明烘烤对两种胶接接头性能的影响。图6-12(a)所示为采用环氧树脂胶粘接的接头烘烤后的失效形貌，相比烘烤前CFRP胶接接头的主要失效模式是胶层失效，烘烤后出现了部分母材剥离失效，这是由于环氧树脂粘接剂烘烤过程中因二次固化的发生导致强度提升，甚至超过了CFRP层合板的层间剥离强度。失效模式的变化可以说明烘烤后采用环氧树脂胶粘接的接头强度以及韧性有所提升。图6-12(b)所示为采用聚氨酯胶粘接的接头烘烤后的失效形貌，可见与烘烤前相比变化不大，依旧是以胶层失效为主，这也证明了采用聚氨酯胶粘接的接头强度下降的原因在于胶层经过烘烤后发生了性能的退化。

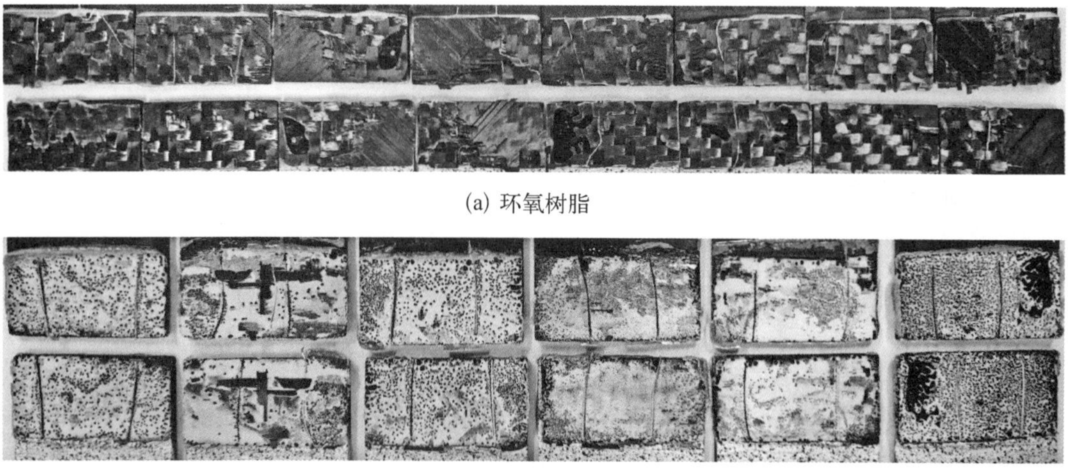

(a) 环氧树脂

(b) 聚氨酯

图 6－12　两种粘接剂胶接接头烘烤后失效形貌

综上所述，对于需要经过烘烤工艺的 CFRP 零件连接，烘烤对 CFRP 层合板与胶接接头以及铆接接头的影响规律总结如下：烘烤过程中 CFRP 层合板母材的力学性能变化不大；CFRP 铆接接头烘烤后强度与刚度均发生了下降，失效模式仍为挤压-拉脱混合失效；采用环氧树脂粘接剂的 CFRP 胶接接头烘烤后强度有一定的上升，韧性也有所增加；采用聚氨酯粘接剂的 CFRP 胶接接头强度发生了显著下降。

6.4　CFRP 胶铆接头在湿热环境下的性能退化

汽车零部件的使用环境十分复杂，比如在我国北方地区最低温度低于－30℃，而在南方地区则全年处于高湿度的气候中，这些差异巨大而且苛刻的环境条件，均对汽车零部件的性能提出了非常严格的要求。CFRP 由碳纤维与树脂基体组成，树脂基体属于聚合物，聚合物的交联网络结构为水分子的扩散和储存提供了方便，聚合物也易受热的影响，故这类材料具有湿与热的敏感性。

CFRP 吸湿后会发生两个显著变化：一是基体吸水产生体积膨胀，使得玻璃化温度降低，降低了材料的耐热性；二是水会促进树脂结构和界面结构起水解作用和解吸附作用，使得纤维丝/基体界面强度降低，产生分层失效。

温度升高对 CFRP 吸湿的影响主要有两方面：一是加快水分子在基体内的扩散速率，增加吸湿量；二是使 CFRP 中树脂基体发生结构膨胀变形，纤维丝/基体界面产生残余应力。因此，在湿热环境中服役的 CFRP 构件易出现承载性能下降、提前失效等问题。有研究表明，湿热环境下 CFRP 层合板的拉伸强度下降可超过 30%，层间剪切强度下降可超过40%。如此显著的性能退化对CFRP构件的服役可靠性是一个非常大的威胁。因此，研究CFRP对湿热的响应并进行准确的预测是推广CFRP在汽车上应用必须解决的关键问题。

6.4.1 加速吸湿试验

复合材料最先应用于航空领域，目前针对车用复合材料的吸湿标准尚未发布，因此参考《航空用聚合物基复合材料吸湿试验方法》(HB 7401—2020)[39]设计CFRP层合板及其接头的加速吸湿试验。

试验所用的CFRP层合板的类型与6.3节烘烤试验所用试样的材料相同，试样为尺寸25 mm×200 mm的矩形料片，且保证0°方向与料片长度方向一致，重复试样10个。

采用恒温水浸泡方法进行加速吸湿试验。试验前先用电热烘箱对试样进行干燥，每2小时测量试样的质量，当质量改变量低于总质量的0.02%时停止烘干，并记录此时的质量作为初始干态质量。然后将试样置于恒温蒸馏水的水浴箱中，定期对试样进行称重，称重前用吸水布将试样表面水分擦干，并重复称重三次。如果连续三个测量周期的质量变化小于0.02%，说明此时试样达到吸水饱和状态，停止吸湿试验。

试样质量测量采用千分之一天平，如图6-13(a)所示，精度为0.001 g。水浴试验使用深圳市力通科技有限公司生产的HX-HH420水浴箱，其温度最高可达100℃，精度0.1℃。

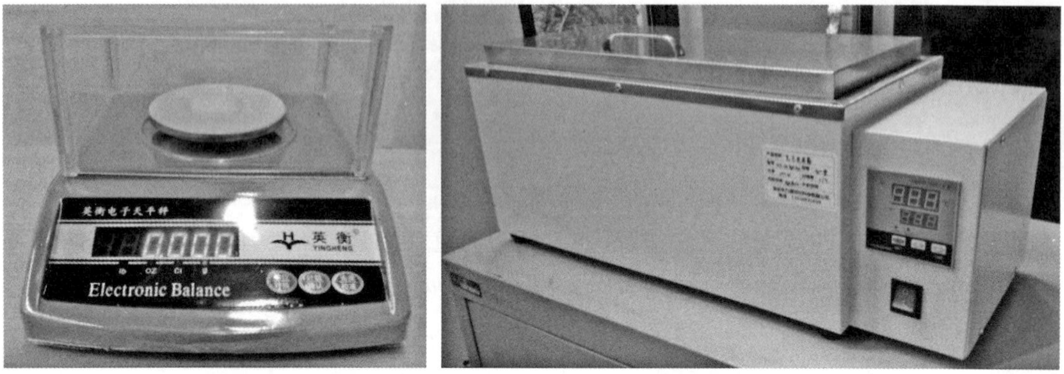

(a) 千分之一天平　　(b) 恒温水浴试验箱

图6-13 电子天平和恒温水浴试验箱

6.4.2 CFRP层合板与胶接接头的吸湿率

1. *CFRP层合板的吸湿率*

参考《航空用聚合物基复合材料吸湿试验方法》(HB 7401—2020)，层合板吸湿率按式(6.29)计算。

$$M_i = \frac{G_i - G_0}{G_0} \times 100\% \tag{6.29}$$

式中，M_i 为试样的吸湿率；G_i 和 G_0 分别为试样吸湿后的质量和干态质量。图 6-14 所示为 25℃和 50℃水浴温度下 CFRP 层合板的吸湿率随时间的变化曲线，图中每个温度下有五条曲线分别为重复试样的数据。测量结果的变异系数分别为 3.28％和 3.27％，数据重复性满足要求。由图 6-14 可得：

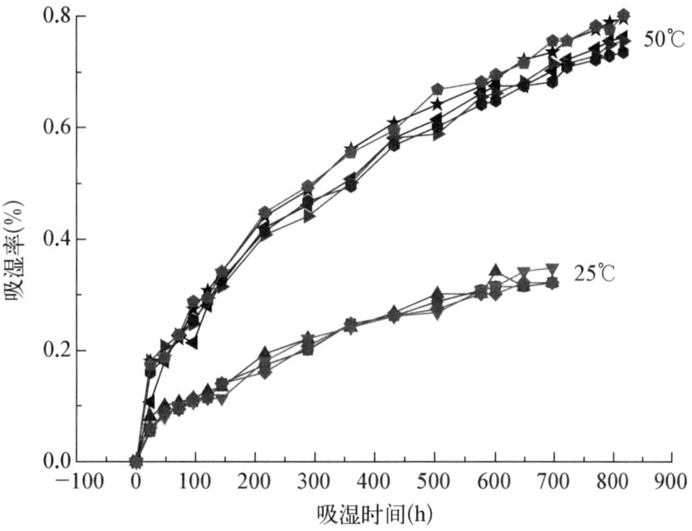

图 6-14　25℃和 50℃环境下 CFRP 层合板的吸湿率

(1) 在同一温度下，吸湿率随时间的增加而升高，25℃下 CFRP 层合板在吸湿 720 h (30 d)后达到吸湿饱和，饱和吸湿率为 0.32％～0.35％；50℃下 816 h(34 d)达到吸湿饱和，饱和吸湿率为 0.74％～ 0.80％。

(2) 在吸湿初期，吸湿率快速增加。随着时间的延长，吸湿率增加幅度逐渐减小直至达到吸湿饱和。

(3) 吸湿时间相同时，温度越高吸湿率越大。

图 6-15 所示为 CFRP 层合板在 25℃、50℃温度下的饱和吸湿率，其饱和吸湿率平均值分别为 0.33％、0.77％，饱和吸湿率随环境温度升高而增加。这主要是由于温度升高，水分子在 CFRP 层合板中的扩散速度加快，树脂基体聚合物极性官能团的水解反应更加充分，导致吸湿速率和饱和吸湿率的增加[40]。

2. CFRP 胶接接头的吸湿率

CFRP 胶接接头在 25℃和 50℃水浴环境下吸湿率与水浴时间的关系如图 6-16 所示，其饱和吸湿率的平均值分别为 0.31％和 0.76％。可以看出，随着水浴温度的升高，胶接接头吸湿初期的吸湿速率逐渐增加，且达到吸湿饱和的时间延长。这主要是因为随着水浴温度的升高，水分子进入 CFRP 层合板以及胶层内部的扩散速度更快，树脂基体聚合物极性官能团的水解反应更加充分，导致胶接接头吸湿速率和饱和吸湿率的增加。此结论与 CFRP 层合板吸湿规律相同。

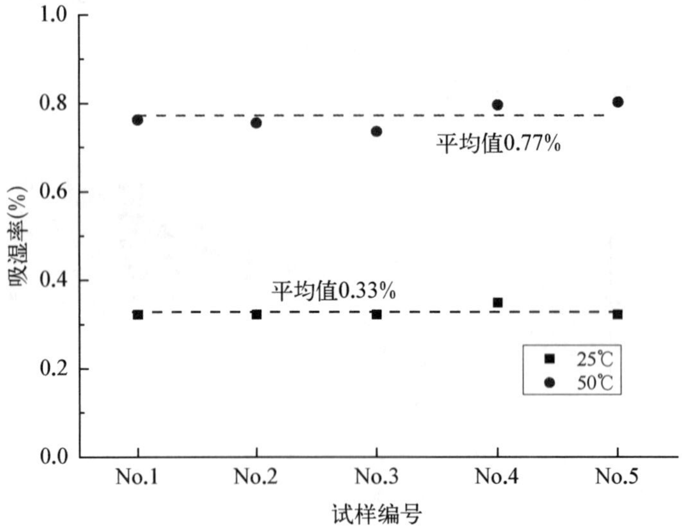

图 6-15 不同温度下 CFRP 层合板的饱和吸湿率

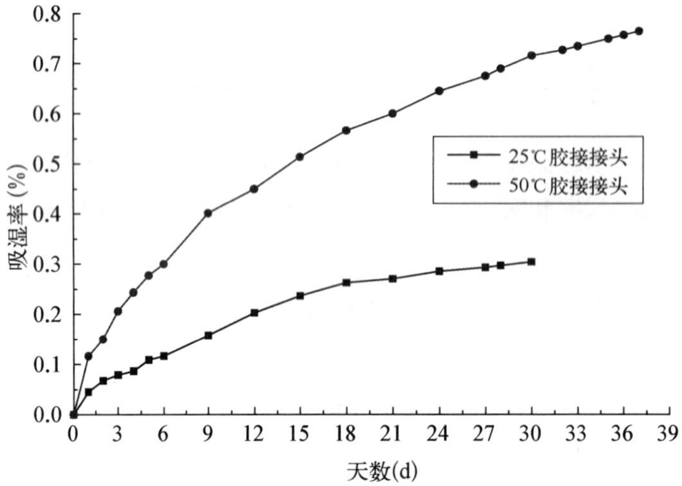

图 6-16 25℃和 50℃环境下胶接接头吸湿率与水浴时间的关系

6.4.3 湿热环境下 CFRP 层合板的性能退化与失效机理

1. 单向拉伸强度

图 6-17 所示为 50℃水浴环境下浸泡 CFRP 层合板的拉伸强度随水浴时间的变化曲线。由图可得：CFRP 层合板水浴吸湿 34 d 后达到吸湿饱和，吸湿饱和后最大拉伸载荷

相比于初始状态下降了 5.92%，断裂伸长率下降约 6.42%。这是由于环氧树脂基体内部的极性官能团吸湿后与水分子发生水解反应，同时树脂中部分可溶性杂质溶于水中，导致树脂与纤维的界面处出现孔洞，宏观上则表现为抗拉强度和基体韧性的下降。

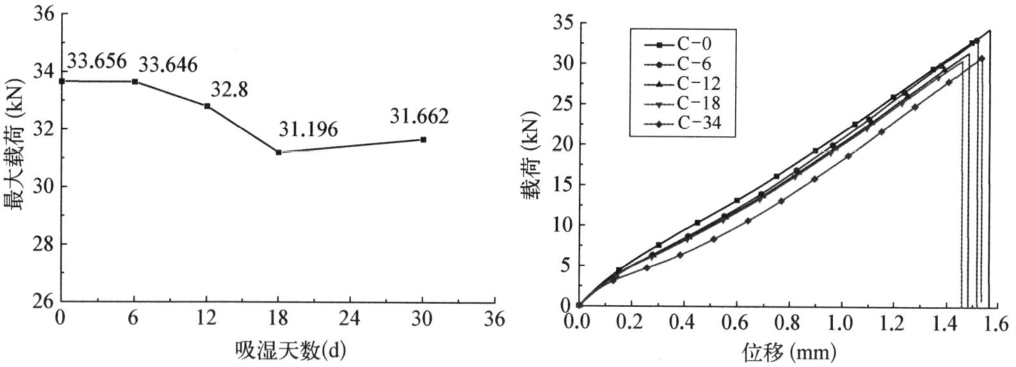

(a) 拉伸试验最大载荷变化　　(b) 载荷-位移曲线变化

图 6-17　50℃水浴环境下浸泡后 CFRP 层合板的拉伸强度

对 25℃水浴环境下吸湿后的 CFRP 层合板进行单向拉伸试验，可得水浴前后 CFRP 层合板试样的最大拉伸载荷如图 6-18 所示。没有浸泡的 CFRP 层合板单向拉伸最大载荷平均值为 33.656 kN，水浴 30 d 后单向拉伸最大载荷平均值为 33.141 kN，下降 1.53%。相比 50℃水浴，25℃水浴环境下 CFRP 层合板抗拉强度受吸湿的影响要小很多。这说明水浴温度升高使得环氧树脂基体内部的极性官能团与水分子发生水解反应更加充分，树脂与纤维的界面处粘接性能下降，宏观上则表现为 CFRP 层合板的抗拉强度和基体韧性均随着水浴温度升高而下降。

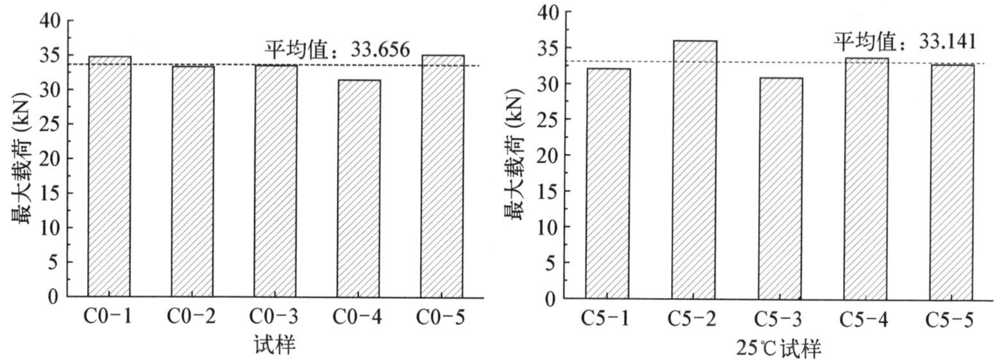

(a) 水浴前　　(b) 水浴30 d

图 6-18　25℃水浴环境下浸泡后 CFRP 层合板的拉伸强度

吸湿后 CFRP 层合板最大拉伸载荷呈下降趋势，原因是水浴吸湿主要影响 CFRP 层合板中树脂与纤维的界面粘接能力，而对 CFRP 层合板的单向拉伸性能影响较小，故试验结果出现小范围波动。为准确获得湿热环境对 CFRP 层合板性能的影响规律，需要继续研究吸湿后 CFRP 层合板的三点弯曲强度退化情况。

2. 三点弯曲强度

按照《纤维增强塑料弯曲性能试验方法》(GB/T 1449—2005)进行 CFRP 层合板的三点弯曲试验。如图 6－19 所示，支座和压头的半径均为 5 mm。三点弯曲试样的基本尺寸为 80 mm×13 mm×2 mm，跨距为 64 mm，长度取 80 mm，CFRP 层合板的铺层为$[0/90/0/+45/-45/90/0/90/0/90/-45/+45/0/90/0]_{15}$。三点弯曲试验压头的加载速率为 1 mm/min。

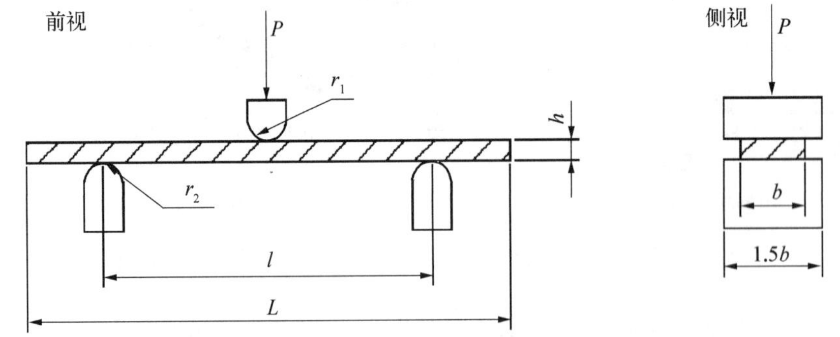

L—试样长度(mm)，b—试样宽度(mm)，h—试样厚度(mm)，l—跨距(mm)，r_1—压头圆柱半径(mm)，r_2—支座圆柱半径(mm)，r_1 和 r_2 的值为 5.0 mm±0.1 mm

图 6－19 三点弯曲试验示意图

根据 ASTM D7264 标准，CFRP 层合板的弯曲强度的计算公式见式(6.30)。

$$\sigma = \frac{3Pl}{2bh^2} \tag{6.30}$$

式中，σ 为试样弯曲强度(MPa)；P 为弯曲破坏载荷(N)，其余参数见图 6－19 注。CFRP 胶接接头在 25℃和 50℃水浴中浸泡后进行三点弯曲试验获得载荷-位移曲线如图 6－20 所示，提取各曲线的最大载荷汇总于图 6－21 中。

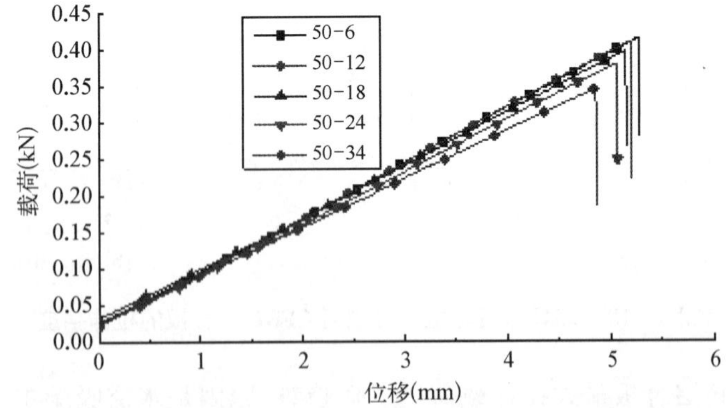

图 6－20 50℃浸泡不同时间的 CFRP 胶接接头的三点弯曲载荷-位移曲线

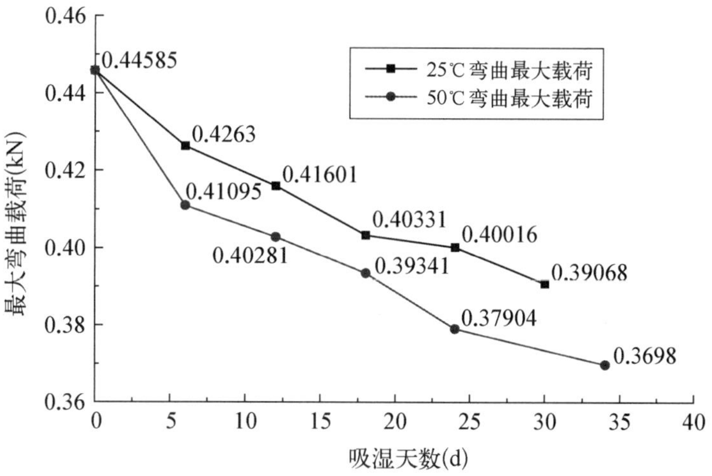

图 6-21 不同水浴温度下 CFRP 胶接接头的三点弯曲试验最大载荷变化

从图 6-20 所示的弯曲试验的载荷-位移曲线可以看出，吸湿处理后的弯曲载荷-位移曲线的斜率随水浴时间延长逐渐减小，说明吸湿后的试样弯曲刚度减小，韧性增加。主要原因是水分子进入 CFRP 内部后，树脂基体分子间的间距变大，基体软化，韧性增强。由图 6-21 可知，试样弯曲强度随水浴时间以及温度增加而降低，主要原因为 CFRP 吸湿过程中，碳纤维丝几乎不吸湿，树脂基体吸湿后会发生溶胀和增塑现象。当水分子扩散到纤维与基体界面时，树脂基体发生的溶胀现象会产生剪应力直接作用于界面处；当剪应力大于界面的粘接强度时，界面开裂，对 CFRP 层合板造成不可逆的损伤。因此，湿热环境使得 CFRP 层合板的弯曲强度大幅度降低。

3. 湿热环境下 CFRP 层合板的失效机理

为进一步探究湿热环境下 CFRP 层合板老化失效的机理，使用 QuantaFEG250 型扫描电子显微镜对 CFRP 层合板拉伸试样的失效断面进行观察。图 6-22 所示为三种不同吸湿状态下的失效断面 SEM 图，放大倍数均为 500 倍，图中白色部分为环氧树脂基体，黑色部分为碳纤维丝。图 6-22(a)所示为未经浸泡初始状态的 CFRP 层合板 SEM 图，失效断面呈不规则海浪状，纤维排列比较整齐且与树脂结合紧密，纤维与树基体间的界面粘接性能良好。图 6-22(b)所示为 25℃湿热环境下 CFRP 层合板吸湿饱和状态的失效断面 SEM 图，CFRP 吸湿饱和之后，纤维丝与树脂间界面出现裂缝，水分从层合板中浸出了少量树脂成分。图 6-22(c)所示为 50℃湿热环境下吸湿饱和状态的 SEM 图，可见纤维丝的排列不再紧密，纤维丝与树脂间的界面出现了较大裂缝，树脂基体变得疏松，层合板间浸出了较多树脂成分。这说明吸湿使树脂析出，影响纤维丝与基体的界面强度，加速了 CFRP 层合板的失效。

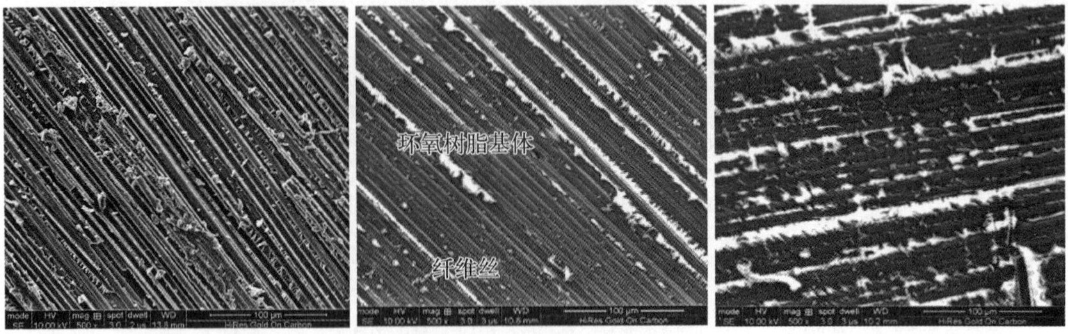

(a) 初始状态　(b) 25℃吸湿饱和状态　(c) 50℃吸湿饱和状态

图 6-22　不同水浴温度处理后的 CFRP 失效断面 SEM 图(500×)

6.4.4 湿热环境下 CFRP 胶接接头的性能退化

前文对 CFRP 层合板吸湿前后的单向拉伸强度和三点弯曲强度进行了分析，可知 CFRP 层合板吸湿后强度、韧性均有所下降，且下降幅度随温度的升高而加大，达到吸湿饱和时性能趋于稳定。对于胶接接头来说，一方面 CFRP 层合板吸湿导致基体性能衰退，另一方面环氧树脂粘接剂作为高分子材料，吸湿后性能也会变化。本小节将对 CFRP 胶接接头在湿热环境下的性能退化进行研究。

1. CFRP 胶接接头剪切拉伸强度退化

对 25℃水浴环境下吸湿后的 CFRP 胶接接头进行剪切拉伸试验，获得的剪切拉伸最大载荷如图 6-23(a)所示，可得水浴 30 d 后接头最大载荷相比初始状态下降了 23%。图 6-23(b)所示为经过不同时间浸泡的 CFRP 胶接接头的载荷-位移曲线，可见随着水浴时间的增加，接头的强度和刚度均发生下降。

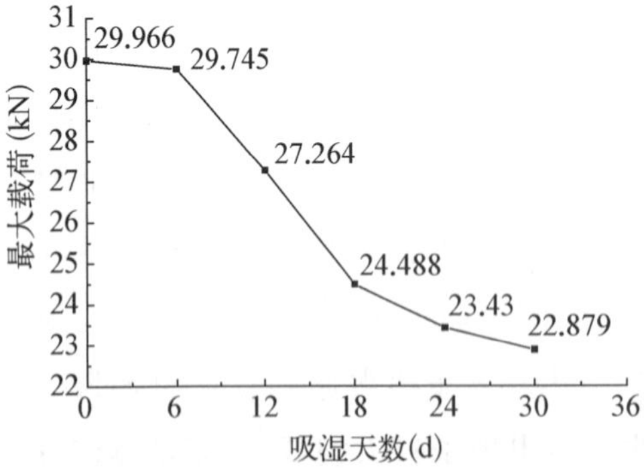

(a) 剪切试验最大载荷变化

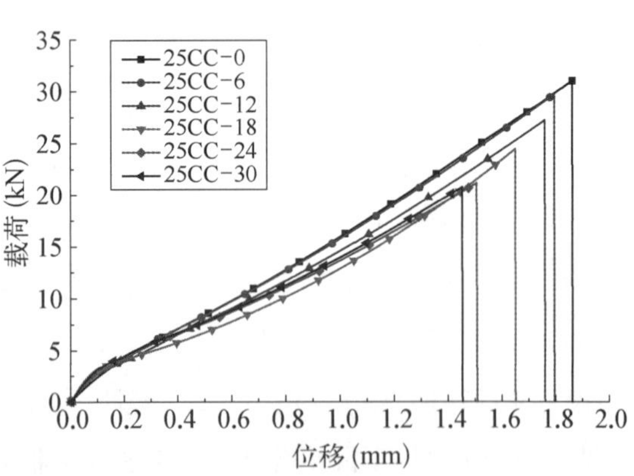

(b) 载荷-位移曲线变化

图 6-23　25℃水浴环境对 CFRP 胶接接头的性能影响

对 50℃水浴环境下吸湿后的 CFRP 胶接接头进行单向拉伸试验，获得的剪切拉伸最大载荷如图 6－24(a)所示，水浴 39 d 后即吸湿饱和状态的试样最大载荷相比未经水浴吸湿的试样下降 27.43％。

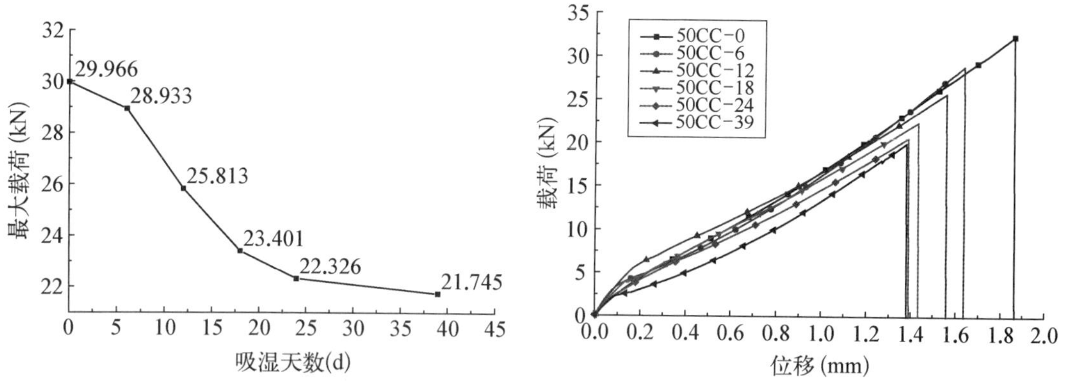

(a) 剪切试验最大载荷变化　　(b) 载荷-位移曲线变化

图 6－24　50℃水浴环境对 CFRP 胶接接头的性能影响

综合图 6－23(a)和图 6－24(a)可知，CFRP 胶接接头的剪切强度随水浴时间的增加而降低，且接头强度下降速度随水浴时间的增加而降低。与接头吸湿量对照来看，接头吸湿速率同样随水浴时间增加而降低，说明胶接接头强度下降率与吸湿量直接相关，吸湿量的增加直接影响接头强度的降低。由于水在环氧树脂粘接剂以及 CFRP 基体中扩散，使得环氧树脂发生水解反应，降低粘接剂与母材之间以及纤维与树脂基体之间的粘接性能，因此造成 CFRP 基体以及接头强度的下降，且下降程度同吸湿量成正比。

同样选择各组剪切拉伸强度值与平均值较接近的试样的载荷-位移曲线进行对比，如图 6－24(b)所示，可见试样的刚度随着水浴时间和接头吸湿量的增加而降低，由于胶层厚度较小，接头刚度的变化主要源于 CFRP 刚度性能的退化。环氧树脂吸湿后韧性变差，因此胶接试样吸湿后剪切拉伸的断裂伸长率也有所下降。观察各组试样断裂前的刚度变化，水浴吸湿 39 d 后即吸湿饱和状态的试样刚度退化现象比较明显，而其他四组试样在失效前仅表现为小幅度的刚度退化。

由上述研究可得：CFRP 胶接接头在长期湿热环境下，随着吸湿量的增加接头的强度和刚度均发生不同程度的退化，下降幅度随吸湿率的增加而增加。

2. CFRP 胶接接头失效机理分析

以 50℃水浴环境下 CFRP 胶接接头的失效形貌为例来说明失效机理。图 6－25 所示为 CFRP 胶接接头经过不同时间水浴处理后的失效形貌。未经吸湿处理即初始状态的试样，失效模式主要为母材剥离失效。水浴 6 d 后，主要失效模式仍为母材剥离失效，这说明 CFRP 层合板层间强度低于接头胶层强度。水浴 12 d 后，试样除了母材失效外，还出现了部分胶层失效，说明胶层强度也发生了退化。水浴 18 d 和 24 d 后的主要失效模式变为胶层失效，夹杂着少量母材失效。从失效模式变化可看出，胶层强度随着水浴时间的增加而降低，逐渐低于母材层间强度，胶层失效成为主要失效原因。水浴 39 d 的失效模式主要为 45°铺层发生分层，属于母材剥离失效，究其原因是由于吸湿 CFRP 层合板自身与胶层均发生强度退化，但此时母材层间强度下降量高于胶层强度下降量，导致母材先于胶层失效。

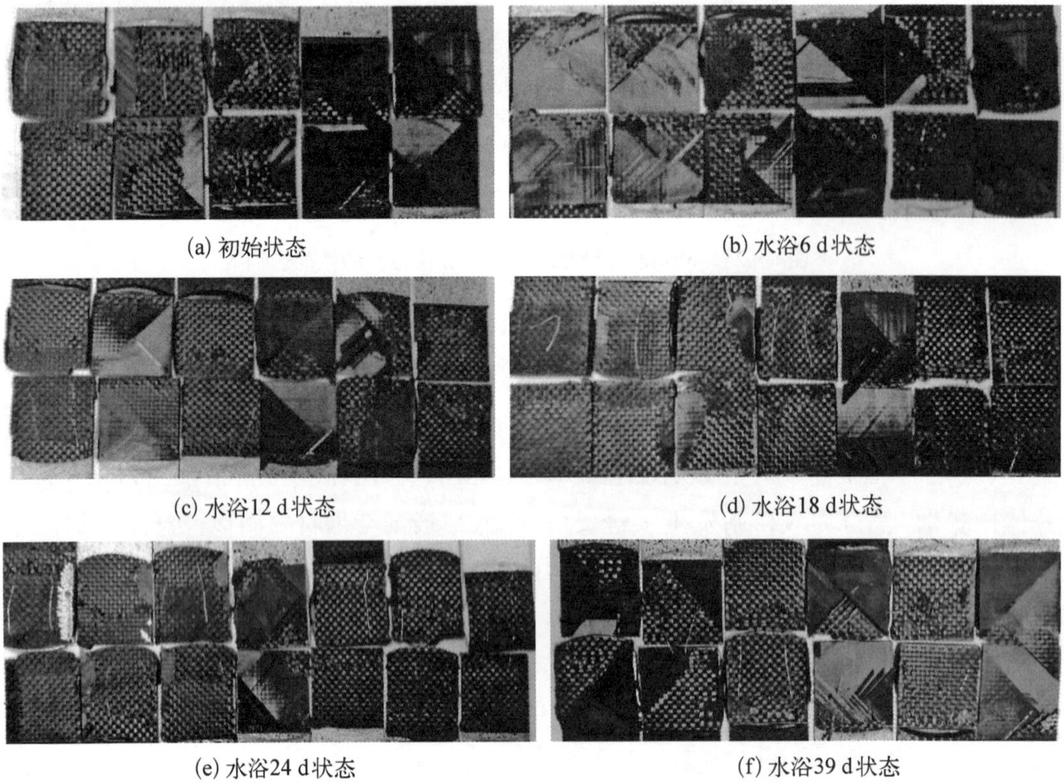

(a) 初始状态　(b) 水浴6 d状态

(c) 水浴12 d状态　(d) 水浴18 d状态

(e) 水浴24 d状态　(f) 水浴39 d状态

图 6-25　50℃水浴环境下 CFRP 胶接接头经过不同时间水浴处理后的失效形貌

综上可知，湿热环境下 CFRP 胶接接头，吸湿初期接头强度的下降主要源于胶层强度的下降，胶层较容易吸湿而发生强度退化现象从而影响胶接接头的力学性能。而对于 CFRP 母材，由于碳纤维丝几乎不吸湿，水分在 CFRP 树脂基体中的扩散需要一定时间，树脂基体发生水解反应以及杂质溶解也需要经历一个较为缓慢的过程。且由 CFRP 层合板的性能随水浴时间的变化可知，CFRP 吸湿了一段时间后，其材料性能才开始发生明显下降。由于胶层的耐湿热性能相对 CFRP 母材较差，因此在 CFRP 胶接接头的实际工程应用中，应该重点考虑粘接剂在湿热环境下的适应性。

6.5　湿热环境下 CFRP 铆接接头的性能退化

CFRP 铆接接头在湿热环境中的失效原因有两方面：一方面母材由于吸湿导致性能衰退；另一方面由于铆钉为金属材料，虽然不会因吸湿而发生性能变化，但是在湿热环境中容易发生锈蚀。汽车零部件的防腐蚀性能是汽车设计过程中必须考虑的问题。为获得潮湿环境对 CFRP 铆接接头的影响，依据中国汽车行业标准《乘用车强化腐蚀试验方法》(QC/T 732—2005)[41]，使用(5±0.5)%的盐水进行水浴试验，并控制温度为 70℃恒温。

为方便对比，铆接试样与 6.3 节相同，即边距 W_s 和端距 E 均为 18 mm，使用型号为 6.4×13 的不锈钢铆钉。试验共设置三组试样，每组五件。三组试样分别浸泡在恒温 5% 盐水环境里 6 d、12 d、18 d 后取出，然后进行剪切拉伸试验。考虑铆钉为金属材质，其对水分子的亲和性远低于高分子材料，在此当作不吸湿。三组试样的最大剪切拉伸载荷如图 6-26 所示，三组试样剪切拉伸的最大载荷均值分别为 2.80 kN、3.01 kN 和 2.83 kN。以初始状态的强度 3.29 kN 为基准，盐水浴处理 6 d、12 d 和 18 d 后铆接接头的强度分别为处理前的 85.1%、91.5%和 86.0%，可得 CFRP 铆接试样经过盐水浴处理后剪切强度发生了退化。

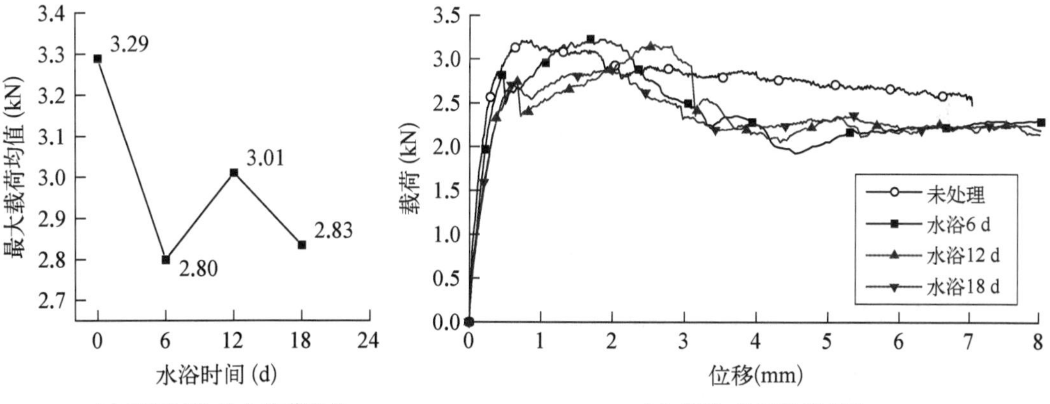

(a) 剪切试验最大载荷变化　(b) 载荷-位移曲线变化

图 6-26　5%盐水浴对 CFRP 铆接接头的性能影响

根据前述研究可知，由于 CFRP 层合板在吸湿后抗拉强度和层间强度均会下降，这会引起铆钉孔周的强度下降。在盐水环境中，CFRP 层合板的吸湿量也是随着水浴时间的增加而增加，同时铆钉也逐渐发生腐蚀。理论上随着盐水处理时间的增加，铆接接头强度应有所下降，但是经过盐水浸泡 6 d 的试样强度相比，盐水浸泡 12 d 和 18 d 后试样强度反而稍高一些，可能由于 CFRP 材料性能本身的不稳定性以及整个接头的制造偏差，接头性能本身具有的波动掩盖了盐水处理时间增加对接头性能造成的进一步影响。

图 6-27 所示为经过不同时间水浴后铆接接头失效形貌，可见三组试样最终的失效模式均为拉脱失效，同时伴有孔周的挤压失效。由此可得，盐水浴时间的增加并未改变 CFRP 铆接接头的失效模式，失效模式未发生改变，所以三组试样的载荷-位移曲线走势也基本一致。

(a) 水浴6 d　(b) 水浴12 d　(c) 水浴18 d

图 6-27　经过不同时间水浴后铆接接头的失效形貌

除了接头的失效形貌，铆钉的锈蚀情况也需关注。图 6-28 列出了不同时间水浴处理后，铆钉的锈蚀情况。从未处理至盐水浴处理 18 d，随着盐水浴时间的增加，钉芯表面逐渐从光亮的银白色变为红色最后变为黑色，而钉帽仅仅表现在光泽上稍有黯淡。铆钉材质直接决定其抗腐蚀性能，本试验使用的铆钉钉体材料为不锈钢，钉芯材料为普通碳钢，在盐水浴处理下钉芯发生了较为严重的锈蚀，而钉体则未发生明显锈蚀。虽然钉芯不参与承载，其锈蚀对于强度没有影响，但是可以注意到铆钉周围的 CFRP 表面上随着盐水处理的时间增加逐渐出现了一些脏污。这是由钉芯产生的铁锈在水浴过程中向四周扩散所致，该铁锈痕迹较难彻底清除，若用于外覆盖件，将影响其美观。因此，需要考虑使用不易锈蚀的铆钉材料，比如钉芯与钉体皆为不锈钢等。

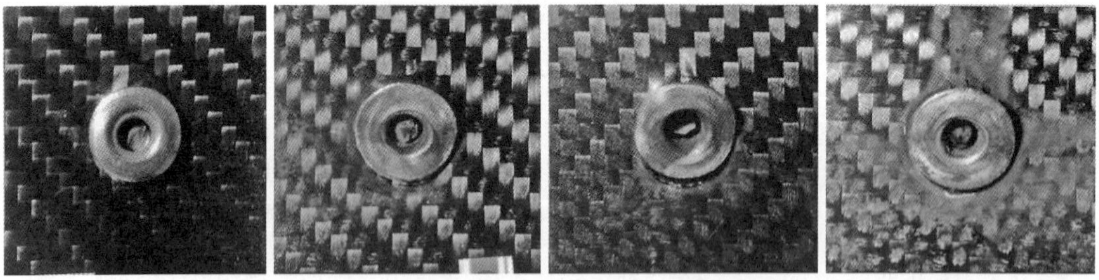

(a) 未处理　(b) 水浴6 d　(c) 水浴12 d　(d) 水浴18 d

图 6-28　经过不同时间水浴后铆钉的腐蚀情况

根据《乘用车强化腐蚀试验方法》(QC/T 732—2005)[41] 的试验条件，本试验中 18 d 的盐水浴处理相当于汽车在高湿气候下正常使用三年的腐蚀强度。该腐蚀强度下，铆钉体基本没有发生腐蚀。由此可得：使用 304 不锈钢材质的铆钉进行 CFRP 材料之间的铆接，其抗腐蚀性能可以满足正常使用要求。

6.6　CFRP 胶铆接头的剩余强度与湿热老化寿命预测

6.6.1　剩余强度预测

根据前文可知吸湿对 CFRP 层合板的三点弯曲强度的影响非常显著。由于吸湿试验所需要的时间非常长，不适合于工程实际应用。因此，研究根据已有的试验结果来预测 CFRP 层合板在任意吸湿环境下的剩余强度非常有价值。主要方法如下：

(1) 对已有的试验数据进行曲线拟合。图 6-29 所示为 CFRP 层合板在 25℃和 50℃水浴环境下的三点弯曲强度与吸湿率的指数拟合曲线，根据拟合曲线得到 25℃和 50℃水浴环境下 CFRP 层合板三点弯曲剩余强度模型，如式(6.31)和式(6.32)所示。

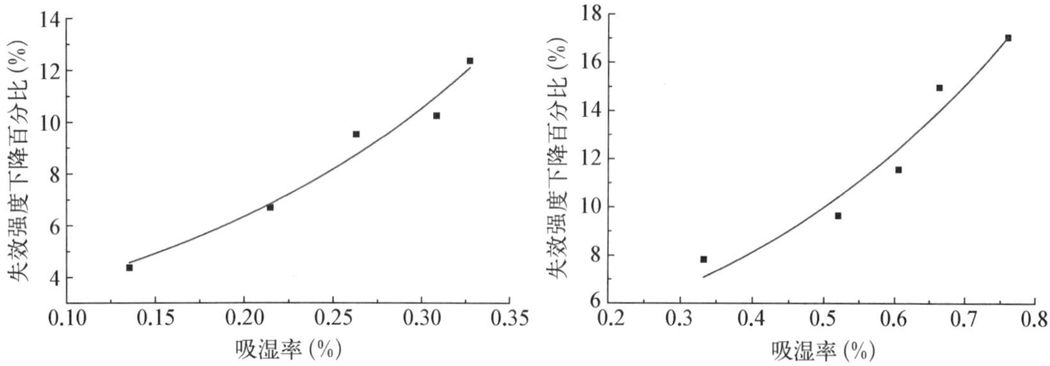

图 6-29　不同水浴环境下 CFRP 层合板吸湿率与三点弯曲失效强度下降关系曲线拟合

$$F_{25}(m)=29.029m^2+26.762m \qquad 0.13<m<0.33 \tag{6.31}$$

$$F_{50}(m)=5.711m^2+17.599m \qquad 0.33<m<0.76 \tag{6.32}$$

式中，m 为试样吸湿率(%)。如在吸湿率为 0.3%情况下，式中 $m=0.3$，计算所得 $F_{25}=10.6$，表示当吸湿率达到 0.3%后该层合板的三点弯曲强度下降了 10.6%，剩余强度为初始强度的 89.4%。

(2) 根据时温等效原理，计算环境当量系数 K 值。目前吸湿试验标准是基于时温等效原理的加速试验，即采用提高温度来体现延长时间的效果。由此获得的吸湿饱和时间不是材料真实服役环境下的时间，尚不能直接作为工程应用参考。为此，需要将加速老化时间根据湿热环境下的环境当量等效为真实老化时间。湿热环境下的环境当量系数 K 的计算方法如式(6.33)[18]所示。

$$K = \frac{\exp(-C/T_1\varphi_1)}{\exp(-C/T_2\varphi_2)} \tag{6.33}$$

$$K = \frac{t_2}{t_1} \tag{6.34}$$

式中，t_1 和 t_2 分别为真实老化时间和加速老化时间(h)；T_1 和 φ_1 分别为真实服役环境的温度(℃)和相对湿度(≤1)；T_2 和 φ_2 分别为加速老化环境的温度(℃)和相对湿度(≤1)；C 为环境系数，当 $T_2 < 60$℃ 时 C 取 46.10，当 $T_2 \geqslant 60$℃时 C 取 81.47。

(3) 根据吸湿老化试验，计算真实吸湿饱和时间。CFRP 层合板在 50℃水浴吸湿环境下，其加速老化湿热饱和时间为 816 h，若计算该材料在 20℃、相对湿度为 50%的环境下真实吸湿饱和时间，则 C 取 46.10，φ_1 和 φ_2 分别取为 0.5 和 1，T_1 和 T_2 分别为 20℃和 50℃，计算可得该湿热环境下的环境当量系数 K 值为 0.025。

① 根据式(6.34)计算真实吸湿饱和时间。根据上述参数，计算得到所研究的 CFRP 层合板在 20℃/RH 50%环境下的真实吸湿饱和时间为 32 640 h，即 1 360 d，也就是说该 CFRP 层合板在 20℃、相对湿度为 50%的无载荷环境下的真实吸湿饱和时间为 1 360 d。

② 根据剩余强度经验公式求得特定强度水平下 CFRP 层合板的吸湿率。根据 50℃水浴环境下 CFRP 三点弯曲强度退化的经验公式(6.32)反求可得：弯曲强度下降到极限强度的 85%时，CFRP 的吸湿率 m 约为 0.695%。

③ 对图 6-14 中的 CFRP 层合板吸湿率随水浴时间的数据进行拟合，获得吸湿率与吸湿时间的关系式，如公式(6.35)所示。由此将 $m = 0.695\%$ 代入式(6.35)可得水浴时间为 644 h。

$$m(\%) = 0.094\,61 + 0.023\,66\sqrt{t} \tag{6.35}$$

④ 将水浴时间代入式(6.34)，可求得该 CFRP 层合板在 20℃、相对湿度为 50%的环境下三点弯曲载荷作用下的真实吸湿饱和时间为 25 757 h，即 1 074 d。

同理，对 25℃和 50℃水浴环境下 CFRP 胶接接头剪切拉伸强度的下降率随吸湿率变化的曲线进行拟合，如图 6-30 所示。

采用同样的方法可得到 25℃和 50℃水浴环境下 CFRP 胶接接头剪切拉伸剩余强度模型，分别如式(6.36)和式(6.37)所示。

$$F_{25}(m\%) = -2\,086.126m^3 + 1\,257.34m^2 - 115.35m \quad 0 \leqslant m \leqslant 0.35 \tag{6.36}$$

$$F_{50}(m\%) = -253.6m^3 + 325.73m^2 - 64.92m \quad 0.35 \leqslant m \leqslant 0.77 \tag{6.37}$$

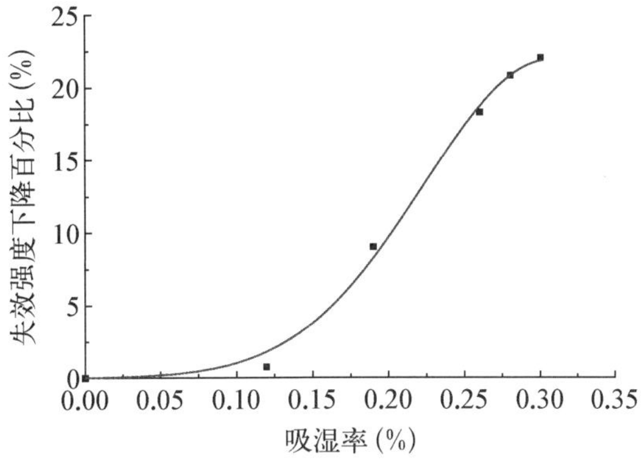

(a) 25℃水浴

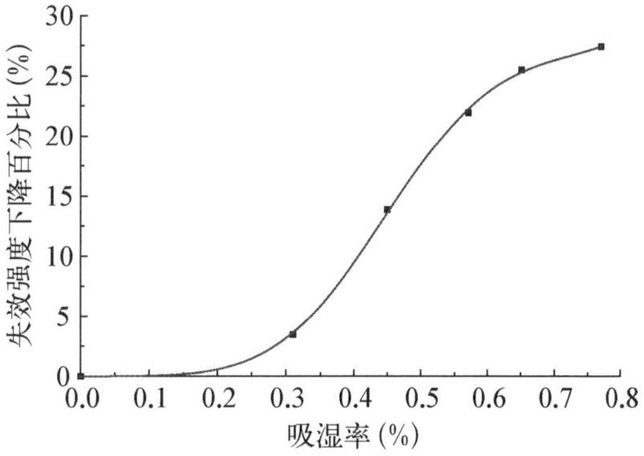

(b) 50℃水浴

图 6-30 不同水浴温度下 CFRP 接头吸湿率与剪切拉伸失效强度关系曲线

6.6.2 湿热老化寿命预测

按照纤维增强树脂基复合材料层合板的安全系数判定准则[42]，当复合材料的强度性能下降到强度设计极限值的 77%时，则判定该复合材料失效。判定公式如式(6.38)所示。

$$F_f = 0.77 \times F_d \tag{6.38}$$

其中，F_f 为复合材料失效强度；F_d 为设计极限强度，即老化前试样强度。由于 CFRP 层合板中纤维丝几乎不吸水，吸湿对纤维丝的强度性能几乎无影响，因此 CFRP 层合板沿纤维方向单向拉伸的强度受湿热环境的影响也较小。由于湿热老化环境主要影响 CFRP 树脂基体与纤维丝界面的粘接能力，因此可通过 CFRP 三点弯曲性能的退化规律研究湿热环境下 CFRP 的老化寿命。

根据 6.4.3 小节中 50℃水浴环境下 CFRP 三点弯曲强度的变化规律，由湿热环境下三点弯曲剩余强度模型式(6.32)得出，弯曲强度下降到极限强度的 77%时，CFRP 的吸湿率约为 0.91%。

假设 CFRP 层合板吸湿率随水浴时间的变化曲线满足 Fick 第二定律，即在复合材料吸湿初始阶段，吸湿量与吸湿时间的平方根呈线性关系，如图 6-31(a)所示；随着吸湿时间进一步延长，吸湿量的增加变缓，吸湿量-时间曲线逐渐偏离线性阶段，对吸湿后期吸湿率随吸湿时间的平方根的曲线进行拟合，如图 6-31(b)所示，拟合公式如式(6.39)所示。根据式(6.39)，可得吸湿率达到 0.91%时，水浴时间约为 1 646 h。

$$m\% = 0.012\sqrt{t} + 0.415 \tag{6.39}$$

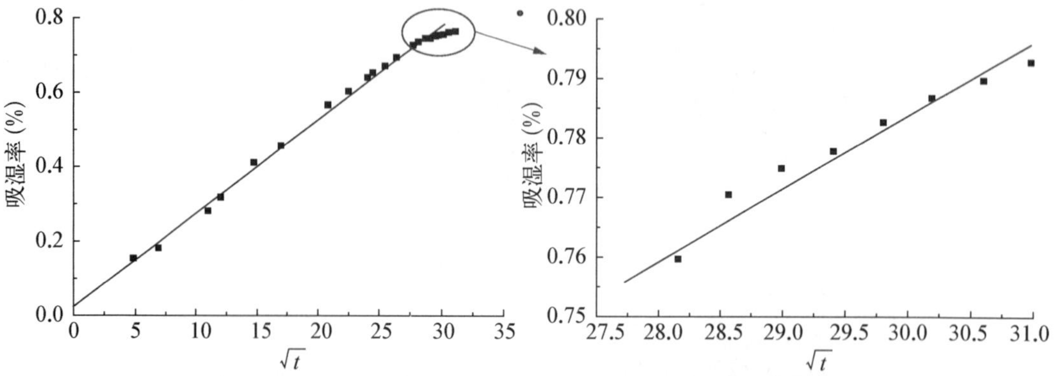

(a) 吸湿率随水浴时间的变化 (b) 吸湿后期吸湿率随水浴时间的变化

图 6-31 CFRP 层合板吸湿率随水浴时间的变化曲线

根据加速吸湿老化时间与真实老化时间的换算关系，若 CFRP 层合板在 50℃水浴吸湿环境下水浴 1 646 h，要计算该材料在 20℃、相对湿度为 50%的环境下的真实服役寿命，根据式(6.33)计算可得该湿热环境下的环境当量为 0.025，加速老化水浴时间转化成真实老化寿命为 2 743 d，约为 7.52 年，即 CFRP 层合板在 20℃、相对湿度为 50%的环境下真实服役寿命约为 7.52 年。

同理，根据 50℃水浴环境下 CFRP 胶接接头剪切强度的变化规律，可得 CFRP 胶接接头强度下降到极限强度的 77%时，CFRP 胶接接头的吸湿率约为 0.68%。

由于 CFRP 胶接接头吸湿率随水浴时间的变化曲线同样满足 Fick 第二定律，即在复合材料吸湿初始阶段，吸湿量与吸湿时间的平方根成线性关系。由于 CFRP 胶接接头的吸湿率达到 0.68%时，吸湿率-吸湿时间的平方根曲线仍处于线性阶段，故对吸湿初始阶段即线性阶段曲线进行拟合，如图 6-32 所示，拟合公式如式(6.40)所示。根据式(6.40)，可得吸湿率达到0.68%时，水浴时间约为 653 h。

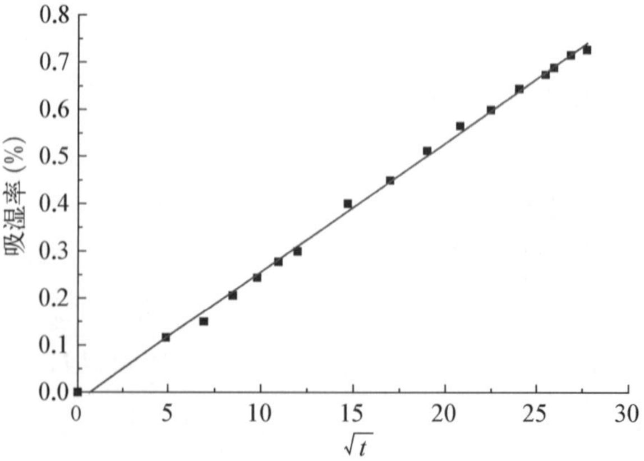

图 6-32 CFRP 胶接接头吸湿率随水浴时间的变化曲线

$$m\% = 0.027\sqrt{t} - 0.018 \tag{6.40}$$

根据加速吸湿老化时间与真实老化时间的换算关系，CFRP 胶接接头在 50℃水浴吸湿环境下水浴 653 h 后发生失效。若计算该材料在 20℃、相对湿度为 50%的环境下真实服役寿命，该湿热环境下的环境当量为 0.025，转化成真实老化寿命为 1 090 d，约为 3 年，即 CFRP 胶接接头在 20℃、相对湿度为 50%的环境下真实服役寿命约为 3 年。

参考文献

[1] 唐利，张春涛，李彪.不同腐蚀环境作用下玄武岩增强复材筋疲劳性能试验研究[J]. 工业建筑，2017(11)：15－8.

[2] Garcea S C, Sinclair I, Spearing S M. Fibre failure assessment in carbon fibre reinforced polymers under fatigue loading by synchrotron X-ray computed tomography[J]. Composites Science Technology, 2016,133：157－164.

[3] Whitworth H A. Evaluation of the residual strength degradation in composite laminates under fatigue loading[J]. Composite Structures, 2000, 48(4)：261－264.

[4] Venkatachalam S, Mohiddin S M K, Murthy H. Determination of damage evolution in CFRP subjected to cyclic loading using DIC[J]. Fatigue Fracture of Engineering Materials Structures, 2018, 41(6)：1412－1425.

[5] Montesano J. Fatigue damage characterization of braided and woven fiber reinforced polymer matrix composites at elevated temperatures[J]. 2013, 101：129－137.

[6] Xiaoyan Shen, Yuchi Lin. Measurements of temperature and residual strain during fatigue of a CFRP composite using FBG sensors[J]. Chinese Journal of Mechanical Engineering, 2009, 1(3)：35－8.

[7] Böhm R, Gude M, Hufenbach W. A phenomenologically based damage model for textile composites with crimped reinforcement[J]. Composites Science Technology, 2010, 70(1)：81－7.

[8] Talreja R. Fatigue of composite materials[M]. Technomic Pub. Co, 1987.

[9] Zhao X, Wang X, Zhishen W, et al. Fatigue behavior and failure mechanism of basalt FRP composites under long-term cyclic loads[J]. International Journal of Fatigue, 2016, 88(Jul.)：58－67.

[10] Degrieck J, Paepegem W V. Fatigue damage modelling of fibre-reinforced composite materials：review[J]. Applied Mechanics Reviews, 2001, 54(4)：279－299.

[11] 俞耀.碳纤维树脂基复合材料组分的疲劳行为与寿命预测模型研究[D].南京：南京航空航天大学，2020.

[12] Hwang W, Han K S. Fatigue of composites-fatigue modulus concept and life prediction[J]. Journal of Composite Materials, 1986, 20(2)：154－165.

[13] 熊峻江.复合材料全寿命范围 E－N 曲线方程与 S－N 曲线方程[J].复合材料学报，2000(1)：103－107.

[14] 吴富强，姚卫星.一种复合材料层合板的 S－N 曲线模型[J].机械强度，2004(S1)：127－129.

[15] W. X. Yao, N. Himmel. A new cumulative fatigue damage model for fibre-reinforced plastics [J]. Composites Science and Technology. 2000, 60(4): 59 - 64.

[16] 吴富强.纤维增强复合材料疲劳寿命预测研究[D].南京：南京航空航天大学,2005.

[17] T. Adam, R. F. Dickson, G. Fernando, et al. The fatigue behaviour of Kelver/Carbon hybrid composite[J]. IMechE Conference Publications (Institute of Mechanical Engineers). 1986, 2(6): 329 - 335.

[18] T. Adam, R. F. Dickson, C. J. Jones, et al. A power law fatigue damage model for fibre reinforced plastic laminates[J]. Proceedings of the Institution of Mechanical Engineers, Part C: Mechanical Engineering Science. 1986, 200(3): 155 - 165.

[19] Broutman L J, Sahu S. The effect of interfacial bonding on the toughness of glass filled polymers[J]. Material Science and Engineering, 1971, 8(2): 98 - 107.

[20] Halpin J C, Jerina K L, Johnson T A. Characterization of composites for the purpose of reliability evaluation[C]. ASTM Special Technical Publication, 1972, 5 - 64. Conference: ASTM Spec Tech Publ 521 1973, April 12, 1972 - April 13, 1972.

[21] Jann N. Y. Fatigue and residual strength degradation for graphite/epoxy composites under tension-compression cyclic loadings[J]. Journal of Composite Materials, 1978,12: 19 - 39.

[22] Yang J N, Yang S H, Jones D L. A stiffness-based statistical model for predicting the fatigue life of graphite/epoxy laminates[J]. Journal of Composites Technology & Research, 1989, 11 (4): 129 - 134.

[23] Yang J N, Lee L J, Sheu D Y. Modulus reduction and fatigue damage of matrix dominated composite laminates[J]. Composite Structures, 1992, 21(2): 91 - 100.

[24] T Echtermeyer A, Engh B, Buene L. Lifetime and Young's modulus changes of glass/phenolic and glass/polyester composites under fatigue[J]. Composites, 1995, 26(1): 10 - 16.

[25] Philippidis T P, Vassilopoulos A P. Fatigue of composite laminates under off-axis loading[J]. International Journal of Fatigue, 1999, 21(3): 253 - 262.

[26] 冯培锋,杜善义,王殿富,等.层板复合材料的疲劳剩余刚度衰退模型[J].固体力学学报,2003 (1): 46 - 52.

[27] Hashin, Z. Failure criteria for unidirectional fiber composites [J]. Journal of Applied Mechanics, 1980, 47(2): 329 - 334.

[28] Hashin Z, Rotem A. A fatigue failure criterion for fiber reinforced materials[J]. Journal of Composite Materials, 1973, 7(4): 448 - 464.

[29] 王丹勇.层合板接头损伤失效与疲劳寿命研究[D].南京：南京航空航天大学,2006.

[30] Tserpes K I, Labeas G, Papanikos P, et al. Strength prediction of bolted joints in graphite/epoxy composite laminates[J]. Composites Part B Engineering, 2002, 33(7): 521 - 529.

[31] Mccarthy C T, Mccarthy M A, Lawlor V P. Progressive damage analysis of multi-bolt composite joints with variable bolt-hole clearances[J]. Composites Part B (Engineering), 2005, 36(4): 290 - 305.

[32] Puck A, H. Schürmann. Failure analysis of FRP laminates by means of physically based phenomenological models[J]. Composites Science and Technology, 2002, 62(12 - 13): 1633 - 1662.

[33] Mao H, Mahadevan S. Fatigue damage modelling of composite materials[J]. Composite Structures, 2002, 58(4): 405 - 410.

[34] Plumtree A，Shen G. Prediction of fatigue damage development in unidirectional long fibre composites[J]. Polymers and Polymer Composites，1994，2(2)：83－90.
[35] Mivehchi H，Varvani-Farahani A. The effect of temperature on fatigue damage of FRP composites[J]. Journal of Materials Science，2010，45(14)：3757－3767.
[36] Liang S，Gning P B，Guillaumat L. Properties evolution of flax/epoxy composites under fatigue loading[J]. International Journal of Fatigue，2014，63(3)：36－45.
[37] Hao W，Yuan Y，Yao X，et al. Computational analysis of fatigue behavior of 3D 4-directional braided composites based on unit cell approach[J]. Advances in Engineering Software，2015，82(apr.)：38－52.
[38] GB/T 12618.4—2006.开口型平圆头抽芯铆钉　51 级[S].
[39] HB 7401—2020. 航空用聚合物基复合材料吸湿试验方法[S].
[40] Aman Garg，H D Chalak. A review on analysis of laminated composite and sandwich structures under hygrothermal conditions[J]. Thin-Walled Structures，2019，142：205－226.
[41] QC/T 732—2005. 乘用车强化腐蚀试验方法[S].
[42] 叶宏军，詹美珍，古尼耶夫. T300/4211 复合材料的使用寿命评估[J]. 材料工程，1995(10)：3－5.

第 7 章　典型车型连接技术案例

本章选取了国内外几款量产的钢质车身、全铝车身、钢-铝混合车身、碳纤维复合材料车身，对其采用的连接技术进行了剖析，以期为碳纤维复合材料汽车零部件的连接设计提供参考。

7.1　钢质车身连接技术

7.1.1　沃尔沃 V60

第二代沃尔沃 V60 车身主要以钢为主材，白车身总质量 437 kg，左右前门总成 27.3 kg，左右后门总成 21.4 kg，前盖 10.2 kg，后背门 13.4 kg，左右翼子板5.4 kg。扭转刚度 23.8 kN · m/°[1]。车身中钢材的使用比例达到 92.6%，包括普通钢28.8%、高强度钢 20.8%、先进高强度钢 18.4%（主要应用在 A 柱内板、B 柱内板等区域）、热成形钢 24.6%（主要应用在 A、B、C 柱及门槛梁区域）、6 系铝合金 2.4%（主要应用在前机盖区域）、挤压铝合金 3.0%（主要用在前防撞梁、前吸能盒）、高压铸造铝合金 1.8%（主要应用在前塔座），其他材料 0.2%。具体材料分布如图 7 - 1 所示。

图 7 - 1　沃尔沃 V60 车身用材

作为一款用铝量较少的钢基车身，该车身共使用了 9 种连接工艺，其中：点焊 6 213 个、螺柱焊 297 个、MAG 焊 4 526 mm、激光焊接 3 312 mm、自冲铆接 100 个、无铆钉连接 40 个、包边连接 24 540 mm、螺栓连接 102 个、胶接 116 189 mm。其中无铆钉连接主要应用在机盖区域。如图 7－2 所示，自冲铆接主要应用在前塔座区域，而在前围采用螺栓连接。

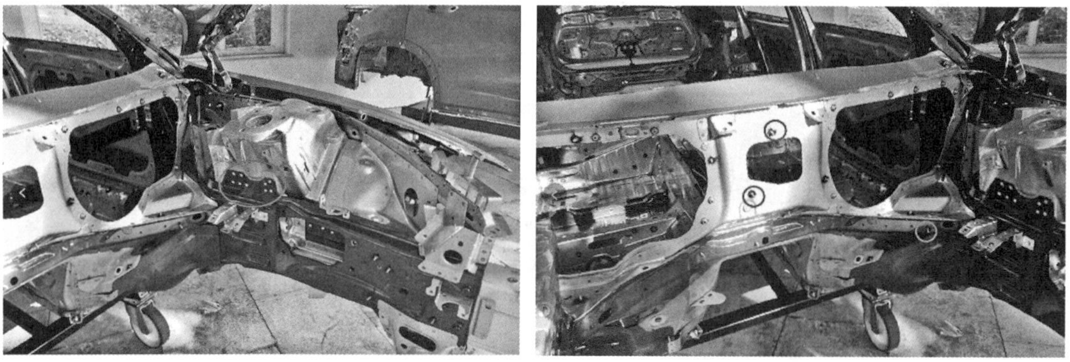

(a) 自冲铆接　(b) 螺栓连接

图 7－2　沃尔沃 V60 塔座

7.1.2　奥迪 A5－Coupe

奥迪 A5－Coupe 车身主要以钢为主材，与其他奥迪车型相比，铝合金应用比例较少。车身所用钢的种类包括：软钢 31％，主要应用在车门内板、地板后段、后轮罩、后行李箱等区域；高强度钢 28.7％，主要应用在地板前段、风窗上横梁、顶盖外板、机盖外板等区域；先进高强度钢 24.1％，主要应用在中通道区域、座椅横梁、前纵梁、顶盖横梁、门槛外板等区域；热成形钢 14.3％，主要应用在 B 柱外板、门槛内板、中通道上加强板、机舱前横梁等区域；压铸铝合金 1.9％，主要应用在前轮罩区域。具体材料分布如图 7－3 所示[2]。

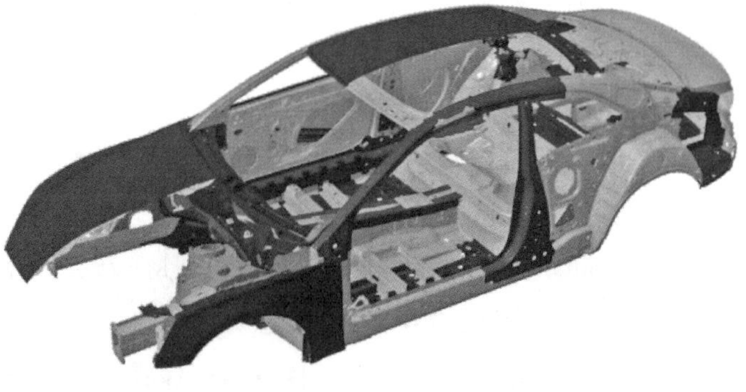

图 7－3　奥迪 A5－Coupe 车身材料分布

奥迪 A5－Coupe 车身连接使用了多种连接工艺，其中：点焊 5 302 个、螺柱焊 406 个、凸焊 21 个、MAG 焊 1 965 mm、激光钎焊 4 276 mm、激光焊接 5 447 mm、自冲铆接 96 个、螺栓连接 60 个、包边 1 760 mm、胶接 65 038 mm。在纵梁与轮罩连接处采用自冲铆接，如图 7－4 所示。

(a) 纵梁、轮罩采用自冲铆接

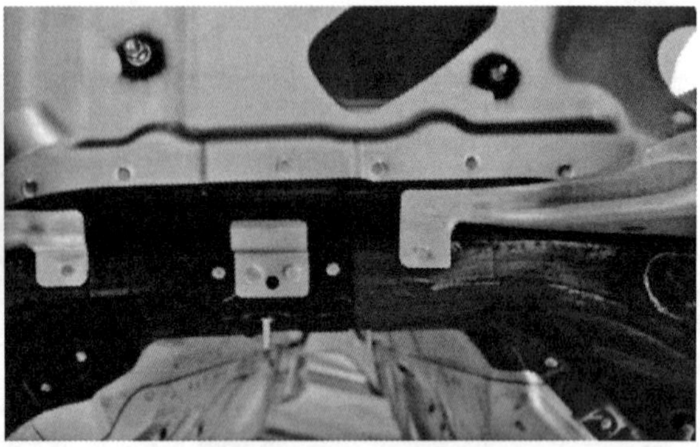

(b) 机舱前横梁采用螺柱焊

图 7－4 奥迪 A5－Coupe 的部分连接方法

7.2 全铝车身连接技术

7.2.1 蔚来 ES8/ES6

2018 年 6 月上市的蔚来 ES8 是一辆纯电动汽车，属于中大型 SUV，尺寸与宝马 X5、奥迪 Q7、特斯拉 Model X 等同级别。整备质量 2 460 kg，白车身总质量 439.5 kg，其中骨架 335 kg，左右前门总成 24.1 kg，左右后门总成 21.7 kg，前盖 11.8 kg，后背门 15.9 kg，左右翼子板共 5.5 kg。扭转刚度 44.1 kN・m/°。前电机 240 kW、420 N・m，后电机 240 kW、420 N・m，电池 70 kW・h，综合工况续航里程 355 km，百公里加速 4.4 s。

蔚来 ES8 采用了全铝白车身结构，白车身中铝合金含量达到 96.4%。如图 7－5 所示，白车身、四门与前盖均采用铝合金，后背门和翼子板采用 SMC 复合材料，前端框架采用镁合金。蔚来 ES8 白车身综合使用了 3 系、5 系、6 系和 7 系铝材。铝合金使用位置包括：71 个 6 系铝合金板冲压件，总质量达到 118.2 kg。主要分布在车顶、地板和前舱等处，保证乘员安全；6 个 7 系铝合金挤压件，7003 号变形铝材，主要用在前后纵梁、吸能盒，减重14.6 kg。其中前纵梁部的应用件最大，两侧共计 10.4 kg；7003 号铝材强度高，具有优异的冲击韧性和吸能。12 个 6 系铝合金挤压件，总质量 72.4 kg。使用 3 系铝合金压铸件，主要用于顶盖、地板、电池包等零件；在主前后纵梁、前保吸能盒等部位共 6 个件均应用了 7003 铝材[3]。

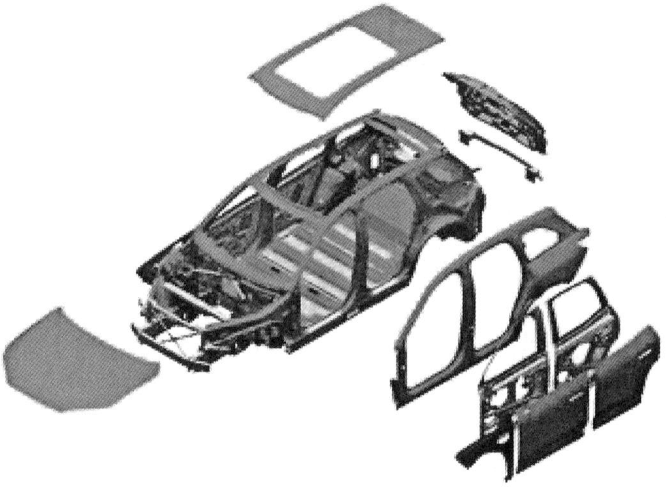

图7-5　蔚来ES8全铝车身材料构成

蔚来ES6是一款中型纯电动SUV。如图7-6所示，ES6车身总质量428 kg，左右前门总成23.9 kg，左右后门总成20.4 kg，前盖12 kg，后背门18.3 kg，左右翼子板共5.4 kg，扭转刚度44.9 kN·m/°。ES6白车身用材中铝合金含量达到91%，采用了7系、6系、5系、4系、3系等多种规格铝材。车身后地板采用碳纤维复合材料。后背门在ES8的基础上，采用注塑SMC复合材料，翼子板采用SMC，前端模块由ES8的镁合金改为注塑件。

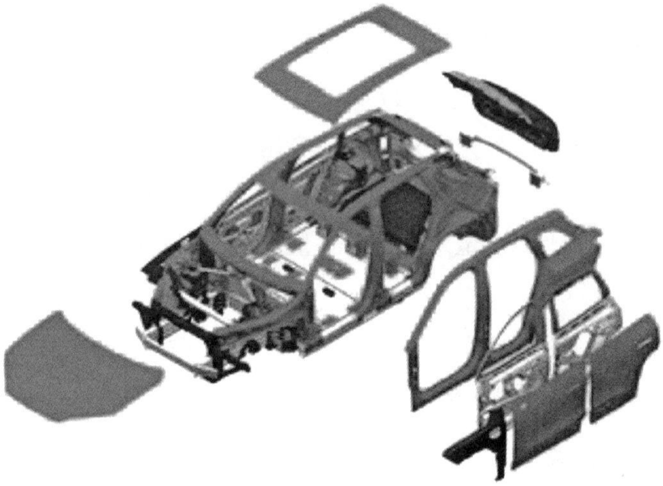

图7-6　蔚来ES6全铝车身材料构成

ES6白车身材料构成有：7个7075铝合金板冲压件，总质量7.86 kg；70个6系铝合金板冲压件，总质量102.2 kg；7个5系铝合金冲压件，总质量10.4 kg；2个钢质件，总质量1.8 kg；21个铝合金压铸件，总质量100.1 kg；17个6082-T6铝挤压件，总质量76.7 kg；CFRP后地板，总质量5.58 kg；PP-GF40复合材料前端框架，总质量5.17 kg。14个3系铝合金压铸件，总质量 90 kg，包括前后副车架、前后悬架、前后减震器塔顶、传动轴通道、纵梁与乘员舱连接点、前顶吧与前防火墙连接点、座椅安装点等多个位置。

蔚来 ES6/ES8 白车身采用了多种连接技术，如表 7-1 所示，包含流钻螺钉连接(FDS)、自冲铆接(SPR)、铝点焊(RSW)、螺柱焊、冷金属过渡弧焊(CMT)、胶接、激光焊接、高强度抽芯拉铆、包边连接，其中自冲铆接使用最多。

表 7-1 蔚来 ES6/ES8 铝合金车身采用的新连接技术

连接类型	SPR	FDS	RSW	CMT	激光焊接长度	高强度抽芯拉铆
ES8	1 638 个	435 个	605 个	5 147 mm	6 965 mm	44 个
ES6	1 547 个	382 个	662 个	5 560 mm	5 910 mm	52 个
连接类型	铆接螺母	铆接螺柱	抽芯铆钉	凸焊	粘接长度	铆接螺母螺柱
ES8	256 个	77 个	91 个	250 个	202 839 mm	287 个
ES6	283 个	66 个	102 个	232 个	202 709 mm	304 个

7.2.2 奇瑞小蚂蚁 eQ1

奇瑞小蚂蚁 eQ1 是基于"全铝空间架构＋全复合材料外覆盖件"的轻量化技术平台(Light weight Frame Structure, LFS)的首款小型纯电动车型，白车身(包括开闭件、保险杠和副车架)总质量 165 kg，扭转刚度 17 138 N·m/°。车身骨架主要采用铝合金挤压型材，外覆盖件采用复合材料。车身骨架铝合金应用比例高达 93%，超过凯迪拉克 CT6 和捷豹路虎(分别为 57%和 75%)。eQ1 采用了 3D 空间精密弯曲等技术打造出的 3R-BODY 环状车身结构，加上铝合金结构件的大量使用使得小蚂蚁较传统汽车减重 40%的同时车身刚性提高 60%以上。

如图 7-7 所示，小蚂蚁的全铝车身连接以 MIG 焊和铆接为主，其中 MIG 焊 65 m、自冲铆接 34 个、无铆钉连接 70 个、螺栓连接 36 个、胶接 600 mm。

7.2.3 特斯拉 Model S

特斯拉主要车型中，Model S 和 Model X 采用了全铝车身，而 Model 3 和 Model Y 则采用了钢-铝混合车身。特斯拉 Model S 全车使用的铝质量为 190 kg，主要为铝型材与铝板。特斯拉 Model S 采用了 DeltaSpot 点焊、冷金属过渡焊(CMT)、激光焊、拉铆、压铆、自冲铆接(SPR)、流钻螺钉连接(FDS)、螺栓连接、胶接等工艺，通过热连接技术与冷连接技术的组合应用，优势互补。具体连接如图 7-8 所示。

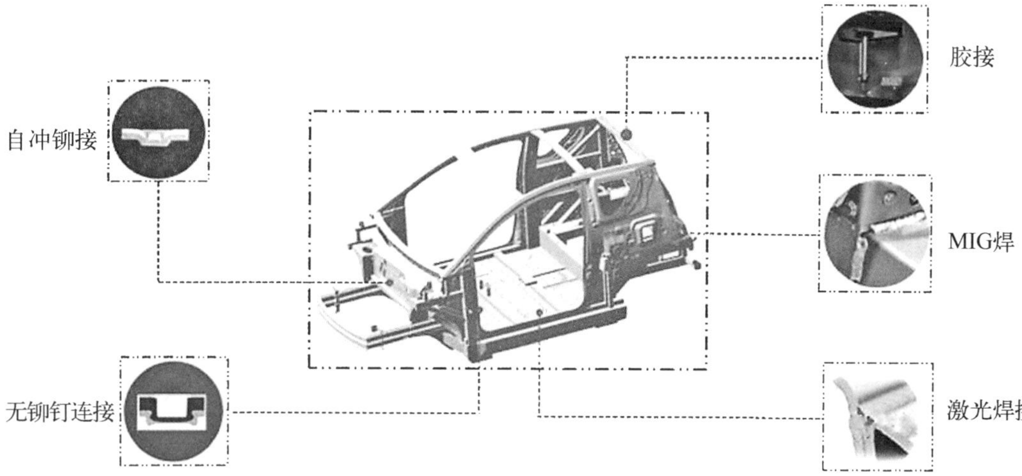

图 7－7　奇瑞小蚂蚁 eQ1 车身的连接技术

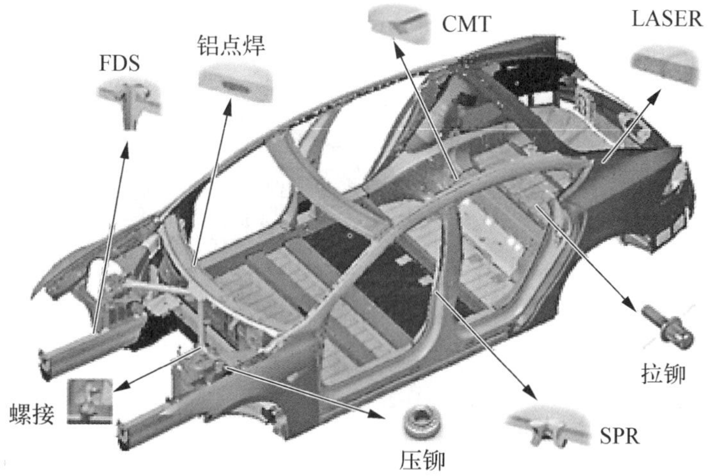

图 7－8　特斯拉 Model S 车身连接图(数据来源：易车网)

前舱上平衡梁与压铸件、前纵梁与前防撞梁等都是通过螺栓连接实现,连接方式简单,易于操作。在特斯拉 Model S 中 SPR 应用较多,在地板与横梁之间、B 柱区域、前纵梁等,这样可以保证地板与车身之间的连接精度。拉铆主要应用于车身纵梁、横梁、地板等需要为其他系统提供安装点或者为车身提供辅助定位的区域。压铆在特斯拉 Model S 风窗横梁下部等部位有应用,主要是为了与其他部件的连接,但不同部位及料厚对于压铆标准件要求不同。

7.2.4　前途 K50

前途汽车与忠旺、中国恒瑞、苏州华特时代碳纤维等知名供应商合作,在 K50 车型上大量使用了铝合金和 CFRP 两种轻量化材料。白车身总质量仅为 234 kg。

整车外观可见部分除了前后保险杠、侧裙等易损部件之外，其他车身覆盖件全部采用 CFRP。车身外覆盖件 28 个零件仅重 48 kg，比传统钢板材料车身减重 45%以上，比铝合金材料车身减重 20%[4]。

车身骨架采用铝合金挤压型材，通过在型材内部一次挤压成形加强结构替代传统汽车的加强板，降低重量，减少单件的加工工序以及总成的焊接工序，提高装配效率，减少总的制造成本。前途 K50 的全铝车身框架作为主承力结构，保证车身性能的同时，比传统钢制车身框架减重约 30%。

前途 K50 白车身由机舱、乘员舱、后部及上部四个大总成构成，每个大总成由若干个小总成构成，小总成由 69 种截面形式通过挤出工艺、二维拉弯和三维拉弯工艺的铝合金型材，铝板材和铝铸件。前途 K50 采用连接技术包括：自冲铆接(SPR)、流钻螺钉连接(FDS)、冷金属过渡焊(CMT)、TIG 焊、MIG 焊、胶接、螺纹连接等，如图 7-9 所示。车身覆盖件包括顶盖及左右侧门外板则采用了粘接工艺，而在前翼子板和后围总成以及开闭件的装配采取了螺纹连接工艺。

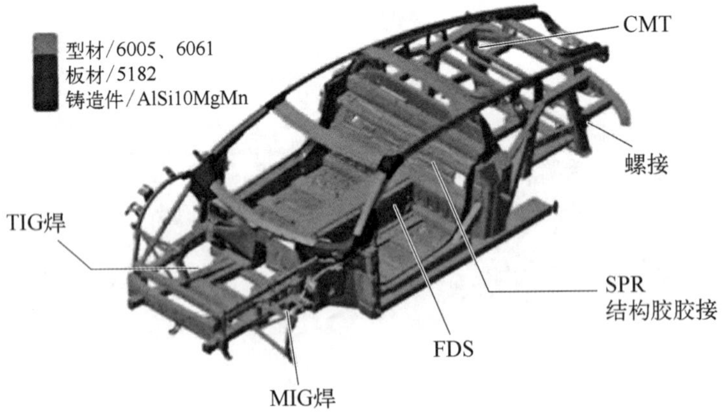

图 7-9　前途 K50 车身连接工艺

7.3　钢-铝混合车身连接技术

7.3.1　奥迪 A8(D5)

奥迪 A8(D5)相比 A8(D4)，车身中增加了钢的用量和碳纤维复合材料的使用，采用了 58%的铝合金、40.5%的钢、1%的镁合金、1%的碳纤维复合材料(后排座椅靠背)，车身质量 282 kg。奥迪 A8(D5)车身连接工艺达到了 14 种，包括 MIG 焊、点焊、CO_2 气体保护焊、远程激光焊等 8 种热连接技术和专门针对铝材的自冲铆连接、用于不同材料拼接的流钻螺钉连接、包边连接等 6 种冷连接技术，如图 7－10 所示。各种连接数量如表 7－2 所示。

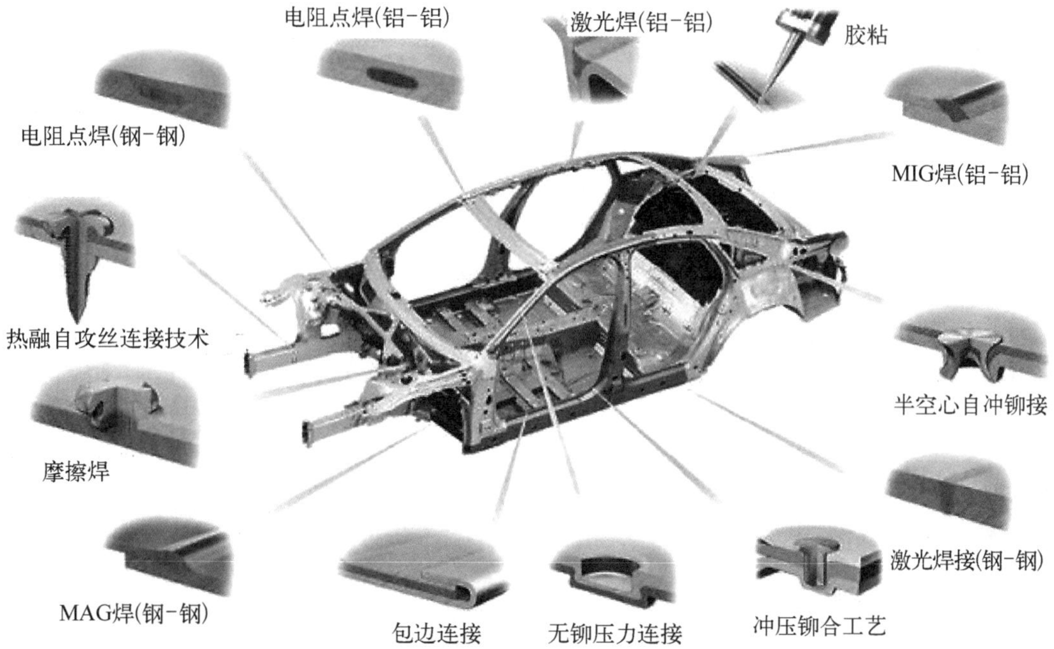

图 7－10　奥迪 A8(D5)车身连接技术

表 7－2　奥迪 A8(D5)车身连接数量

连 接 工 艺	数量/长度	连 接 工 艺	数量/长度
点焊	1 755 个	SPR	2 976 个
凸焊	6 个	无铆	246 个
MAG 焊	811 mm	包边	22 096 mm
MIG 焊	5 892 mm	FDS	885 个
激光焊接	4 750 mm	胶接	152 939 mm

全新奥迪 A8(D5)的 B 柱部位材料连接采用了包边连接＋粘接的复合连接技术。由于不同材质间热胀冷缩程度的差异，还采用了如图 7－11 所示的工件自锁(Piece－locking)连接技术，即在卷边处间隔固定距离打上凹坑，使铝合金板、高强度钢板与低碳钢

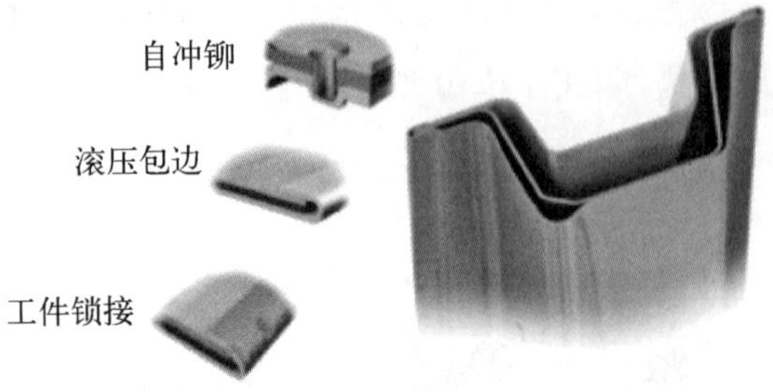

图 7-11 奥迪 A8(D5)B 柱采用的 Piece-locking 连接技术(数据来源：2017 欧洲车身会议资料)

板三层材料全部贴合。同时，还通过铆接的方式确保连接紧固。此外，在 A 柱、C 柱和车顶位置，也采用了相同的连接方式，这些冷连接工艺将不同材质有效地固定在一起。这种复合型连接方式可以让 A 柱变得更细，驾驶员在车内的视野更好，同时 C 柱变细，后门开口更大，高度提升 14 mm，宽度增加 36 mm，后排乘客腿部空间增加 28 mm，后排乘客上下车更方便。

车身结构部位的铝合金板材、热成形超高强度钢和普通钢通过包边连接方式贴合在一起。同时使用粘接剂粘接和铆钉连接以确保连接紧固。顶盖和侧围部位采用了远程激光焊接工艺，在焊接过程中，激光头与焊接件的距离将保持在 20 cm，焊缝更加细腻精准，焊接边缘留出面积可减少 27%，激光束的高速率和低能耗也降低了二氧化碳的排放，该新工艺可以节省 95%的批量生产成本。

奥迪 A8(D5)上还使用了 EJOWELD 摩擦塞铆焊，数量为 236 个。其使用位置主要是热成形零件、铝铸件的连接，具体使用数量见表 7-3。

表 7-3 EJOWELD 在奥迪 A8(D5)车身上的应用

序 号	位 置	主要零件 1	主要零件 2	数量(个)
1	前轮罩	前减震器	前纵梁	10
2	前流水罩	前围板前横梁	前流水槽	26
3	左侧纵梁	左门槛内板	地板面板	34
4	右侧纵梁	右门槛内板	地板面板	21
5	顶盖	加强板	侧围/顶盖外板	60
6	中央通道	前围板前横梁	前围板	55
		加强板	中央通道	
7	中后地板两侧	左门槛内板	后纵梁	30
			后地板	
合 计				236

数据来源：汽车轻量化技术。

7.3.2　凯迪拉克 CT6

凯迪拉克 CT6 是凯迪拉克品牌的一款高档豪华轿车，采用全新的 Omega 后驱平台来打造，车身骨架的 64％都是铝合金材料，相比钢基车身减轻了 99 kg 的重量。在 A/B 柱骨架、车门防撞梁、车身地板纵梁等部位，采用了高强度钢来提升车身强度，在防撞梁、前纵梁、前轮罩、后轮罩、车身横梁等都采用了铝合金材料来实现减重。CT6 发动机舱基本由铝合金组成，纵梁及前防撞梁都是铝合金。

凯迪拉克 CT6 车身采用了通用的铝合金点焊、自冲铆、流钻螺钉和铝激光焊接等连接技术，如图 7－12 所示，实现了钢、铝等五种不同材质的连接。其主要的连接技术见表 7－4。其中，铝激光钎焊以激光为能量来源加热熔化钎料并填充铝质母材间隙的一种连接工艺，用于覆盖件如顶盖与侧围、后备箱盖的连接，焊缝美观无需打磨可直接涂装作业如图 7－13 所示。结构强度高于普通焊接 20％，焊缝表面平滑致密，且生产效率高，约为一般连接工艺的 300％。

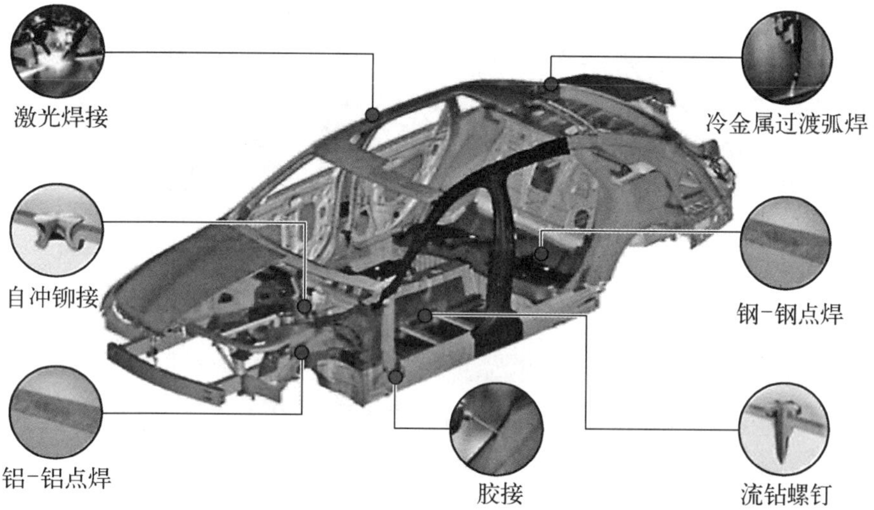

图 7－12　凯迪拉克 CT6 采用的连接技术(数据来源：汽车材料网)

表 7－4　凯迪拉克 CT6 车身中的连接技术

序　号	简　　称	连 接 类 型	数量/长度
1	RSW	钢点焊	1 624 个
2	RAWA	铝点焊	1 821 个
3	SPR	自冲铆	357 个

续 表

序 号	简 称	连接类型	数量/长度
4	FDS	流钻螺钉	745 个
5	Laser	激光焊接(铝)	7 415 mm
6	MIG	弧焊(铝)	9 174 mm
7	Adhesive	胶接	293 300 mm

数据来源：汽车材料网。

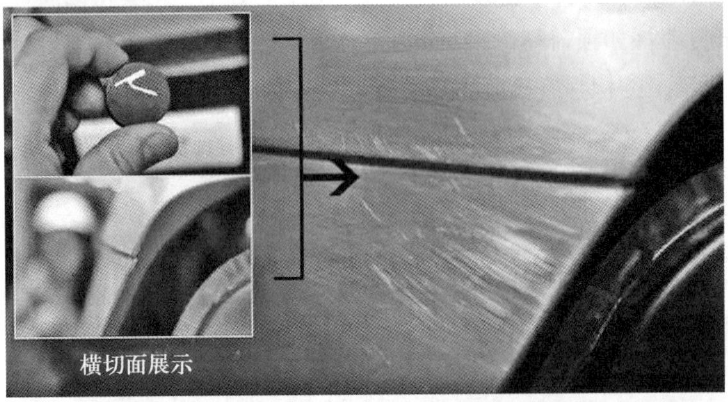

图 7－13 铝激光钎焊在凯迪拉克 CT6 上的应用(数据来源：搜狐汽车)

FDS 连接属于单面连接，因此对于封闭空间结构的连接 FDS 特别有优势，前地板横梁及侧围与门框的连接都是通过 FDS 实现。自冲铆接可实现不同种类材料(铝、钢、塑料)之间的有效连接，并且连接强度为普通电阻点焊强度的 120%。凯迪拉克 CT6 车身上一共采用了五种不同铆钉。

7.3.3 宝马 5 系

图 7－14 所示为宝马 5 系的车身用材情况，可见车身覆盖件采用了铝板，前纵梁采用了铝合金挤压型材，而前后纵梁边的减振塔则采用了压铸铝合金，侧围采用超深冲钢板。

以往宝马在钢铝两种不同材料的连接上通常采用 SPR 铆接技术，而新宝马 5 系则是引进了 FDS 连接技术。而 FDS 工艺的一个缺点就是会露出一截螺钉，从而影响车身的设计和制造，因此宝马的新工艺是在完成铆接后切削掉露出的部分，如图 7－15 所示。

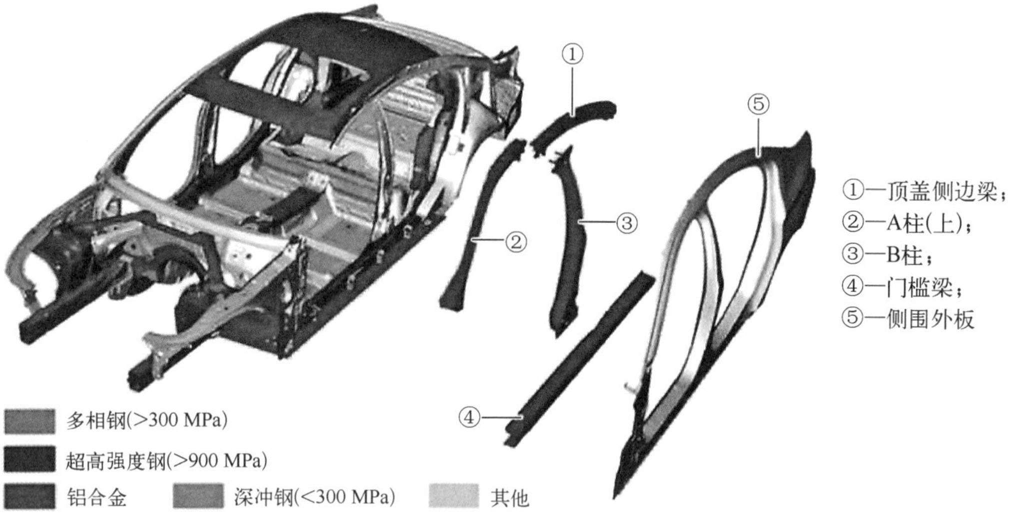

图7-14 宝马5系车身的用材(数据来源：汽车材料网)

图7-15 FDS连接在宝马5系上的应用

7.3.4 爱驰U5

爱驰U5车身采用“上钢下铝”结构设计技术，下车身出于轻量化与吸能考虑采用了多种工艺搭配而成的铝合金结构，上车身出于强度、刚性与成本角度考虑采用了传统钢制结构。

爱驰U5全车共采用了21个热成形零件。A柱、B柱以及车顶纵梁均采用了1 500 MPa热成形钢，车门防撞梁采用了2 000 MPa热成形钢，成为全球首发2 000 MPa热成形钢量产SUV。具体的材料使用如图7-16所示。

由于爱驰U5钢-铝混合材料的应用，其车身的连接技术采用了SPR、FDS、CMT焊、点焊以及包括螺栓、套筒在内的紧固连接等。爱驰U5在全球首次实现同种厚度热成形钢与铝板的SPR连接，并通过FDS和螺栓连接技术实现冷连接，有效解决了超高强钢、铝

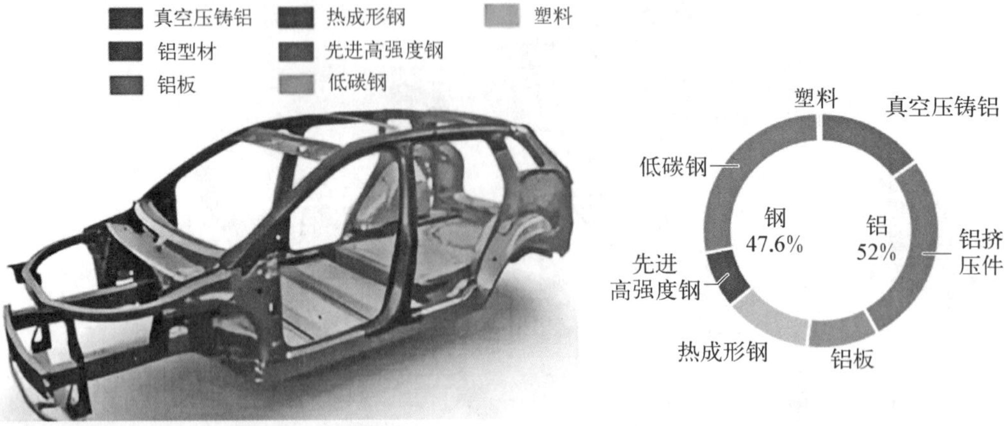

图 7-16 爱驰 U5 车身用材(数据来源:易车网)

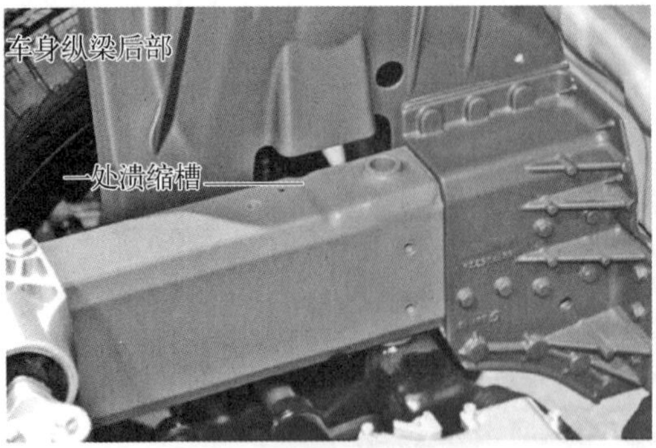

图 7-17 爱驰 U5 的铝合金纵梁后部

合金等异种材料难以采用传统的连接方法进行焊接的问题。同时,铆接过程低能耗,无热效应,不会破坏涂层。在下车身与上车身连接中,主要通过 FDS 及 SPR 连接。

纵梁及吸能盒、防撞梁采用铝材质,为方便维修,通常在总装进行防撞梁安装,因此防撞梁与车身通常采用螺栓连接,爱驰采用左右各 4 个(部分车型有 3 个),如图 7-17 所示。

爱驰 U5 前减振塔及扭力盒都采用铝合金压铸件,可以在很好地集成零件实现轻量化设计的同时提升扭转、弯曲刚度等性能,压铸件与车身周边主要通过 FDS 连接,因为搭接的纵梁及水箱横梁及上边梁都已经构成密封空间,门槛梁压铸加强件通过 SPR 与 FDS 与车身门槛梁及轮罩连接,如图 7-18 所示。

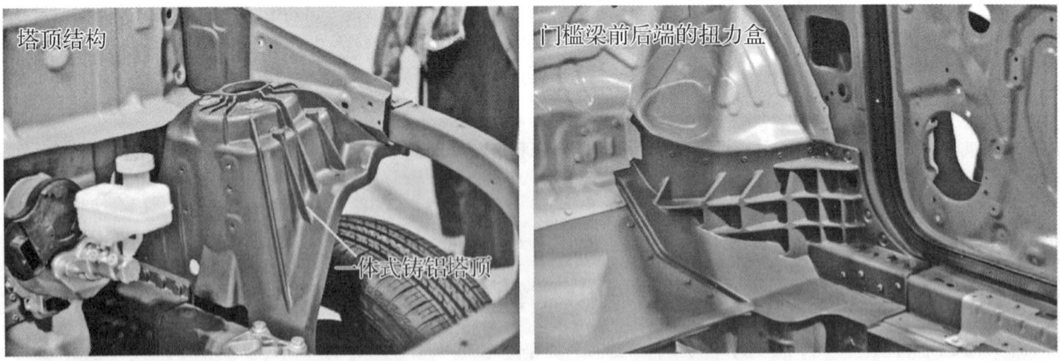

图 7-18 爱驰 U5 的铝合金压铸前减振塔(左)和铝合金压铸门槛梁(右)

FDS 连接仅需要单侧空间，通常用于密闭空腔的型材连接。由于 B 柱区域为 1.6 mm 的热成形钢板与厚度 2.5 mm 的 6082 铝型材构成的封闭结构，采用了 FDS 连接，如图 7 - 19 所示。

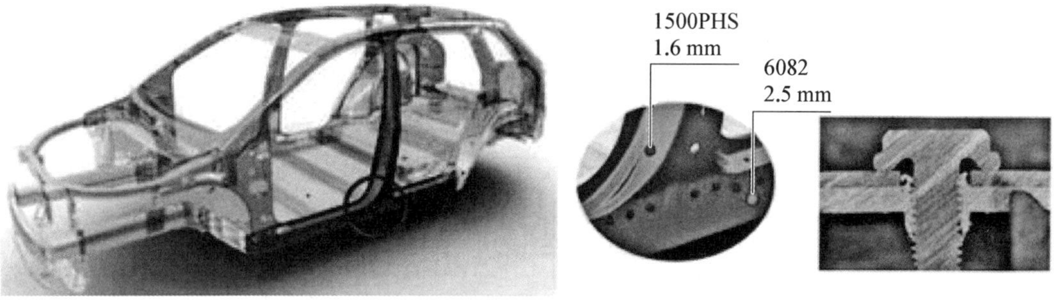

图 7 - 19　爱驰 U5 车身 B 柱区域采用了 FDS 连接

7.3.5　宾利添越

宾利添越是一款豪华型乘用车，基于 MLB - Evo 平台开发设计，采用混合材料车身。车身中铝合金板材占比 32.6%，铝合金压铸件占比 12.5%，铝合金型材占比 5.7%，热成形钢占比 8.3%，超高强度钢 18.3%、高强度钢 14.7%、低碳钢 7.8%，其他 0.1%钢铝的使用比例近乎相等。该车身主要使用了 10 种连接工艺，包括激光钎焊、无铆钉连接、自冲铆接(SPR)、流钻螺钉连接(FDS)、摩擦塞铆焊、包边、螺柱焊、点焊、MIG 焊、粘接。各连接数量如表 7 - 5 所示。铝板弧焊长度 6 817 mm、激光焊接长度 18 731 mm，SPR 共使用 2 827 个，FDS 共使用 726 个，所有的连接工艺合计等效为 12 800 个点焊。

表 7 - 5　添越连接技术

焊　接　类　型			焊点当量（WSE）：转换因子		总　数	WSE
电阻焊	传统点焊	钢	1.000 WSE/接头	1.00 接头/WSE	2 442	2 442.0
		铝	1.490 WSE/接头	0.67 接头/WSE	—	—
	螺栓焊	钢	1.490 WSE/接头	0.67 接头/WSE	88	131.3
		铝	2.000 WSE/接头	0.50 接头/WSE	232	464.0
	凸焊	薄板/薄板	1.490 WSE/接头	0.67 接头/WSE	20	29.9
		薄板/标准件	3.000 WSE/接头	0.33 接头/WSE	22	66.7
	搅拌摩擦焊		—	—	—	—

续 表

焊接类型			焊点当量（WSE）：转换因子		总数	WSE
电弧焊	MAG 焊(钢)		0.040 WSE/mm	25 mm/WSE	3 720 mm	148.8
	MIG/TIG 焊(铝)		0.050 WSE/mm	20 mm/WSE	3 097 mm	154.9
MIG 钎焊			0.040 WSE/mm	25 mm/WSE	—	—
激光焊	激光焊	钢	0.030 WSE/mm	33 mm/WSE	3 048 mm	92.4
		铝	0.050 WSE/mm	20 mm/WSE	15 683 mm	784.2
	激光远程焊(钢)		0.030 WSE/mm	33 mm/WSE	—	—
激光钎焊(钢)			0.030 WSE/mm	33 mm/WSE	—	—
铆接	自冲铆接		2.000 WSE/接头	0.50 接头/WSE	2 827	5 654.0
	冲压铆接		2.000 WSE/接头	0.50 接头/WSE	—	—
无铆钉铆接			1.493 WSE/接头	0.67 接头/WSE	194	289.6
包边连接			0.014 WSE/接头	71 接头/WSE	27 882	392.7
螺纹连接	螺栓/螺母(公制)		3.030 WSE/接头	0.33 接头/WSE	24	72.7
	内螺纹/螺柱		3.030 WSE/接头	0.33 接头/WSE	—	—
	流钻螺钉		2.000 WSE/接头	0.50 接头/WSE	726	1 452.0
胶接	结构胶		0.003 WSE/mm	333 mm/WSE	168 686 mm	506.6
	承载胶		0.003 WSE/mm	333 mm/WSE	11 631 mm	34.9
	包边胶		0.003 WSE/mm	333 mm/WSE	27 882 mm	83.7
	密封胶		0.003 WSE/mm	333 mm/WSE	—	—

数据来源：易车网。

7.3.6 北汽新能源 ARCFOX αT

北汽新能源 ARCFOX αT 是一款纯电动 SUV，采用了“上钢下铝”的车身用材结构，高强度钢围成的笼式框架结构提升了车身安全性能。铝合金副车架和复合材料悬置支架，在满足轻量化的同时，提升了整车性能。在可能发生碰撞时的传递路径上使用的是高强度的挤压铝型材和铸造铝合金，在前后盖上应用了高拉延性能的铝合金板材。在乘员舱上则应用了热成形的超高强钢。扭转刚度达 41 800 N · m/°。ARCFOX αT 车身采用了包括胶接、自冲铆连接、FDS 连接、MIG 焊、高强度拉铆连接和压铆等在内的多种连接技术。

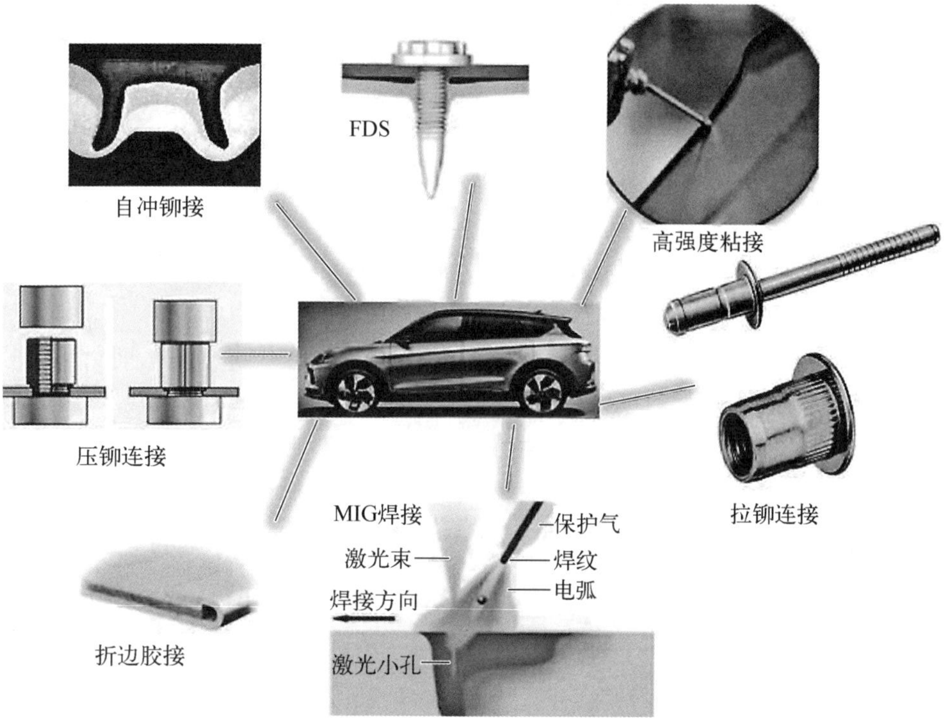

图 7－20　ARCFOX αT 车身连接技术汇总

ARCFOX αT 的前后减振塔采用了铝合金铸件，门槛梁使用了铝合金挤压件。这些零部件与底盘、电池等重要零件的连接采用了高强度的压铆螺母连接，满足了安装点的强度和耐久需求。压铆螺母是通过压力使螺母的花齿挤压入材料中，使材料周边产生塑性变形。压铆螺母分为自冲孔和开预制孔两种。ARCFOX αT 车身的铝板上就应用了自冲孔的压铆螺栓一次性成形，具有密封性好、结构强度高等优点。

7.4　碳纤维复合材料车身连接技术

7.4.1　宝马 i3

宝马 i3 是一款多材料混合车身，其使用了碳纤维复合材料(49.41%)、塑料(9.5%)、铝合金(5 系板材、6 系板材、型材、铸件)、钢、胶。具体如图 7－21 所示。

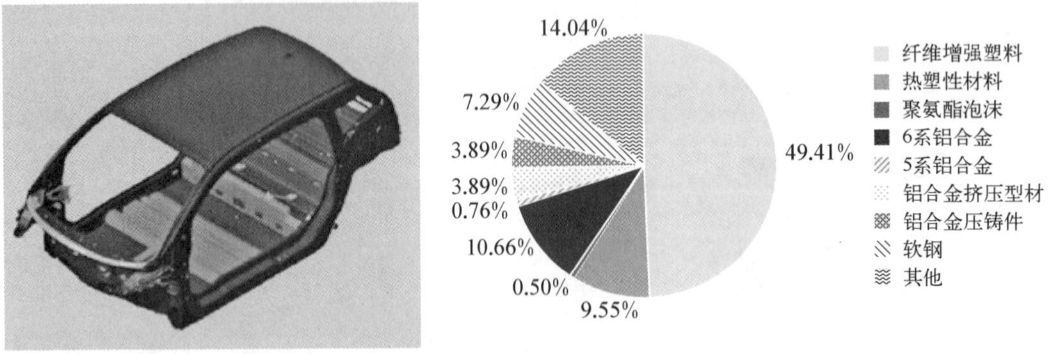

图 7-21 宝马 i3 的车身材料类型(数据来源:易车网)

宝马 i3 使用了铝合金底盘和碳纤维复合材料驾驶舱,它由"Life"和"Drive"两个独立的模块组成,"Life"代表乘员舱部分,采用超轻量化并且高强度的 CFRP 构成,而"Drive"则将悬架、蓄电池组、驱动系统和碰撞防护结构纳入整个模块中。它的重量比传统电动车轻了 300 kg 左右。CFRP 驾乘座舱模块由约 150 个 CFRP 零部件构成,仅为钢质车身的 1/3。宝马 i3 车身上的 150 个新型 CFRP 部件不是焊接的,它们是通过粘接剂连接。生产线上的一只机械臂涂抹胶粘剂,另外一只机械臂对部件加热,使硬化时间缩短到 10 min。这一新的生产工艺使得年产 3 万辆汽车就可以达到规模经济效益。其车身具体连接数量如表 7-6 所示。

表 7-6 宝马 i3 车身连接数量(数据来源:易车网)

连 接 方 式	接头数量或接缝长度	相当于焊点的个数	换 算 方 法
点焊	52 个	52	1∶1
电弧焊	0.7 m	35	20 mm=1 WSE
搅拌摩擦焊	—	—	20 mm=1 WSE
激光焊	10.2 m	680	15 mm=1 WSE
常规钎焊	—	—	20 mm=1 WSE
激光钎焊	—	—	30 mm=1 WSE
胶接	172.9 m	3 458	50 mm=1 WSE
铆接	141 个	141	1 接头=1 WSE
螺钉(包括流钻螺钉)	12 个	12	1 接头=1 WSE

7.4.2　宝马 7 系

宝马 7 系车身采用了“Carbon core 高强度碳纤维内核”智能轻质结构，该项技术在实现轻量化的同时又提高车辆的稳定性。相对于上一代车型，不仅车身质量减少 130 kg，还提高了舒适度和安全性。此外，智能混合结构和重量优化技术，实现了 50∶50 轴载荷分布，并进一步降低重心。车身骨架如图 7-22 所示。

图 7-22　宝马 7 系车身骨架

在全新宝马 7 系的车体骨架中，碳纤维增强复合材料被用于加固车顶横梁结构以及 B 柱和 C 柱、底部侧围、中央通道和后部支撑，如图 7-23 和图 7-24 所示。

图 7-23　宝马 7 系车身的碳纤维中通道及 C 柱

图 7-24　宝马 7 系车身的碳纤维顶盖前横梁

金属材料与碳纤维复合材料连接需要面临的一个很大的挑战就是电化学腐蚀。当两种不同的金属通过电解质相通时，即会产生电化学腐蚀，尽管碳纤维不是金属，但是其与钢以及铝合金存在很大的电势差。金属间的腐蚀发生在金属连接处，虽然不会腐蚀碳纤维复合材料，但是却会侵蚀钢和铝合金。

在宝马新 7 系中，碳纤维复合材料仅用于车体关键结构件并且干燥的区域。另外通过结构胶，一方面实现不同零件粘接，同时也阻断碳纤维复合材料和金属材料的化学腐蚀路径，从而实现对电化学腐蚀的阻断。

对于金属和碳纤维的连接工艺，除了结构胶的粘接以外，还需要与物理的铆接相结合。BMW 对于多材料车身开发了不同的连接工艺，例如钢和铝合金之间的“fixed”连接技术，该项连接技术的原理在钢与铝板接触面上增加了一层厚厚的胶层，避免接触引起的电化学腐蚀。对于 CFRP 与金属零件的胶接，因为不同种材料具有不同的热膨胀系数，所以结构胶要具有良好的韧性。为此，钢和 CFRP 之间采用了“swimming”连接技术，其原理也是通过增加结构胶的厚度来提高胶层韧性，实现更好的伸缩补偿量，更高的断裂延伸率，但是粘接强度会有所降低，同时会增加结构胶使用量进而增加成本，如图 7－25 所示。

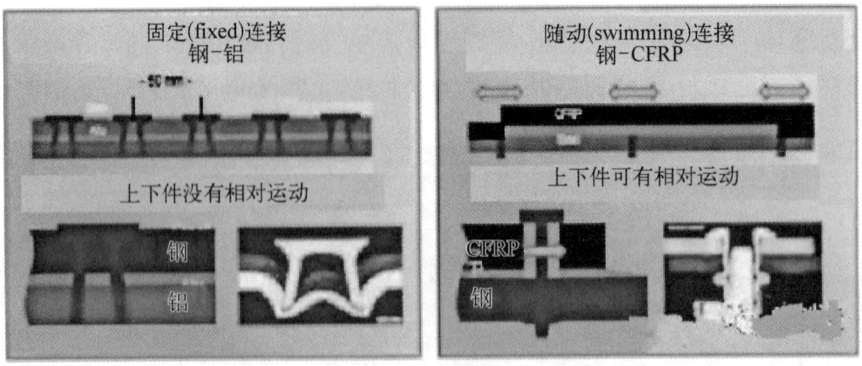

图 7－25　宝马采用的钢-铝及 CFRP -钢连接工艺

参考文献

[1] 2018 欧洲车身会议(ECB)车型用材与工艺(3) － Volvo V60. [DB/OL]. https://chejiahao.autohome.com.cn/info/3684481? reply=reply.

[2] 奥迪 A5 － coupe 车身结构及连接工艺解析. https://www.sohu.com/a/384303886_99952124.

[3] 汽车轻量化时代蔚来 ES8 全铝车身涉及解读[DB/OL]. https://news.yiche.com/hao/wenzhang/287851.

[4] 走访前途 K50 生产基地探秘国产电动跑车制造工艺[DB/OL]. https://www.yoojia.com/article/8769369220106709049.html.

[5] 爱驰 U5 白车身技术解密[DB/OL]. https://www.dongchedi.com/article/6859644255137169927.